日本における「私」の姿

アイデンティティをめぐる心理学

猪股 剛
編著

兼城賢志
平子雪乃
宮澤淳滋
長堀加奈子
相樂加奈
北山 純
植田あや
W・ギーゲリッヒ

左右社

日本における「私」の姿

はじめに

猪股　剛

本書は、心理学を実践する者たちが、「私とはいったい何か？」という問いを立て、フィールドワークや臨床実践などを通じて、ひとりずつそれを問うていった論考の集まりである。執筆者ひとり一人がこのテーマを自己体験に引きつけ、実感を伴う日常の現象からはじめて、心理学的な理解の領域に進もうとしたものだとも言える。「私」というものを問うたために、必然的に、それぞれの自己体験がたくさん言葉にされているが、個から始めて、普遍にいたろうとする心理臨床の姿勢がそこに現れている。

ここでは、本書の編者として、私たちがなぜこのようなテーマに取り組むことになったのか、その背景を簡潔に記しておきたいと思う。

私たちが心理臨床に携わっていると、「なぜこんな目に遭わねばならないのか」、「私の病はいったい何なのか」、「私の人生には、どんな意味があるのか」、「そもそも私とはいったい何者なのか」といった「私」にまつわるさまざまな問いに出会うことになる。心理療法やカウンセリングを必要としている人たちは、さまざまな症状に苦しんでいたり、人間関係や人生の不幸に悩んでいたりするが、それだけではなく、多くの場合、とても本質的な問いを心の内に抱えている。たとえ、彼ら自身がそれを意識していなかったとしても、その問いはつねに深く存在していて、彼らの訴えを聞いている私たちのなかに谺《こだま》してくる。それが「私」を巡る問いである。

しかし、この問いは、日常ではほとんど省みられることがない。日々の生活の中で、もしこの問いに気がつき、悩み始めたとしても、「そんなことは考えても無駄だ」、「答えなどない」、「意味など考える必要はない」といった助言が至るところから寄せられて、「難しいことを考えるのは止めて、日々を楽しく、和やかにすごしていこう」と薦められる。まるで、この問いに関わること自体が、不幸の温床であるかのようである。「そういった問いは忘れてしまうのが良い。それが普通に生きていくための人生訓である」。そんな風にも言われているようである。もちろん、そうやって切り替えて、この問いを忘れられるならば、それもひとつの生活の方法だろう。しかし、心理療法にやってくる人たちは、多くの場合この問いを簡単に忘れることはできない。自分の直面している問題に苦しみ悩んでいて、この問いを遠ざけることができなくなっている。薬にも、助言にも飽き果てて、この問題に取り組む場を探して、心理療法にたどり着いてくる。

そんなときに、私たちはおそらく、覚悟を決めて「私」を巡る問いに向きあうことになる。少なくとも、そうした問いを持つ人に出会ったときに、それを評価したり判断したり助言したりすることを止めて、それを聞くことに専心する。その問いに答えがあるのか、その問いの先に明るい未来があるのか、それは私たちにはわからない。だが、その問いを巡って遣り取りを続けてみたいと思っている。そして、多くの場合、答えが出るかどうかにかかわらず、この問いに取り組むことそのものが、悩み、行き詰まっているその人の人生への大切な処方箋となっていく。心理療法では、その問いに答えが出るかどうかに分かれ道があるのではなく、その問いに取り組むこと自体が、答えとは別の水準で、心の変容を生み出すと考えられている。「私」を巡る問いを続け、それに取り組むことが、心理療法そのものになっていく。私たちにできるのは、その問いを抱えながら、「私」の周りを巡ることだけなのである。

さらにもうひとつ、本書で問われているものは、日本という文化圏において「私」とは何を意味しうるのだろうか、という問いである。これは、上に述べた心理療法におけるひとり一人の問いとは少々異なる水準のものである。これは、より広く日本という文化圏における心の状況を問うているものだとも言える。しかし、なぜそのような問いが、心理臨床において必要なのかと言えば、日本において、個人が個人として成立し、自分が自分らしく生活していくことは、実は簡単で自明なものではない、と私たちが考えているからである。そして、そこには個人の実存的な水準だけでは解決できないより広い心のあり方が関係していると考えられる。だからこそ、私たちの問いは、次のようにもなる。「この日本という精神風土において、私が私らしく生きて行くことは、どのようにしたら可能なのだろうか。そして、私がこの日本にいながら、自分のあり方を他の誰でもない自分が認めることができて、私が私らしくあるという心の状態を成立させるには、いったい何を知り、何に取り組み、どのように作業していく必要があるのだろうか」。そのことを私たちは、本書で問うている。

私たちは、それぞれひとり一人の人間でありながら、同時に、日本という共同の社会に生きており、日本に息づいている精神風土の中に生活している。この精神風土と関係を持たずに生きていくことは、そもそも不可能である。たとえ、一人でひきこもり、閉じこもって生活していたとしても、この風土から完全に隔絶することはできないだろう。つまり、「私」を巡る問いを発すると、それは同時に、「私」を取り囲んでいる日本の精神風土や現代の心の潮流を問うことにもなる。「私」の背景にあって、常に「私」と関わりながら運動している「日本文化」という精神を、私たちは問わなくてはならない。

ユング心理学では、このように私たちの背景にあって、普段は意識されずに、目に見えない形で活動しているものを「魂」と呼んでいる。その魂に注目しなくては、「私」を巡る問いが、身勝手な個人的なものに留まることにさえなる。個人の水準だけでなく、私たちひとり一人を取り巻く集合性の水準で、この問題について考えてみる必要がある。ユングは、また、個人的無意識と区別された「集合的無意識」という概念を心理学に導入しているが、これはまさしく、私たちの背景に動いている「共同性の無意識」のことを指しており、ときおり誤解されるような神秘的なものやスピリチュアルなものを指しているのではない。人間が共同で生きていく生物である限り必ず備えているのが、私たちの文化や社会の水準にある無意識的な心の動きである。そして、それに私たちは常に包み込まれていて、その外側に出ることは基本的に不可能である。どこに住み暮らしていても、この共同性の無意識は必ず運動していて、私たちを取り巻いている。このような「集合的無意識」あるいは「魂」と呼ばれるものに向けて、私たちは「私」という問いを介して、本書で問いかけているのである。

そのひとつの答えは、本書の第七章においてＷ・ギーゲリッヒによって提示されている。しかし、ギーゲリッヒ自身が言うように、彼は日本の文化圏に生きているわけではない。西洋の文化圏にいるひとりの心理学者から見えてくるものを語っている。一方で、私たちは、この日本の文化に取り巻かれながら、それと関わりながら、それを完全には対象化できないままに、それと共に心の作業をしている。そして、そのように対象化できずに、自分の心すべてが巻き込まれながら、その内側から、それでも何とか取り組んでいく作業こそが、生きた心理療法的な作業なのである。

ユングは、最晩年の書簡の中で、現代の時代精神について次のように記している。「私たちの時代の大きな課題は、この世界に降りかかっていることを私たちが理解していないことです。私たちは魂の暗闇に直面し、無意識に直面しています。それは闇を生み出し、認識不可能な衝動を噴出させ、私たちの文化とそれに昔から備わる支配因に穴を穿《うが》ち、それを切り刻みます。私たちにはもはや何の支配因もなく、未来に委ねられています。私たちの価値観は移り変わり、確かなものは何一つなく、至聖なる因果論さえも公理の玉座から下り、単なる蓋然性の領域に入ってしまいました。［中略］私たちにとって唯一確かなことは、この新しい世界は、私たちが親しんできたものとは異なる世界になっていくだろうということです」(*Letters2*, p.591)。私たちはこの世界の大きな動きの中にあって、それに取り囲まれ、翻弄されながら生きている。しかし、大切なのは、いままでの価値観で、いま現在の状況を即断してしまうことなく、いまの翻弄されている自分のあり方と共に、この足元の現実の動きと関わっていくことであろう。

さらに、「あらゆるものの中でもっとも高尚で決定的な経験は、自分自身の自己と独りきりになることである……。患者がもはや自分で自分を支えることができないとき、自分を支えるものが何であるかを知るためには、孤独でなければならない。この経験だけが、破壊されることのない基盤を患者に与えることができる」(*CW12*, §32) というユングのもうひとつの言葉は、単なるひとりの人の孤独のことを指していると言うよりは、ある時代において、新しい状況に関わるすべての人にとっての本質的な課題を指しているのだと思う。本書の中での、個人的で共同的な「私」を巡る問いが、何らかの形で、読者諸氏のひとり一人の作業と交わりながら、何らかの臨床的な作用が生まれ、それぞれにとっての「破壊されることのない基盤」が生まれるならば、それに勝る幸いはない。

では、ここから始まるひとつ一つの論考の中にある「個」と「集」の運動をぜひお楽しみいただきたい。

第一章　片子として生きる

アイデンティティと心理療法

兼城賢志

一、アイデンティティの心理学

働くこと

「本当は働きたくない」「何もしたくない」

心理療法を実践していると、こう話す若者に出会うことがある。実際に働かず家にひきこもる人もいる。鬱々としながら、毎朝出勤する人もいる。いずれにしても、働くことはつらいと体験されている。

若い人の悩みを聴いていると、戦前の日本と比べて働くことの意味が本質的に変化しているのだろうと思う。卒業を控えたある大学生は、働くことについて「まるで刑務所に入るみたいだ。ずっと働いて、出所する頃には死が目前に迫っている」と表現した。この言葉の背後には、社会のシステムのなかに取り込まれて、自由を奪われるというイメージがあるようだった。「働きたくない」という気持ちは、社会という「集団」の論理に取り込まれたくないという意味を含んでいる。そういう意味では、「個」の意識が生まれてくる、最初の萌芽とも言えるかもしれない。だからこそ、「個」を確立するというアイデンティティの課題を抱えている若者が、「働きたくない」と訴えることには意味がある。そのとき、心理士は説教したり教え導くのではなく、まずは真摯に耳を傾ける。

心理療法の礎を作った精神分析家のジーグムント・フロイトは、晩年、人生において大切なことは何かと問われて、「愛することと働くこと」と答えた。偉大な思想家が何と答えるか、きっと誰もが期待していたと思う。しかし、その答えは驚くほどにシンプルで素朴だった。心という複雑な現象を研究してきたフロイトだからこそ、その素朴な言葉に味わいがある。

「愛すること」は、もちろん大切である。いつの時代も流行歌は愛を謳ってきた。現代では「愛すること」も多様化し、愛さないことも選択肢のひとつになっている。しかし、「愛すること」がいまだに議論を巻き起こす重要な話題であることは間違いない。

一方、「働くこと」はどうだろうか。私たちがどんな仕事をしているかは、アイデンティティの重要な構成要素である。けれど、最近では「仕事は仕事」と割り切る風潮が強くなってきたようにも思う。数十年前、仕事ばかりで家に帰ってこない「仕事人間」が良しとされていた時代があった。会社員らは会社で擬似家族を作り、家庭を顧みなかった。その反動のせいか、いまでは仕事を生きがいにすることは、そんなに良いことだとも思われていない。

就職したての頃は夢や希望に満ち溢れていても、だんだんと現実が見えてきて、「この仕事はお金のためだ」と割り切る。それでも、趣味や家族の時間を大切にして、それなりに人生を生きていく人も多いだろう。それはそれで良い。しかし、まだ仕事をしていない若者にとっては、「私は何のために働くのか」「人生の大部分の時間をどんな仕事に費やすべきか」と問うこと自体が、アイデンティティの形成に関わる重要な課題である。

アイデンティティの課題とは、端的に言えば「私は何者か」という問いに取り組むことである。これは哲学的な問いであるが、普通の人にとっては、頭の中で考えても答えが得られるものではない。この課題に取り組むために、若者は自分自身のエネルギーを何かに注ぎ込むことが求められる。その入り口に「仕事」というものがあって、働くことを通して、アイデンティティは創り出されていくのである。

ここでいう「働くこと」は単に社会に出てお金を稼ぐことではない。ましてや家庭を顧みず夜遅くまで会社に残っていることでもない。料理を作ったり、裁縫をしたり、病人の世話をしたり、祈りをささげたりすることも、広い意味で「働くこと」である。ここでいう「働くこと」とは、まさに「人が動くこと」、みずからの生の内側からわきおこる行為そのものを指している。

こう考えると、心理療法のなかで「働きたくない」と語られる思いには、ふたつの意味があることに気がつく。ひとつは、社会に取り込まれずに「個」として私らしく生きたいという思い。もうひとつは、人生でなすべきことが見つからず、自分が自分自身の生から疎外されている感覚である。後者は「生きがいがない」と言い換えることもできる。生きがいがない人は、仮に働かなくてもいいほど多くの金銭が与えられても、ほんとうの意味で自分の人生を生きることはできない。「働きたくない」と言いながら、ほかにやることもなく、結局は「生活のため」などと自分に言い聞かせて、やりたくない仕事を続けることになるだろう。

心理療法を訪れる人は、この答えの出ない膠着状態をなんとかしようとしている。そして、「働きたくない」という気持ちの深層を探求していくと、そもそも自分にはやりたいことが何もないのではないか、生きがいがないのだと考え始める。この段階に至ると、人は鬱々とした苦しい感情を抱え込み、空虚感に浸ることになる。しかし、この状態はほんとうにその人が何もやりたいことがなく、心が空虚であることを意味していない。ここには、これまでの自分のあり方が壊れてゼロの段階に至ることで、そこから新しいアイデンティティが生まれてくる可能性がある。この苦しい段階を経て、「私は私である」という実感をもつに至ったとき、おのずと働くことへの意欲は取り戻されている。ここで、心理療法の作業は終わりになることが多い。

人は誰でも「私」という言葉を使って生きている。しかし、「私は私である」という実感をもちながら生きることは、そう簡単ではない。そもそも、「私」というものが、心理学的には非常に込み入った現象であり、「私」は、最も身近な言葉であるにもかかわらず、ひとつの謎である。心理学者のユングは、「自我」と「自己」という言葉を区別して、人間の心には「私は私である」という実感へと向かう本性があると考え、個性化過程という概念を提唱した。そもそも、この考え方には、自我と自己の差異、つまり、私が私自身と一致していない状態が想定されている。ユングの考えでは、現代における「私」は「私」から疎外されているのである。いつのまにか人は自分自身との不一致状態に陥り、苦悩する。それゆえに、心理療法では、私が私自身になる過程を促すことが重要となる。

ユング心理学に限らず、心理療法のさまざまな学派を超えて、心理士は多かれ少なかれクライエントが「私らしく生きる」ことを支援しようとする。しかし、いったい「私」とは何かと考え出すと難しい。心理士がその人の「本当の私」を知っているわけでもないし、そんなものがあるのかもわからない。この道を行けばいいと指し示すこともできない。心理士が答えを知っているわけではないのである。

冬山のフィールドワーク

二〇二二年二月、私は山形県鶴岡市に向かう飛行機に乗っていた。冬山での暮らしや土着の相談活動に関するフィールドワークが目的だった。この数年間、私はさまざまな土地を訪れて、人々がどのように生きているのか、話を聴いてきた。どうやったら人は生き生きと自分らしく働くことができるのかという問いを胸に、私は何度目かの山形の地を踏んだ。初日、冬山を案内してくれたのは月山山頂小屋主人の芳賀さんと、山伏の成瀬さんだった。芳賀さんが藤の枝を曲げて作った橇《かんじき》を履き、羽黒山を歩く体験をさせてもらった。

羽黒神社に参拝した後、芳賀さんはおもむろに道を逸れて、「ここから行きます」と指さした。視線の先には真っ白な雪と林があるだけで、そこは崖にしか見えなかった。その真っ白な空間に恐る恐る一歩踏み出すと、ずずずっと足が沈んだ。二〇センチほど沈むと、足が止まった。雪は二メートル以上積もっていた。すぐそこに地面があるはずはない。体の重みによって雪に圧力がかかり、雪が固まることで、その上に立つことができるのだ。橇のお陰で、足の周囲四〇センチくらいが踏み場のようになり、崖を飛び出しても雪の上を歩いていけた。

不思議な体験だった。通常の風景から、二メートルほど浮いた状態で歩いていく感じなのだ。まるで空中散歩をしているかのようだった。ただし、一歩ごとに二〇センチほど足が沈むので、かなりきつい運動だった。そのため、芳賀さんや成瀬さんが先頭を歩き、空中の道を作ってくれた。私たちはその足跡をたどることで、ずいぶんと楽に歩くことができた。

私はふと心理療法の仕事を思い出していた。心理療法とは、精神的な病気や悩みを抱えた人と心理士が対話し、心の中を探究していく作業である。ひとりひとりの人間はまったく違う人生を歩み、壁にぶつかり、異なる悩みを抱えている。そのため、心理療法という作業は道のない場所を歩くことに似ている。自分自身の心のなかの、まだ考えたこともない領域について、その人と心理士は共に入っていく。みずからが見てこなかった側面を発見することは、もちろん新しい気づきを伴う体験でもあるが、大抵は苦しい作業である。これまで考えたくなかった自分の姿がそこにある。「じゃあ、どうすればいいのか」という問いへの答えも見つからない。苦しみのなかでもがいているうちに、誰かを傷つけたり傷ついたりする危険も起きてくる。

「この道は何があるかわからない。だから、みんなが歩いている道に戻ろう。そうしたら、安全に町に着くことができるよ」。そう言いたくなることがある。普通に学校に通うこと、家庭をもつことや仕事をすること、人の世話にならないこと……「みんなが行く道」をゴールに定め、そこに向かったほうがいいのではないかと思ってしまう。しかし、心理療法とは「来談者が人生の過程を発見的に歩むのを援助すること」（『心理療法序説』河合隼雄）である。悩んでいる本人は、世間一般から見たら学校に行ったほうがいいとか、仕事に復帰したほうがいいとか、そんなことはわかっている。わかっているけれど、自分の心の中で何かが引っかかり、なぜかわからないが足が動かなくなり、立ち止まっている。このとき、心理士が行わなければならないのは、世間一般で「正解」と思われている道を指し示すことではない。心理士は道のない場所を共に歩まないといけない。私は芳賀さんや成瀬さんのように、先頭を切って歩くことができているだろうか。クライエントが、他の誰のものでもない、自分らしい道を歩む過程に付き添えているだろうか。成瀬さんがつけてくれた足跡をたどりながら、そんなことを考えていた。

三十分ほど歩くと、周りには高い木々と雪しかなかった。樹間から日のひかりが差し込み、梢の雪を溶かして、きらきらと静かな光を放っていた。ぎゅ、ぎゅ、という雪を踏み固める足音と、鳥の声しか聴こえない。とても静かだった。ふいに芳賀さんが立ち止まり、地面の足跡を指差した。小さな蹄の跡が、雪の上にどこまでも続いていた。

カモシカの足跡だという。雪の上にうっすらと続くカモシカの足跡は、ほんの数センチしか沈んでいなかった。それなりの体重があるはずなのに、なぜ、こんなにも軽やかな足跡がついているのだろう、と不思議に思った。

足跡をまじまじと見つめて写真を撮っている私たちを見て、芳賀さんは笑顔を浮かべた。そして、そのへんの木の枝を折って「ムクロジだよ。爪楊枝の材料になる木」と話してくれた。さらに、雪から頭を出している木のうろを指差して、「これはなんでしょう」といった。いつもは寡黙な芳賀さんが、まるで少年のように笑っていた。夏頃には、そのうろに蜂の巣があったとのことだった。そのうろにむかって、木の肌に幾筋かの傷跡が伸びていた。これは熊が蜂蜜を取ろうとして登った跡なんだと嬉しそうに教えてくれた。

冬山は雪に覆われているばかりで、私にはとても静かな場所に見えていた。けれど芳賀さんの目や耳には、さまざまないのちの痕跡が見え、聴こえているようだった。カモシカ、ムクロジ、熊、蜂、さまざまな木々。それだけではない。芳賀さんは春、夏、秋にこのあたりの景色がどうなるかも想像し、過去に出会ったカモシカのことも思い出していた。冬山の静けさのなかに、さまざまないのちの記憶があふれかえっていた。現実の山とイメージの山が重なり、混じり合っているようだった。

昼食をとった後、芳賀さんにインタビューをさせてもらった。芳賀さんは春は山菜を採集し、夏には山小屋を切り盛り

し、秋にはきのこを採集していた。冬は最も静かな季節だった。動物も植物もいないし、そもそも危険な冬山に入る人はほとんどいない。そこで、私は最も疑問に思っていたことを尋ねてみた。

「芳賀さんはどうして冬山に入るのですか?」

芳賀さんは短く答えた。

「ひとりになれるからね」

芳賀さんが生き生きと仕事を続けていることの秘密に、少しだけ触れたように感じた。山に入って「ひとりになること」は、何か重要なヒントに思えた。

ひとりになること

「働きたくない」と訴える人のなかには、すでに職業についている人も多い。けれど、「人といるのが苦痛」「人と会うのが怖い」と感じて悩んでいる。職場で仕事上のやりとりを行うことはできる。けれど誰かと親しくなることはない。休日はひとりで過ごす。定期的に会う友人も、恋人も、家族もいない。休日はなんとなくインターネット・サーフィンをしている。もちろん、そのようにひとりの時間を存分に楽しんでいる人もいるだろう。けれど心理療法で出会う人たちは、そのような自分の人生に疑問をもち、どうしたらいいかと悩んでいる。ひとりでインターネットの情報を流し読みしていても、そこに充実感はない。ただ、うつろな日々が過ぎ去っていく。

東京に戻ってからも、ときおり私は芳賀さんとの冬山体験を思い出していた。芳賀さんは一年を通して山に入り、ひとりになる。そして、山から山菜やキノコを持ち帰り、街に戻れば多くの人と出会い、驚くほど精力的に働いている。山岳救助隊の隊長も長年勤めておられた。誰かとの関係に悩んでいるわけでもないし、人付き合いが苦痛なわけでも、人間嫌いなわけでもない。それでも、芳賀さんは山に入ることを必要としていた。何も採集するものがない冬でも、山をひとりで歩き続けた。それは芳賀さんが生きることの活力になり、ひとりになることを通して芳賀さんは多くの人と交流することができていた。

一方で、都会でお会いするクライエントの人たちにとっては、ひとりになることが活力を生むわけではない。ひとりでいても鬱々と過ごしているだけなら、誰かとの出会いを求めてみてはどうかと提案すると、多くの場合、「人に気を遣って疲れる」「新しい関係を始めるのが億劫」「傷つくのが怖い」……そういった答えが返ってくる。ひとりになって活力を得ることも、誰かと出会うこともできず、膠着状態に陥っている。この違いを生み出しているものは何なのだろうか。

英国の小児科医であり精神分析家のドナルド・ウィニコットは、「ひとりになる能力」という論文を書いた。ウィニコットは、母親がいる空間において、子どもは安心してひとり遊びに没頭できるという観察から、ふたりでいることができて初めて人はひとりになることができると論じた。ふたりでいても、ひとりでいられることが可能になって、私たちは初めて誰かと共にいることができる。あるいは、誰かといても、心のどこかで私はひとりであり続ける。このパラドックスが、心の土台になっているという理論である。

「人といることが苦痛」と訴える人々は、ひとりになれたら気楽で、幸せに過ごせるわけでもない。「人といることが苦痛」であることは、誰かと共にいても「ひとりになること」、つまり自分が自分であるという感覚を保てないために、苦痛なのである。一方で、ひとりになることの土台である、誰かがいる空間も心の中に根付いていないために、ひとりになることもできない。だから、休日にひとりで過ごしていても、そこに充実感が生まれてこないのである。

あらためてウィニコットの理論を考えてみると、不思議に思う。ひとりの人の心は、ふたりによって作られている。ふたりいないとひとりにもなれないし、ひとりでいられないとふたりにもなれない。この心の中にいる、自分ではない「もうひとり」とは、いったい誰なのだろう。ウィニコットは、これが「母親」であり、心の土台が幼少期の母親との安心できる一体感によって形作られると考えていた。もちろん、それも十分ありうることだと思う。けれど、私はもう少し違う視点から、このことを考えてみたい。

思春期の内閉

芳賀さんは山でひとりになるとき、むしろ、たくさんのいのちの痕跡と出会っていた。私には何もないように見えた冬山が、芳賀さんにはさまざまな動物や植物のイメージであふれていた。芳賀さんの心の中で、山は過去も現在も未来も含んだ、ひとつの世界を形成しているようだった。その世界は、芳賀さんの長年の経験がないと見えてこないものだった。この境地に至るまでに、芳賀さんは山を歩き続け、多くの危険な目にあっている。さまざまなエピソードが芳賀さんの著書『月山　山菜の記』に掲載されている。山菜採りは一歩間違えれば命取りであるし、キノコ狩りは道に迷い遭難する危険と隣り合わせである。山に入ることには、全身を目にして見ること、全身を耳にして聴くことが求められる。このとき、芳賀さんは山の世界と対話する。次の一歩をどこに進めるか、何時までに川を渡らないといけないか、あそこに昔生えていたキノコはどうなっているか。現実の山と、イメージの山を重ね合わせて、全身全霊で山の世界を歩く。地形、天候、植物、動物、風向き、あらゆる要素が同時に動き続けている山の世界と、真剣勝負をしなければならないとき、自分の身も心もすべて投入して、私は私にならなければならない。

臨床心理学において、「私が私である」というアイデンティティを確立する段階は、思春期の課題とされている。エリクソンは、アイデンティティを形成するときに青年が同年代と交流し、自分が同一化できる集団があることが大切だと考えていた。似たような仲間を得ることによって、自己イメージを作っていくと同時に、自分と周りとの違いも認め、自分らしさを確立する、という理論である。他者としての集団を外側に必要とするという点で、エリクソンの理論は外向きであると言える。これも、もちろん大事である。

一方で、まったくベクトルの違う内向きの重要性を論じたのが、児童精神科医・心理療法家の山中康裕である。山中は思春期にしっかりと自分のうちにこもることによって、自分らしさが生まれてくる、という思春期内閉論を提唱した。このことは、まったく外の情報を遮断して、ひきこもる状態になることを意味していない。山中が紹介している心理療法の事例を読むとそのことがわかる。たとえば、あるひきこもりの青年は山中に対してあらゆる歴史書を読んでいると話し、自分の読んだ本のことを熱心に話す。そうしているうちに治癒が生じる。ここで山中が強調しているのは、その人がなんらかの世界に没頭していること、そして、それについて「窓」を通してセラピストに語ることである。心は完全に閉じているのではない。たしかに、表面上は不登校だったり、ひきこもりだったりするかもしれない。しかし、彼が歴史について熱心に調べてセラピストに語るとき、ほんとうに治療的な「内閉」が生じており、このとき、同時に心は「世界」に開かれている。それは学校や会社といった現実の世界ではない。彼らの心は内閉状態の中で、別の世界を見ている。そこで見てきたものを持ち帰り、セラピストに語る。そのことについて、セラピストがほんとうに重要な世界の話であると受け止めて傾聴することによって、この内閉は治療的に展開し、アイデンティティが花ひらく。こうして、青年はひきこもるという行動によって自分を守る必要がなくなり、集団のなかに入っていっても「私」を見失わずに生きていける。

芳賀さんから学んだことを考えるとき、私には山中の内閉論がしっくりくる。芳賀さんは山に入り、ひとりになる。その空間には、日常とは違う別の世界が広がっている。そこは、あらゆる生命がひしめき、奥行きと広がりがある複雑な世界であり、危険もある場所である。しかし、素人が歩いても、生命の痕跡や奥行きや広がりに気がつくことはない。なぜなら、それは一方で現実の山でありながら、芳賀さんの長年の経験に基づいて、想像された世界でもあるからである。もっと極端に言えば、山の世界は半分は現実であり、半分は心が生み出したイメージの世界、すなわちファンタジーである。このように、内でも外でもない世界、現実でありながらファンタジーでもある世界を通り抜けるとき、芳賀さんは自分自身になっている。

芳賀さんにとって、山は現実の世界であると同時に、心の中に広がっている世界でもある。そう考えると、芳賀さんが迷路のような山を自由自在に歩き回り、ちょっとした痕跡からあらゆることを推測できることの説明もつくように思う。山全体が芳賀さんの心と重なり、拡張した心の空間でもある。そうして半分は現実、半分はファンタジーの世界に入って、春には山菜、秋にはきのこを、私たちの共同世界に届けてくれる。山の世界を本に書いて、その一端を見せてくれる。そうして、ひとりの世界が、私たちの世界へとあふれだす。アイデンティティを生み出すことと、この世で働き生きることが、同時生成的なのである。

二、アイデンティティをめぐるフィールドワーク

アイデンティティの消滅と生成

しっかりと内閉することは、「私」が生み出される過程で重要である。内閉することで、心は「世界」を創り出す。そして心の中の世界と現実の世界は少しずつ重なり合い、「私」という中心点がそこに生まれる。このことが、生き生きと働くことにも関係していると思われた。けれど、もちろん、単に「ひきこもる」ことで、アイデンティティが生まれるわけではない。生産的

に内閉することは、いうほど簡単なことではない。

都会で暮らしている私たちは、いつの間にか多くの情報に溺れる。一度、アイデンティティを確立した後の成人でも、次第に集団や社会の価値観や論理のなかで自分を見失ってしまうことがある。こういう人が心理療法を訪れるとき、消滅したアイデンティティをいかに取り戻すかが課題になるが、これまでの繰り返しで問題は解決しない。青年期に没頭した小説や歴史書を読んでも、もはや、あのときの没入感はないし、そこから世界が新しく立ち上がることもない。一度確立したアイデンティティを失った人の心理療法では、いつもどこか喪失の雰囲気が漂っており、その人は諦めに近い感情に支配されている。アイデンティティとは、常に確固としたものではなく消滅と生成を繰り返すのである。

このように揺らぎ続けるアイデンティティという概念の複雑さについて、さらに検討するために、二〇二二年十月、私たちは沖縄を訪れた。沖縄では数年に一回開催される世界のウチナーンチュ大会が行われることになっていた。「ウチナーンチュ」とは琉球語で沖縄人という意味である。世界のウチナーンチュとは、一九〇〇年代初頭にかけてハワイや南米を中心に世界中に移民した沖縄の人々と、その子孫である二世三世の人々を指している。二世三世は外国で生まれ育ち、その多くは外国籍をもっている。彼らは言語的にも文化的にも、生まれ育った国に同一化しており、日本語を話せない人が多い。それにもかかわらず、彼らは「ウチナーンチュ」というアイデンティティをもっているとのことだった。そのことが、なんとも不思議であり、私はフィールドワークへの参加を決めた。

先に「働くこと」とアイデンティティの関連について述べたが、現代では転職が当たり前になっているように、職業は容易に変更できるものである。会社や学校への所属意識は、かなり流動的になっている。「仕事」は取り替え可能なのである。それに対して、母国語や国籍を変えることは、容易ではない。アイデンティティとは、どんなに嫌でも私から切り離すことのできないものである。世界のウチナーンチュの特殊性は、日本語や琉球語を喪失しているにもかかわらず、「ウチナーンチュ」というアイデンティティをもっていることだった。

第一世代の移民は、人口が増える沖縄で貧困に苦しみ、海を渡ることになった。移民先には豊かな土地があると聞かされていたが、実際には開墾されていない荒れた土地があるのみで、多くの移民が苦労して土地を耕した。伝染病で多くの人がいのちを落とした地域もあったという。移民先から逃げ出して他の国に移ったり、沖縄に戻ってくる人もいた。それでも、世界中に散らばっていったウチナーンチュは、共同体を作って支え合い、必死に働いて土地を拓き、次第に財をなしていった。その後、第二次世界大戦が勃発し、故郷の沖縄は日本軍とアメリカ軍の激戦の舞台となった。多くの民間人が殺され、砲撃によって土地は荒れ、財産は失われた。終戦直後、故郷の惨状を知って心を痛めた世界のウチナーンチュから、莫大な支援金が送られ、一時は琉球政府の財政の七割ほどが移民の仕送りであったという。世界のウチナーンチュは、沖縄を離れ異国に同化しながらも、遠く離れた故郷を思い、アイデンティティを失うことがなかったのである。

私たちはまず初日に行われたパレードを見学した。ハワイ、ペルー、アルゼンチン、ブラジルなど、国ごとに人々がプラカードをかかげて、パフォーマンスを披露したりしながら大通りを行進していた。直前に新型コロナウイルス感染症の水際対策が緩和されたため、なんとか入国することができた千人ほどのウチナーンチュが集まっていた。沿道には沖縄の人々が「おかえり！」と声をかけていた。自分の知り合いかどうか、親戚かどうかは関係がないようだった。すでに日本語も話せず、顔立ちも沖縄の人とは違う。ただルーツが沖縄にあるというだけで「ウチナーンチュ」というアイデンティティをたずさえて来た人々を、沖縄の人々が心から歓迎していた。私は呆然としてその光景を眺めていた。驚くべき光景だった。世界のウチナーンチュたちは、感動しているように見えた。自分が初めて訪れる島で、故郷の言葉も話すことができないのに、多くの人から「おかえり」と言ってもらう体験は、どのようなものだろうか。彼らはたどたどしい日本語で「タダイマ！」と答えていた。練習してきたウチナーグチ（沖縄方言）で挨拶を返す人もいた。関係者に話を聴かせてもらうと、各国には沖縄県人会が組織されており、県人会を通して沖縄に来るウチナーンチュが多いとのことだった。さらに、月々の給与から旅費を積み立てて、沖縄に来ることを楽しみにしている人もいるとの話だった。

私がそこまで心を動かされたのは、彼らが沖縄にルーツをもつことを、いま沖縄で生きている人々よりも、誇りに思っているように感じたからだった。いったい何人の沖縄の若者が、彼らのようにウチナーグチで挨拶ができるだろうか。私にはできなかった。

終戦後、沖縄はアメリカに統治された。その後、一九七二年に沖縄は日本に復帰した。ちょうど私の親の世代が青年だった頃である。通貨はドルから円に変わり、車は左ハンドルから右ハンドルに変わった。米軍統治下で土地を強制的に奪われたり、軍人による犯罪がもみ消されたりしていたため、沖縄の人の多くが日本に復帰することを待ち望んでいた。しかし、復帰後も沖縄の人は差別されることが多かったという。この差別の歴史は古く、一九〇三年の大阪万博ではアイヌや朝鮮の人と共に「琉球人」が展示されるという事件があった。いわゆる、人類館事件である。それから百年以上経った現在でも、米軍基地建設反対のデモ隊に対して警察が「この土人が！」と差別発言をしたことがニュースになっていた。沖縄には「未開の地」「原始的」というイメージが投影され、日本人の影や劣等感が映し出されていた。戦後、日本に渡った沖縄の人のなかには、苗字を変えて、沖縄のルーツを隠す人も多かった。

沖縄のイメージが俄かに変化し始めたのは、九〇年代になって沖縄出身の歌手や沖縄を舞台にしたドラマが流行したことがきっかけだろう。今度は「南の楽園」「あたたかい人々」「おもしろい、おっとりしている、ルーズ」などといったさまざまなステレオタイプが流布した。私が上京した頃は沖縄出身であることがわかると、東京の人から「沖縄出身なんだ。なにか面白いこと言って！」と言われることがあった。私は上京して初めて、自分が「沖縄人」であることを自覚した。

親の世代や私の世代にとって、沖縄にルーツをもつことは手放しに喜べることではなかった。日本人のようになることも、アメリカ人のようになることもできず、戦争でめちゃくちゃになった社会とその後の急速な経済発展のなかで、アイデンティティは混乱していたのだと思う。そして、観光経済の波が押し寄せてきて、「土人」というイメージより多少は明るい「南国の人々」のイメージを背負うことになった。沖縄のルーツを自覚することは、そういう複雑な思いをかきたてるものだった。

だから、とうの昔に沖縄を離れた移民の二世三世の人々のなかにのこっている「オキナワ」という場所が、あまりに美しく誇り高いものであることに、私は胸を打たれたのだった。彼らが沖縄に来て最初に行うのは墓参りだという。このことにも、私は驚いてしまった。彼らは沖縄に生きている人と同じくらい、いやそれ以上に、先祖とのつながりを感じ、それが彼らのアイデンティティを支え、異国で移民として生き抜く活力を与えているようだった。私が戦前生まれの祖父母世代に感じ取ってきた生命力が、世界のウチナーンチュのなかにも息づいているように見えた。沖縄を離れ、異国の地で共同体を作り、そのなかで戦前の「オキナワ」が保存されていたのかもしれない。そんなことを想像した。

ウチナーンチュ大会のイベントのひとつに、シカゴ県人会、ハワイ県人会の代表者による対談があった。そのなかでハワイ県人会の人はこう語った。自分たちが受け継ぎ、学んできた沖縄の文化が、ほんとうに正しいものなのかがわからないと思ってきた。沖縄から講師をまねいて踊りを教えてもらったときに、こんな踊りでいいのだろうかと尋ねた。すると、講師の先生は「その踊りでいい。大切なのは、愛があるということ。踊りが正しいかどうかではない」と答えた。そんなお話だった。

国から遠く離れて、言語まで失い、文化を失ったときに、自分がほんとうに沖縄にルーツをもっているのかどうか不安になり、アイデンティティが揺らぐ。しかし、愛があればいい。愛することによって、そこに私の歴史を支えているルーツが見出される。このことが、たとえ表面的には「私」が失われているように見えても、消滅することのないアイデンティティの根源を形成しているようだった。

私と滅私とのあいだ

世界のウチナーンチュ大会は感動的なものだった。異国の地に渡り、言語を失い、アイデンティティが拡散する。しかし、愛することによって、自分自身の根源としてのルーツが見出され、歴史意識が生まれる。そうして歴史という大きな流れと接続したときに、アイデンティティは確たるものになるのだろうと思われた。考えてみると、心理療法でも同じように歴史に目を向けることが重視されている。心理士はまず最初にクライエントの生い立ちや子どもの頃の記憶など、これまでの人生の歴史について話を聴くのである。このこともまたアイデンティティの形成と関わる営みだ。

一方で、フィールドワークを通して、私は日系移民の人々よりも、ウチナーンチュとしてのアイデンティティが薄くなった自分自身を認めざるを得なかった。同年代の沖縄の若者が、彼らと同じように心の中に「オキナワ」をもっているだろうか。あるいは、沖縄にかぎらない。私が東京で出会う人々のなかに、東京の歴史がはたして彼らの根源として存在し、アイデンティティを支えているといえるだろうか。あるいは日本全体を考えてみてもいいだろう。他民族に対する差別と排除を生み出すことなく、歴史を修正することもなく、私たちは私たち自身を歴史的に位置づけられているだろうか。

ウチナーンチュの心の中に「オキナワ」が生まれ、根源が生み出されたことは、彼らが一度故郷を失ったことと関係していた。異国に移り住み、故郷を失ったことによって、逆説的に故郷が心の中に生まれ、保存され、彼らの心の中に「根源なるもの」が開かれたようだった。心の中にアイデンティティの基盤をもつためには、どうもそれを一度失うという体験が必要らしい。そうして、異国において宙に浮くような不安定な時期を経験し、そこで必死に働きながら、生き延びる。その過程で、移民たちは遠く離れた「オキナワ」を想い、ルーツを創造していった。ここでの「オキナワ」は、やはり移民たちの現実とファンタジーの入り交ざったものなのだろう。

ここ東京もまた、故郷を離れた人が多く暮らしている。故郷というルーツは喪失されているといえる。けれど、多くの人は故郷や自分自身のルーツに想いを馳せることがない。それどころか、アイデンティティに悩む人も減ってきているように思う。むしろ、都市では「何者でもないこと」が心地よく体験されている。無名であること。それゆえに、誰にでもなれること。インターネット上にアバターなどの仮想の自己像を作り出し、それを楽しむ人も多い。「私」なんて要らないという人も増えている。ネット上には無名の人々の声があふれている。時に人を死に追い込むような、罵詈雑言も満ちている。これが現代のアイデンティティのあり方なのだとも思う。日本は無名性の時代、アイデンティティの拡散の時代にあって、すでに「私が私らしく生きる」という考え方自体が時代遅れだと言えるかもしれない。

しかし、心がある流れを生み出すとき、対立するものが布置されるのが常である。この無名性の時代に、まったくの対極にある「私が私である」ことが重要なテーマにもなっている。たとえば、若いクライエントと話していると、多くの人が韓国の音楽を愛している。歌や踊りの技術力の高さがいいともいうが、何よりその歌詞のメッセージ性が励みになるという。おすすめの曲を教えてもらい、いくつか聞いてみる。すると「私は私である I am what I am」という歌詞が非常に多いことに気づかされる。この言葉に日本の若者が励まされている。どうも日本人の集合的な心は、「私」と「滅私」のあいだで揺れ動いているようである。

そもそも、日本人は西洋人と比べて「私」を表に出さないと言われる。かつては滅私奉公の精神が美しいとされた。主人のために尽くして生きる武士道の美学である。戦後、日本は欧米社会にならって「個性」を重視しようとした。しかし河合隼雄が繰り返し論じたように、日本人の無意識には、集団への同調性が強く残り、個を消して「空気」を読み、全体との調和をはかる心性が根強く残った。

芳賀さんが繰り返し山に入ることは、「世界」と「私」を生み出す作業であると先に述べた。けれど、このことは反対に考えれば、日本人にとって「私は私である」という感覚が失われやすいものなのだということを明かしてもいる。おそらく、私たちは西洋人のように「私」という感覚が強くない。個人主義も本当の意味では根付いていない。いまでも日本では私らしく生きようとすると、集団との摩擦がうまれやすく、だんだんと私は私を見失っていく。だから、私たちは、ときどき「私」の息を吹き返すために、内閉する必要があるのではないだろうか。

さらに話を複雑にするのが、「私」を取り戻す過程において「他者」が必要であるという点である。心理療法の前提として、苦悩している人は、対話する他者を必要としている。このことは、よく考えると不思議である。人はひとりでは自分のことがわからない。自分ではない人に自分のことを語ることで、自分のことがわかってくる。そもそも、人の心は「これが自分だ」と思っている部分と、「これは自分ではない」と思っている部分で構成されている。そして、「これは自分ではない」と思って見ないようにしてきた心が、現在の苦悩を生み出している。だから、心理療法の場合は、セラピストという他者を通して、自分の心の中にいる「他者」と出会うことが、心に変化をもたらすのである。

この作業がうまくいけば、「他者」との出会いと、確固とした「私」の生成が同時に起きる。けれど、実際はその手前で終わることも多い。他者と出会い、私らしく生きることは、実は難しいのである。私らしく生きることは、自由を手にすることだ。そして、日本ではその責任の重みを引き受けるだけではなく、集団との摩擦に耐えることも求められる。

十年ほど前だったか、「空気を読めない」という言葉が流行した。臨床心理学界隈では、そのことが発達障害と関連づけられて論じられることが頻繁に行われていた。私には違和感があった。私も多くの「発達障害」という診断がついた人たちと対話を重ねてきた。たしかに、さまざまな障碍の特性から、人間関係で苦労している人は多かった。けれど、私には彼らが合理性や知性に偏る傾向はあるものの、率直に自分の思っていることを言っているだけで、本質的な困難はもっと別のところにあるように思われた。「空気を読めない」という言葉は、彼らに対して外側から押し付けられるものであり、結局は集団の論理に思えた。それは、「あの人は私たちとは違う」というふうに他者を排除するときの言葉でしかない。

河合隼雄が繰り返し指摘したように、日本には、このように個人を均質にしようとする集団の力が強く働いている。そのために、「私」を確固たるものにする以前に、心理療法を終わりにする人も少なくない。「症状は消えたし、生きづらさも減った。さらに一歩先に進んで、私が私らしく生きることは苦しいかもしれない。だから、みんなが歩いている道に行こうと思う」。こういう心の動きが、無意識下で展開する。それくらい、日本人の心の中では「私」を消そうとする動きが、ごく自然に生じるように思う。

「人と会うことが苦痛」という人たちは、ひとりになることができないために、誰かと共にいることもできないと先に述べた。これは個人の心だけではなく、日本の集合的な心に対しても当てはまるように思う。日本の心は「みんなと同じ」であることを求める空気に支配されている。個と個が出会うこと、つまり、心理学的に本当に異質で他者であるものとの出会いが恐れられている。個人が他者に出会うことによって、自分が傷ついたり変質したりすることを恐れているのと同じように、日本の心は異質なものに出会って変化することを恐れているのかもしれない。だから、空気が読めない人や、障碍をもつ人や、国籍が違う人などを、ごく自然に排除しようとする動きが生じるのではないだろうか。

片子としての自己

日本人の心にとって、他者と出会うことの難しさは根深いものがある。それは個人の意思を超えて、集合的な心の水準で生じている困難であると思う。そのことを私が考えるようになったのは、河合隼雄が紹介している「片子」の昔話に出会ったからである。片子の昔話を短くまとめると、こんな話である。

木樵の男が仕事をしていると、鬼が出てきて、あんこ餅が好きかと聞く。男は女房と取り替えてもいいほど好きと答える。そこで、男は鬼のくれたあんこ餅をたらふく食べるが、帰宅すると妻が居ないので驚く。男は妻を探して、十年後に「鬼ヶ島」を訪ねる。そこに十歳くらいの男の子が居て、体の右半分が鬼、左半分が人間で、自分は「片子」と呼ばれ、父親は鬼の頭で母親は日本人だと告げる。男は片子の案内で鬼の家に行き、女房に会う。男は女房を連れて帰ろうとするが、鬼は「自分と勝負して勝ったなら」と言って、餅食い競争、木切り競争、酒飲み競争を挑む。すべて片子の手助けによって男が勝ち、鬼が酒に酔いつぶれているうちに、三人は舟で逃げ出す。三人は無事に日本に帰る。片子はその後「鬼子」と呼ばれて誰からも相手にされず、日本に居づらくなる。そこで、片子は「自分が死ぬと、鬼の方の体を細かく切って串刺しにし、戸口に刺しておくと鬼が怖がって家の中に入ってこないだろう。それでも駄目だったら、鬼の目玉めがけて石をぶっつけるように」と両親に言い残して、ケヤキの木のてっぺんから投身自殺をする。母親は泣き泣き片子の言ったとおりにしておく。すると、鬼がやって来て「自分の子どもを串刺しにするとは、日本の女はひどい奴だ」とくやしがる。そして、裏口にまわって、そこを壊して入ってくるが、片子の両親は石を投げ、鬼は逃げる。

（『昔話と現代』）

河合隼雄はこの片子の姿を自分自身と重ねた。河合は西洋で心理学を学び、日本に帰国したときに居づらさを感じたのである。そして、どのように日本文化のなかに心理療法の実践を根付かせるか、西洋近代化の流れのなかでいかにして日本人が自分らしく生きていけるかを研究することに生涯を捧げた。河合は著書で「自分自身と片子を同一視するような態度」で講演を行ったと、さらりと書いている。しかし、実際に講演を聴いた人は、河合が片子の自殺について語るときに涙で喉を詰まらせて、会場から出て行ってしまったと証言している。それほどに片子の姿は河合自身の苦しみとリンクした。河合は「現代に生きる日本人としては、片子を自殺に追いやらず、さりとて西洋流の変身を期待して殺害することもなく、片子を生かし続けることにより、そこにどのような新しいファンタジーが創造されてくるかを見とどけること、その新しいファンタジーを生きることに努力を傾けることが課題となるだろう」と述べて章を終えている。

この物語でいう「鬼」とは、日本の心にとっての「他者」だったのだと思う。それは暴力的で、恐ろしいものである。片子は半分は「鬼」であり、半分は「日本人」である。これは、自分自身の心のうちに他者がいる状態であり、「私」が生まれる契機にもなる。それゆえ、心理学のはじまりの状態ともいえる。しかし、自分のうちに「他者」を抱えると、村ではもはや生きていけない。そうして片子は自殺することを選ぶ。片子の自殺は、これ以降に「鬼」がやってくることを封じ込める。こうして、日本人は繰り返し「鬼」を追い払い、「他者」を排除するために、自分自身を殺し、見失うことにもなっているのだと思う。「鬼」というイメージに表されているように、ここで現れる「他者」とは非常に恐ろしいものである。それに直面しながらも、「私」を見失うことなく他者を排除することもなく、アイデンティティを確立するにはどうしたらいいのだろうか。河合のいう片子のファンタジーを生きることは、そもそも可能なのだろうか。このような疑問に行き当たったとき、私は沖縄のアイデンティティが揺れ動いていた戦後を生きた活動家・写真家の阿波根昌鴻に出会った。

他者と出会う

一九〇一年、阿波根昌鴻は沖縄県本部町に生まれた。十七歳のとき、阿波根は療養のために別府の牧師宅に下宿し、そのときに洗礼を受けてキリスト教徒となった。二十四歳のときに出稼ぎのためにキューバに移民し、三十三歳で沖縄に帰った。その後は沖縄の伊江島に移り住み、農業を営んでいた。そこに戦争がやってくる。

阿波根は戦争で一人息子を失った。悲惨な戦争を生き延びた後、さらに過酷な闘いが始まる。伊江島の土地が米軍基地建設のために強制的に奪われたのである。伊江島の農民たちは、生きていくために土地が必要であると訴えたが、米軍は基地を建設し、軍事演習を開始する。仕方なく農民たちは演習が始まる前の早朝と夜間に軍用地内の農地を耕し、作物を収穫した。米軍基地と農地が併存するという異様な空間が生まれたのである。その闘いのなかで、農民たちは軍人から暴力を振るわれたり、爆弾でいのちを落とす。それでも、農民たちは土地を耕すことをやめず、土地を取り戻す闘いをやめなかった。その中心メンバーに阿波根はいた。彼らの闘いは、どんなに酷い目に遭わされても決して暴力や憎しみに向かわず、モットーは「無抵抗の抵抗、祈り、おねがい、悲願、嘆願」というものだった。米軍と農民との闘いのなかで、誰が言い出すわけでもなく、自然発生したと言われている「陳情規定」がある（『米軍と農民』）。

陳情規定（抜粋）

一、反米的にならないこと。
一、怒ったり悪口をいわないこと。
一、正しい行動をとること。ウソ偽りは絶対語らないこと。
一、会談のときは必ず坐ること。
一、大きな声を出さず、静かに話す。
一、人道、道徳、宗教の精神と態度で接衝し、布令・布告など誤った法規にとらわれず、道理を通して訴えること。
一、軍を恐れてはならない。
一、人間性においては、生産者であるわれわれ農民の方が軍人に優っている自覚を堅持し、破壊者である軍人を教え導く心構えが大切であること。
一、このお願いを通すための規定を最後まで守ること。

彼らは農民としての誇りをもって闘っただけではない。彼らは「人道、道徳、宗教」の精神をもっていた。暴力的に土地を奪われ、演習の銃弾や爆撃によって家族や友人が死んでいった。米軍を「鬼畜」と呼びながらも、それでも彼らは陳情規定を守り抜き、根気強く「人間と人間の対話」を求めた。鬼を相手に、人間として接し、相手にも人間であることを求めたのである。そうして次第に、米軍との交渉が行われるようになっていった。

特に興味深かったのは、阿波根が聖書を引用して米軍に訴えかけることであり、キリスト教国から来た敵に「愛」を教え諭す方法だった。島の人との闘いを通して、一部の米兵は「人間」になっていく。そうして、農民たちへの態度を変える者が現れ、交流が生まれていった。その途中でベトナム戦争が勃発し、多くの米兵が沖縄の基地からベトナムへと派遣された。阿波根は当時の米兵のひとりを次のように描写している。

ベトナム兵を殺したくないが、殺さないとこちらが殺されてしまう。ベトコンは知恵があって、猛毒を塗ったトゲをわからないように置いてある。そこでこちらは靴に鉄板を張った。そうしたらベトコンはさわると爆発するような仕掛けを置いた。もうどうにもならない。——その米兵は、再びベトナムへ行かされました。金城さんとビールを飲んで、泣いて別れて行きました。金城さんの話では、その米兵は三人の子の父親でした。そして、たぶんベトナムで死んだようでありました。

阿波根の著書『米軍と農民』を読むと、彼は敵味方に関係なく、人類への憐れみを感じているように見える。阿波根たちの闘いの始まりは、農民のアイデンティティである土地を取り戻すことだった。しかし、敵に対して人間同士の関わりを求めることで、双方に変容が起きた。そうして一部の米兵は母国の家族を思い、人間性を取り戻した。農民たちもまた、米国の合理性や意思表明の精神を学び、闘い方を洗練させていった。

この本に描かれている闘いは、私には驚きだった。「他者」との対話はほとんど不可能で、分断が当たり前になっている社会において、阿波根のやり方は奇跡を起こしているように見えた。恐ろしい米兵が徐々に人間へと変容していき、農民もまた欧米的な「個人の権利」という意識をもち始めるのである。どうしてこのような闘いが可能だったのか。その手がかりは、阿波根が残している土地闘争の記録写真にあった。

阿波根は闘いの記録を大量の写真に残しており、一九八二年、写真集『人間の住んでいる島』が刊行された。二〇二二年、浦添市美術館で阿波根の写真の大規模な展示会が行われていた。私たちが美術館を訪れた日、ギャラリーでは写真家の比嘉豊光さんが解説を行っていた。解説を聴きながら写真を一つひとつ見ていると、阿波根の写真の構図や被写体の選択が、単なる記録とは言えないほどに洗練されており、「作品」となっていることが明らかだった。そこに映し出されたイメージの数々は、農民の精神性を象徴するものであったり、生活と戦争、自然と文明の対比をあらわすものであったりした。ときどき、阿波根は写真のなかに自分の姿も忍ばせていた。これらの写真を見ていると、阿波根は闘いながら、それを記録しているだけではないと思えた。阿波根は闘いながら、闘っている自分や仲間を俯瞰してみていた。彼は闘いながらも、闘いを創造していた。あるいは、彼の創造する行為が、この奇跡のような闘いそのものだった。

阿波根の著書の端々に「人類」という言葉が出てくる。彼は「沖縄人」と「米国人」の対立として事態を見ていなかったのではないかと思う。阿波根たちが基地反対の象徴として建てた団結道場の厠に書かれた歌に、それは象徴されている。

アメリカぬ花ん
真謝原《まじゃばる》ぬ花ん
土頼《たゆ》てぃ咲ちゃる
花ぬ清《ちゅ》らさ
貧乏《ひんすう》やぬ庭ん　金持《かにむち》ぬ庭ん
えらばずに咲ちゃる　花ぬ見事《みぐとう》

アメリカの花であろうと伊江島の真謝に咲く花であろうと、土を頼りに咲く花の清らかさよ、貧しき人の庭も富める人の庭も分け隔てなく咲く花の素晴らしさよと歌っている。ここにはアメリカと沖縄、金持ちと貧乏の差異を認識しつつ、花に象徴される、両者をつらぬく生命への讃歌がある。これは阿波根たちの闘いを象徴する歌である。彼はより普遍的な視点から世界を見て、人間らしくあることを守ろうとしていた。彼は圧倒的な力をもった米軍という他者を目の前にして、この「花」という普遍的な現象を見つめ続けることができた。この特殊な視点が生み出されていった経験について、彼は多くを語っていない。しかし著作のなかの短い記述や阿波根を知る人々のエッセイから、彼が戦争で死んでいった人々や多くのいのちを、心に抱えていたことがうかがえる。

『米軍と農民』では、一人息子を亡くしたことを書いた後に、次のような短い記述がある。「伊江島の一五〇〇戸のなかで、犠牲者の出ない家はほとんどありません。どの家でも、戦争の話はしません。思い出すだけで気絶してしまうほどの苦しみでありました」。また、阿波根自身は沖縄戦で砲撃が続くなか、聖書を手に逃げ回っていたという話がある。その聖書の余白には、次のような言葉が記されていた。

「戦争は人間がしておるのだと思うと、家畜がますます可愛くなり、気の毒に思う。春だ草も伸びて待っている」

　阿波根は戦争の最中も聖書をたずさえて「神」について学び、この世とは別の視点から世界を見ていた。さらに、人間と動物の区別さえも超えて、家畜のいのちを心配した。そうして、多くの喪失と悲しみを経

験しながらも、春が来ること、新しい草が伸びてくることを見失わなかった。阿波根が米軍という圧倒的な他者と対話することに成功したのは、戦前戦中の経験を通して、心のうちに多くの死者を抱え、普遍的ないのちへの眼差しが生まれていたからであるように思う。重要な人を失うという喪失体験で重要なのは、自分の一部が決定的に変化したという認識である。そうして自分自身の一部を失うことで、心の中には、「私ではないもの」が、私とは切り離すことができないかたちで生成する。この「内なる他者」が先に根付いていたからこそ、阿波根は米軍との対話を続けることができたのではないだろうか。

三、他者を含んだ「私」

闘いの果て

阿波根は若い頃に療養のために沖縄を離れて、キリスト教という異文化に出会った。さらにキューバへの移民体験、沖縄戦の体験など、数多くの喪失体験があった。こういった体験が、阿波根の心のうちに「人類」という視点を生み出したのだと思われた。これは通常では考えられない視点であり、超越的な視点と言ってもいいかもしれない。多くの場合、こういった視点は神や仏といった概念に支えられ、宗教的な実践のうちに生まれてくる。しかし、阿波根の場合は、米軍という「他者」との出会いが、この視線を決定的に生み出したように思われた。

しかし、ここに後日談を付け加えないといけない。その後、日本に復帰した沖縄は、日本政府と交渉することになる。このことで、米国政府は日本政府の背後に隠れてしまった。さらに日本政府が法律を制定していったことで、かつて、阿波根たちが米軍の高官と直接話し合ったときのように、「人間と人間の対話」ができなくなった。そこには「法律で決まっているから」というシステムの論理が自動的に発動されて、誰も責任をとらず、対話相手もどこにもいないという、のっぺらぼうが現れた。そして、急速に島の土地を手放す人が増えていった。結局、阿波根たちの闘争は、集合的な力にのみ込まれて無力化されていったのだ。この集合的な力は、西洋文明社会が生み出したものではなく、紛れもなく日本の魂の内側から生み出されるものだった。

私たちは阿波根の足跡をたどるため、伊江島を訪れた。もうほとんど反戦地主は残っていないとのことだった。阿波根が作った反戦資料館は、まるで通りから隠されているかのように、多くの建物やフェンスに囲まれて奥まった土地にひっそりと建っていた。朝九時に到着したが、誰もおらず、資料館には鍵がかかっていた。

しばらくすると電動車椅子に乗った老女がひとり現れて、鍵を開けてくれた。老女は遠慮がちに「資料館を見終わったら、少しお話できませんか」とおっしゃった。その人が『米軍と農民』にも登場していた、謝花悦子さんだった。

戦前生まれの謝花さんは幼少期にカリエスを患ったが適切な治療を受けられず、足に障碍を負った。戦後は阿波根たちと共に闘った。謝花さんは、いまでも伊江島や沖縄に多くの米軍基地があると語り、「私たちの戦いは無駄でした」と言った。表情は固く、怒りを湛えていた。私たちは何も言えず、その生涯の重みを感じながらただ話を聴いていた。すると、謝花さんは我に返ったように息を吐き、次の瞬間、かすかに悲しみを浮かべた。そして、「私はいつ死ぬかもわからない。だから、お話をさせていただきたい」と懇願するかのように述べた。私たちは、もっと話を聴かせてほしいと伝えた。話を聴いているうちに、謝花さんの表情はやわらいでいった。

次第に話の内容は阿波根の人柄へと変わっていった。阿波根が盲目の人に聖書を読み聞かせ、その人のために教会を建てて牧師の職につかせたこと。障碍者のための施設を建設したこと。活動家としての阿波根ではなく、そこには人間としての阿波根のどこまでも深い愛情や優しさが感じられた。闘いは終わっていない。けれど、謝花さんの人生には、悔しさや悲しさだけではなく、たしかに愛情と生命力が宿っていた。

世界で起きている出来事と同じようなことが、ときに心理療法のなかでも個人の心を舞台にして起きることがある。ユングはそれを集合的無意識と呼んだ。難しい概念だけれど、「時代精神」が個人の心に映し出されると考えてもらってもいい。この阿波根たちの土地闘争の過程は、まさに心理療法のなかで起きることとも符合していた。日本の心が生み出している「空気」は強い力をもっていて、個人を飲み込み、繰り返し「私」は失われてしまう。このとき、個と個の対話は成立しない。「私」と「他者」の差異は消え、「空気」や「みんな」と呼ばれる、のっぺらぼうが姿をあらわす。謝花さんは、この「空気」と闘い続けてきたのだろう。だからこそ、切実に人間らしい対話を求めていた。

謝花さんの話を聴きながら、私のなかにさまざまな思いが浮かんでは消えた。私たちの行くべき道は、この「空気」と闘うことだろうか。西洋人のように確固とした「私／他者」という区別を確立し、真の個人主義を実現することだろうか。私にはわからなかった。ただ、私たちを取り囲む空気とは、日本人の心に浸透している顔をもたない何かであり、そう簡単に対話することも、闘うこともできないものであるように思えた。心理学者である私は、その姿を描き、それと共にいることから始めるしかないと思った。

謝花さんの切実な話を聴きながら、私は闘うこともできない自分を恥じた。消えかかっている阿波根の闘争のともし火を前にして、私は何をしているのだろうと思った。申し訳ない気持ちになりながら、阿波根の仏壇に手をあわせ、伊江島を後にした。

日本における「私」の姿

河合隼雄は『母性社会日本の病理』で、日本の精神性において差異を消し去ってしまう力の強さを論じ、それを「母性の病理」と呼んだ。一方、『昔話と日本人の心』では日本人の自我が西洋とは大きく異なっており、「女性像」によって表されるのではないかと論じた。河合が日本の精神性を語るとき、母性や女性という言葉が出てくること自体が興味深い。このことは、集合的水準で「差異を消し去る母性の病理」として現れるものが、個人に内化されると、他者を受け入れることができる女性的意識となることを示しているようにも思える。河合は自他の境界線を曖昧にすることで、かろうじて成立する日本的な「私」に関して、西洋とは異なる美的解決が生じていると評価した。同時に、それが集合的水準で起きたときの問題にも意識的であったのだろう。

先に紹介した片子の昔話について語るとき、河合は涙に喉を詰まらせて、講演を中断せざるを得なかった。日本の「私」は「他者」をそのうちに抱え込む。そして「私」というものが生まれると、みんなが読んでいる「空気」から浮いてしまう。そのために、集団からの排除と差別を受ける。仕方なく、片子は自殺することで、「私」を手放してしまう。うまくいけば美的解決へと至る日本の「私」のあいまいなあり方には、片子の悲劇を引き起こす可能性もある。河合はその微妙な難しさや苦しさに敏感であったと思う。

河合は「片子を生かし続けることにより、そこにどのような新しいファンタジーが創造されてくるかを見とどけること、その新しいファンタジーを生きることに努力を傾けることが課題となる」と述べていた。しかし、現在でも心理療法のなかでは「片子」が生まれ、「私」を手放す人が少なくない。半分鬼で、半分人間である私として生きる苦しさから、繰り返し「私」を手放してしまうのである。もし西洋のように、私が私であり続けることが難しいのなら、日本の「自己」とは、どんな姿をしているのだろうか。もし片子が生き続けていたら、どんな姿をしているのだろうか。

片子として生きる

戦後、阿波根は障碍をもつ人々のために施設を作った。足に障碍を負った謝花さんは、阿波根の活動をずっと支えてきた。このことを思い巡らせているうちに、私は河合が片子と蛭子《ヒルコ》の関連を示唆していたことを思い出した。

蛭子とは、イザナミとイザナギの婚礼において最初に生まれたが、障碍をもっていたために葦舟にのせて流されてしまった神である。立つことができなかったことから、手足に奇形をもった障碍児だったのではないかという説もある。さらに、蛭子が流れ着いたさきで、商売の神様である「蛭子様《えびす》」として祀られたという伝承が各地に残されている。この神話は表面上は障碍をもった子を捨てる物語である。しかし、蛭子が乗せられた葦は、「豊葦原」という日本をあらわす美称があるように、生命力や豊かさの象徴である。その葦で作られた舟で流されていった障碍児が、商売や豊かさの神様になるのもうなずけるのである。

この「障碍から豊かさへ」というイメージの展開に、片子として生き続けることのファンタジーの可能性があり、日本の「私」の生きる姿のヒントがあるように思う。もし私たちが半分鬼であり、半分人間である私自身を受け入れるなら、傷を抱えた不完全な「私」として生きることができたなら、そこに日本的な「私」の姿が見えてくるのかもしれない。

実際、心理療法ではクライエントの夢や表現のなかに、傷ついた人や障碍を負った人のイメージが出てくることは少なくない。心理療法が展開するとき、しばしば内なる他者は、傷、死、病気、障碍というイメージをもって到来する。心の中の見たくないもの、醜いものである。それらを「病気」や「障碍」であるとして、排除しようとしたり、恥ずかしいものとして隠そうとすると、さらに人は悩み苦しむことになる。

心理療法のなかで私たちに求められていることは、ホスピタリティであり、すなわち心の病気や障碍をもてなし、ケアを与え、祝福することである。もてなされることで、「障碍」というイメージは、私たちの心に深みをもたらすものへと変容する。「障碍」とは私ではないものでありながら私であり、私に深みを与える重要なしるしである。私に他者が内在化されたものとして、障碍のイメージは刻み込まれる。心の中において病気や障碍のイメージと出会うことを通じて、日本に生きている「私」は、私らしく生きることが可能となるのである。

最後にひとつの物語を深層心理学的に分析することで、私が私を取り戻す過程における「障碍」イメージの役割を考えてみようと思う。もちろん、このことが決定的に日本的な自己の姿を描き出しているというわけではない。けれど、それぞれが片子のイメージを生かし続け、そのファンタジーを生きるヒントを得られるのではないかと思う。

その物語は、ドリアン助川の小説『あん』である。物語は、千太郎という男がどら焼きを作っている場面から始まる。千太郎は大麻所持及び売買のために服役し、出所後に借金を返すためにどら焼きを売っていた。千太郎は物書きになることを志望しており、いまの仕事に何のやりがいも感じておらず、既製品のあんこを使って、どら焼きを作る。当然、客もあまりつかない。鬱々とした日々が続いている。

そんな千太郎のもとに、ある老女がやってくる。その老女は手が歪んでいたり、歩き方がぎこちなかったりして、どこか障碍をもっていることがうかがえる。老女はその店で働きたいという。最初は断るが、老女が作ってきたあんこを食べて、あまりの美味さに千太郎は老女からあんこ作りを学ぶことにする。老女の名は吉井徳江という。徳江と千太郎は共に働き始める。

徳江は千太郎に「小豆をもてなすこと」「小豆の声を聴くこと」を助言する。徳江が働くことに幸せを感じ、客との触れ合いに喜びをおぼえる様子を見て、次第に千太郎もどら焼き作りに対する態度を変えていく。しかし、ある日を境に突然、客足が遠のき、店の経営はかたむく。徳江が元ハンセン病患者であることがわかり、噂が広まったのだった。店のオーナーから徳江を解雇するように言われた千太郎は反発するが、異変に勘づいた徳江のほうから退職の申し出がされる。

その後、千太郎はどら焼き作りを諦めて、もとの生活に戻りそうになる。しかし、もう一度、新しい自分自身のどら焼きを作ろうと決意する。ある日、夢の中で千太郎は若かりし頃の徳江に出会う。ハンセン病のために家族から強制的に引き離され、隔離施設に入れられ、人生を奪われた十四歳の少女である。夢の少女との出会いから、仙太郎は新しいどら焼きのアイデアを得る。その試作品を徳江に食べさせようと施設に行くが、徳江はすでに亡くなっていた。ショックを受けて佇む千太郎に、同じくハンセン病を患っていた徳江の友人が語りかけ、実は徳江にも「小豆の声」など聞こえていなかったと明かす。

「店長さんたちをがっかりさせちゃいけないんだけど……トクちゃんもその時に言ったの。小豆の言葉なんて聞こえるはずがないって。でも、聞こえると思って生きていれば、いつか聞こえるんじゃないかって。そうやって、詩人みたいになるしか、自分たちには生きていく方法がないじゃないかって。そう言ったの。現実だけ見ていると死にたくなる。囲いを越えるためには、囲いを越えた心で生きるしかないんだって」

友人は隔離施設という現実の囲いを越えるために、ファンタジーに生きることを悲しいことのように語っている。しかし、夢の中の少女と出会い、新しい、自分自身のどら焼きを作ることを成し遂げた千太郎にとって、その言葉はまったく違った響きをもつ。千太郎はこう答える。

「徳江さん、その通りの人ですよ。なんだか境界を越えていたような気がします」

この物語を心理学的に解釈してみたい。すなわち、ひとりの人の心の中で起きるファンタジーとして、物語を分析するのである。心理学的に見ると、これは刑務所という塀の中にいた男と、らい予防法のために塀の中に閉じ込められた少女という形で、私が私に出会う物語である。男は物書きになる夢を叶えられず、借金返済のためにやりたくもない仕事をしている。女は隔離によって人生を奪われ、働きたくても働かせてもらえないまま老いを迎えた。そのふたりが出会い、女は男にあんこの作り方を教える。ふたりの出会いによって、どら焼き屋には活気が出て、ふたりには生命力が宿る。しかし、世間から見ると病や障碍は排除すべきものである。ハンセン病に対する根強い偏見から、徳江は店を去らざるを得なかった。

このことは、私たちが集団の力にのみこまれて、繰り返し「私」を失うことに通じている。千太郎は働きたくないと思っていたが、障碍をもっている女性に出会い、生命力を取り戻した。「私」が「内なる他者としての私」に出会ったのである。しかし、それはすぐに集団の力によって取り消されてしまう。

絶望のなかで、千太郎は徳江と共に働いてきた日々を思い出し、もう一度、自分自身のどら焼きを作ることを決心する。人生を奪われ続けた徳江のイメージが、千太郎を救い出し、ほんとうの仕事をやりぬく力を与えたのである。このとき、千太郎は真の意味で働くことができるようになった。

この物語は河瀬直美監督によって映画化された。主演の永瀬正敏と樹木希林の演技に、多くの人々が心を揺さぶられた。もちろん歴史的に見ても恐ろしい差別と隔離政策がなされたハンセン病をモチーフにしているという点も大きいが、千太郎にはまさに日本で「働きたくない」と思いながらも、どうすることもできずに鬱々と暮らしている人々の姿が映し出されており、多くの人が共感を寄せたのだろうと思う。徳江との出会いを通して、千太郎は変化していくが、心理学的に考えれば、この老女こそが人生に対して諦めを抱いていた男の「内なる他者」、アニマの姿である。物語のなかで、障碍を抱えて年老いたアニマのイメージは、徐々に隔離政策によって家族から引き離された、傷ついた少女のイメージへと変わる。そうして、アニマの傷つきに触れたところから、癒しと「私」を取り戻す過程への転換が起きる。

物語のなかで徳江は繰り返し小豆、木々、風、月などの声を聴くのだと語る。彼女はある種のアニミズムを体現している。そして彼女の死後に実はそのような声は聴こえていなかったと暴露される。つらい人生を生きていくために、そう思わないとやってられなかったのである、と。これは自然の中に癒しを求めて、あらゆるものに魂を感じ取ろうとするという日本古来の精神性が、もはや効力を失いつつあることと符合している。しかし、死の直前に徳江は本当に木々の声を聴いたことも明らかにされ、物語終盤の千太郎もまた声は聴こえないとわかりながら、それでも声を聴こうとする。友人とのやりとりのズレが起きているのは、すでに千太郎にはファンタジーを生きようとし続ける行為によって、現実が本当に変わることへの確信が生まれているからである。

この物語をひとりの心の中で起きたイメージの展開と考えるならば、「私」を見失っていた男が、自己を見出して真の意味で働き始める物語である。その過程でハンセン病と隔離政策に苦しめられ、障碍を負った徳江のイメージが現れるが、これは日本における内なる他者の姿と言える。それは集団から排除されながらも、自死を遂げることなく、片子として生き延びてきた心のイメージであり、私らしく生き続けようとする心のイメージでもある。

おそらく、私らしく生きるためには、ここから始めるしかない。故郷を失い、異国の地で土地を耕し始めた移民のように。阿波根が戦争で最愛の息子を亡くし、何もかも失ったところから闘いを始めたように。隔離され、病の恐怖と孤独を抱えながらも、人間であり続けようとした元ハンセン病患者のように。喪失、欠落、病気、障碍、貧しさのイメージを祝福することから、不完全さを含んだ完全な「私」が見出される。そのとき、私たちは、あいまいで不完全な「片子」として、自分自身を生かし続けることができるのではないかと思う。

参考文献（参照順）

芳賀竹志『月山　山菜の記』崙書房出版、二〇一二年
山中康裕『たましいの窓　児童・思春期の臨床1』〔山中康裕著作集1〕岩崎学術出版社、二〇〇一年
河合隼雄（河合俊雄編）『心理療法序説』〔心理療法コレクション4〕岩波現代文庫、二〇〇九年
河合隼雄（河合俊雄編）『昔話と現代』〔物語と日本人の心コレクション5〕岩波現代文庫、二〇一七年
河合隼雄『母性社会日本の病理』講談社+α文庫、一九九七年
河合隼雄『定本　昔話と日本人の心』〔物語と日本人の心コレクション6〕岩波現代文庫、二〇一七年
阿波根昌鴻『米軍と農民』岩波新書、一九七三年
阿波根昌鴻『命こそ宝　沖縄反戦の心』岩波新書、一九九二年
阿波根昌鴻『人間の住んでいる島　沖縄伊江島土地闘争の記録』私家版、一九八二年
James Hillan, *INSEARCH: Psychology and Religion*, SPRING PUBLICATIONS, 2015.
D・W・ウィニコット（大矢泰士訳）『完訳　成熟過程と促進的環境　情緒発達理論の研究』岩崎学術出版社、二〇二二年
ドリアン助川『あん』ポプラ文庫、二〇一五年
「特集2阿波根昌鴻　態度としての非戦」「世界」二〇二一年二月号、岩波書店

コラム　いまに開かれた沖縄の活動

相樂加奈

沖縄県のフィールドワークではたくさんの方のお話しを聴く機会に恵まれた。なかでも、若くして雄飛するお二人を紹介したい。

二〇二二年、那覇文化芸術劇場なはーとにて、『喜劇・人類館』が上演された。翻訳家・演劇研究家である林立騎さんは、ドイツのフランクフルト市でドラマトゥルク（企画学芸員）として働いた後に、なはーとの企画制作グループ長に就役され、本劇に携わっていた。私たちは、林さんの案内のもと最終リハーサルの場に立ち会わせていただいた。『喜劇・人類館』とは、演劇集団「創造」の創作劇第一作として一九七六年に初演され、演劇界の芥川賞と呼ばれる岸田國士戯曲賞を受賞した、初めての沖縄戯曲である。一九〇三年に大阪万博で起こった「人類館事件」をモチーフに、沖縄の近現代史を描いた作品である。三人の俳優がさまざまな役回りを演じながら時間と空間を交錯させ、沖縄戦や皇民化教育、祖国復興運動など、沖縄を取り巻く出来事をダイナミックに表現されていた。林さんは、「演じたい言葉を演じるのではなく、むしろ演じがたい言葉、演じてよいかわからない過去、目を逸らしてしまいかねない他者を演じること」を人類館の演技の課題として述べている。さらに、林さんの演技に対する論説は興味深く、その寄稿にて「演技は再現ではなく、過去をやり直し、辿り直す中で、過去のテクストと現在の自己を点検し、差異とともに新たにもたらされる「混じり合った現在」として表現する実践」で、「同じ作品を繰り返しながらも、そのたびごとにみずからを省みて、内側からかえていく」。「演劇がやり直し、辿り直すのは、過去だけでなく、なによりもまず「今・こ こ・わたし」であり、そしてわたしたちの現在の社会である。［中略］現在が変化しつづける以上、テクストと現在の関係、つまり演技・演出はいつまでも引き裂かれながら、新たな表現の源泉でありつづける」と淵源を著述されている。

もう一人、沖縄県宜野湾出身で平和教育ファシリテーターとして活動されている狩俣日姫さんのお話しも聴きに行った。高校卒業後、オーストラリアに渡航をするが、そこで知り合った現地の友人から「沖縄は米軍基地で経済が成り立っているのか」という投げかけに、生まれた土地であるにもかかわらずうまく答えられなかったことがきっかけとなり、帰国後に基地問題や沖縄戦を改めて学びなおしたそうだ。狩俣さん自身、幼少期から学校の平和教育や、祖父母の世代が戦間期であったために沖縄戦の話を聞く機会はたびたびあったという。しかし、「当時は、平和教育を受ける側としての姿勢がなっていなかった。平和教育はグロテスクで嫌なものを見せられたという感覚が強かった」と真率に振り返られていた。現在のファシリテーターとしての狩俣さんは、戦争のない平和な社会をどのように作っていくかをテーマにワークショップを行っている。その試みは独特なもので、どのように戦争が発生してしまうのかを洞見するために流行りのテレビ番組や音楽などをベースにして、いまの時代で戦争を起こすとしたらどのように作ることができるかをグループワークで考えるものや、参加者が戦時中に沖縄の住民だったと仮定して沖縄戦の経過を辿りながら自分の命運となる分岐に直面したときどのような選択をしていくかなど、戦争というものをより間近に感じながら考量する機会となるような場を作っている。

お二人の活動は、過去をただリフレインしているのではない。いまを生きる私たちが、いかにリフレクションをしながら現在に見出していくか、その一例を体現しているのではないだろうか。

林立騎「演技・演出・引き裂かれる意識　「復帰」五〇年の『喜劇・人類館』」「越境広場」第十二号、越境広場刊行委員会、二〇二三年

「Forbes JAPAN 30 under 30　日本発『世界を変える30歳未満』三〇人」「フォーブスジャパン別冊」二〇二二年十月号、プレジデント社

第二章

身体に根差すアイデンティティ

平子雪乃

その土地のアイデンティティに根差すこと

二〇二三年春、研究会のフィールドワークで沖縄を訪れた。戦後、米軍基地をめぐる土地闘争と反戦運動が展開されてきた伊江島を訪れ、反戦活動家の阿波根昌鴻さんが設立した資料館「ヌチドゥタカラの家」を見学し、幸運なことに館長の謝花悦子さんから直接お話を伺う機会にも恵まれた。別の日には、戦時中の学徒隊や地元民が体験した苦難を想像しながら、那覇市から平和の礎がある糸満市摩文仁の丘まで六時間の道のりを歩いた。これまでは私のなかに過去に起こった出来事として抽象的な情報のレベルで保存されていた戦争が、今ここにいる自分の足元まで途切れることなく続く生きた歴史の流れなのだということを体感する数日だった。

別の日にはうるま市にあるいずみ病院を見学させていただいた。院長の高江洲義英先生は、入院中の環境そのものが治療作用をもつという発想をもとに、沖縄の風土や文化を取り入れた入院環境を備え、入院中の方が自宅にいるかのように過ごせることを目指して病院をつくられたそうだ。病院の敷地には見慣れぬ南国風の豊かな緑が生い茂り、窓の外に目をやるたびに、この土地独自の風景と空気感が視覚から流れ込んできた。同じように院内のあちこちには園芸療法のための庭園があった。私には異国の香りがするこの草花たちも、入院中の方々にとっては生まれ育った沖縄の土地の息吹を感じさせ、幼い頃、若い頃に見たさまざまな風景を思い起こさせるものなのだろう。もうひとつ印象に残っているのは、運動療法を行っていたホールを通りかかったときに耳に入ったラジオ体操の音声だ。小学生の頃から何百回と聞いた懐かしいメロディに、まったく聞き覚えのない号令（動きを指示する声）が重ねられていた。沖縄の方言が使われたラジオ体操だったのだ。後日調べてみたところ、『ラジオ体操第1ご当地版』というCDが販売されており、いくつかの地方の方言による音声が作られていることを知った。私が聞いたのは、そのなかにある「ラジオ体操第一（号令入り）ウチナーグチ／ひーぷー」だったのではないかと思う。参加していた方のなかには車椅子に乗っていたり、身体を動かすのが難儀そうな高齢の方が多くおられたが、沖縄の方言による号令は若い頃の記憶を刺激し、心身の活力をよみがえらせるような力がありそうに感じられた。

そんな風に、沖縄という土地で育まれてきた音韻、風景、歴史を思わせるものに囲まれて、身体感覚と方言の関係について思いを巡らせていた折、印象的な体験をした。

フィールドワークを終えた後、私は那覇に住む知人と連絡を取り、首里を案内してもらった。その知人が首里城のスタッフ（民族衣装を身にまとい、観光客を出迎えていた）に話しかけ、二言三言、言葉を交わしていた。聞き取れる単語はひとつもなく、その意味はまったく理解できなかった。沖縄の方言なのだろうと思い、知人に尋ねると、彼女は、「私はね、（その言葉を）英語をおぼえるみたいに勉強したの」と答えた。すぐにはその返答の意味するところが理解できなかった。状況から察するに、それは明らかに沖縄の方言だ。沖縄の方言であるからには、知人が生まれ育つなかで幼い頃から自然に話していた言語ではないのだろうか……そんな疑問が頭に浮かんだが、観光案内をしてもらいながらでは、深くそのことについて掘り下げるタイミングを逃し、そのまま那覇を後にした。

東京に戻ってからも、そのエピソードが頭から離れず、後日、その知人に詳しく教えてもらえないかと依頼した。知人からは快諾の返事があり、電話で彼女の方言にまつわる体験をいろいろと話して聞かせてくれた。そこには方言の扱いを通して、沖縄の人々がどのようにそのルーツと対峙してきたのかということがあらわれていた。

彼女は今、六十代後半。戦後まもなくこの世に生を受け、那覇市の牧志公設市場の近くで生まれ育った。その地域は何らかの商売をしている家が多く集まり、活気があり威勢のいい言葉が飛び交っていたそうだ。両親はどちらも沖縄の出身だったが、祖父母の世代は、生まれ育った地域や使う言葉が異なっていたそうである。当時は今よりも各地域の方言の差異が大きく、少し話せば出身地や居住地が推測できたという。そして地域ごとに、その土地の典型的な気風や人柄があったようである。たとえば那覇は各地から商いの場を求めて人が集まり、皆が日々の糧を得るために一心不乱に働いている地域だ。そのため那覇の言葉からは「なーはいばい」(沖縄の方言で「めぃめぃ勝手に」)、つまり他人への関心が薄く、自分のことだけに時間と手間をかける人柄が想像されたという。一方、首里はかつて琉球王国の王族が住んでいた古都である。首里の言葉はやわらかくおっとりとして上品な印象を与え、その奥にある歴史や雅さへの誇りまで感じさせるようなところがあるそうだ。さらに興味深いことに、同じ意味を表すのに、男女それぞれで別の言葉を使い分けていたという。そんな風に方言が出身地や職業を推測する材料になり、人柄についてまで先入観を抱かせる。そして時には、宮古島や八重山諸島のように、使う方言、つまり出身地を理由に差別的な扱いを受ける可能性さえあった。当時は出身地による差別意識がまだ根強く残っていたのだ。

そうした状況のなか、ある人は都会に出て仕事に就くために、あるいは職場で円滑に仕事をこなすために、ある人は出自を隠すために、首里や那覇の言葉を後天的に学び、あるいは「大和口」と呼ばれる日本の標準語を身につけようと努力し、自発的に方言を矯正したそうだ。

那覇と離島とのあいだに見られた差別意識は、日本本土と沖縄のあいだでも生じた。現代のようにテレビやインターネットによる情報発信が普及していなかった時代、沖縄から遠く離れた土地では、沖縄に対する誤ったイメージが流布していた。たとえば「肌の色が真っ黒で、土人みたいな人たちだ」とか、「靴を履いている人がおらず全員草履で歩いている」といった、経済的、文化的に遅れている地域であるというイメージが出回っていたそうである。そればかりか、店の前に「琉球人お断り」と掲示されていることもあったという。これだけ沖縄に対するネガティブなイメージが流布していれば、沖縄出身者はその方言を隠し、沖縄出身とわからないように振る舞おうとするようになる。話を聞かせてくれた知人も、東京で仕事の研修を受けていた頃は、方言や沖縄風のイントネーションを消すようにして話していたそうだ。ある年代より上の人が集まる同窓会では、こんな思い出話が定番だったようである。街中で腕や足をぶつけたりして、咄嗟に「あがー！」（沖縄の方言で「痛い！」）という方言が飛び出した途端、一緒に歩いていた同じ沖縄出身の友人が急に赤の他人のように振る舞い、歩き去った……といったパターンのエピソードである。お互いに半ば笑い話、半ば恨み言として、何十年も前のことを語るのだという。自らの出自を隠すために、方言を、その言葉だけでなくイントネーションも含めて消し去ろうとする行為には、ふとした折に顔を出しそうになる自然でありのままの自分を封じ込め、監視し続けるための膨大なエネルギーが必要である。そしてそれは、自らのアイデンティティのルーツを否定し、断ち切り、存在しないものと見なして生きていくことでもある。うまく望んだとおりに、都会の標準語を話す人であるかのようなアイデンティティが上書きされたとしても、幼少期から思春期を通して使っていた方言ではない新しい言葉を使い続けることは、過去の自分との連続性が弱くなり、根無し草になったかのような心許なさがつきまとうのではなかろうか。

残念なことに、明治維新後の日本政府主導の同化政策が終わった後も、沖縄の人たちが必要に迫られて自発的に方言の使用を控えたり、禁止し合ったりした時期を経て、沖縄では方言を使わない、もしくは理解できない世代が徐々に増えている。たとえば両親世代は方言で育ち、方言でやり取りをしていたが、子育てをする際には敢えて標準語に近い言葉を使うようにしたという家もある。将来他の地域で仕事に就いた際に、言葉の面で意思疎通が難しくなったり、差別的な扱いを受けたりしないようにとの配慮からである。私の知人と同世代の人のなかには、すでにごくありふれた表現以外はほとんど方言がわからないという人もいるようである。長年脈々と受け継がれてきた独自の言葉が、たった一世代の意思で突然絶えてしまうことがあり得るのだと思うと、背筋が寒くなる思いがする。通信機器が発達し、日本中、世界中の言葉と文化がテレビやインターネットから流れ込んでくる現代においては、長い歴史のなかで形成され、受け継がれてきた方言や慣習も、放っておけばあっという間に外の文化に曝され、消えていってしまう。土地の文化は人から人へと自然に伝承されるものではなく、そこに住む人々がそれを肯定的に受け容れ、愛し、誇りをもって維持していかなければ、あっという間に薄れていってしまうものなのだ。それが急速なスピードで現実に起こっていると知り、文化というものの脆さを感じて、空恐ろしい気持ちになった。

私に話を聞かせてくれた知人も、三十代の頃までは、東京では方言を消し、沖縄出身であることを隠すようにして過ごしていたが、次第にそうした行動に疑問を感じるようになったという。大げさに言えば、「嘘をつきながら意識して言葉を使っている」という気がして、何となく疲れを感じたり、言葉に嘘があって心が入らないような感覚が強くなったそうだ。何より方言を隠していると、「自分自身を否定している生き方になるようで嫌だった」という。改めて自分の意思で生まれ育つ過程で自然に身についた方言を話そう、と思い立ってからは、考えたこと、感じたことを自然のままの言葉に乗せたいと思うようになった。ごく単純な感情を伝えるにも、「驚いた」より「はっさびよー」（沖縄の方言で、驚いたりあきれたりした際に使う感嘆詞）の方が体感がついてくる。自分の感情を表現する言葉は、その一言に感情が自然に強く込められる。「血が騒ぐ」ように感じて、元気が湧いてくるという。同じ理由で、方言で歌詞が書かれている歌や沖縄の古典芸能も大切に思っているという。

彼女はいつも標準語で使われている単語を選んで私にわかるように話してくれるのだが、イントネーションや語尾は標準語のそれとは大きく違う。これはかつての方言を隠すこととは違い、私が彼女の言葉を理解できるように気を配ってくれているのだろう。沖縄の方言そのものを理解できないことにもどかしさを感じもするが、滅多に沖縄を訪れる機会がない私は、そうした方言の片鱗でさえも沖縄の息吹を感じることができたようで嬉しくなる。それは私にはまったく馴染みのない音韻、リズムで、明らかに自分とは異なるアイデンティティを持っている土地にいることを意識させられる瞬間ではあるにもかかわらず、どういうわけかあたたかく懐かしい印象を抱かせる。彼女が語る様子からは、沖縄の歴史を自分の人生として体験し、土地にしっかりと根を張り、その文化の一部として生きている感覚がはっきりと伝わってきた。「私は何度生まれてもうちなんちゅがいい」と語る声は、溌剌としたエネルギーに満ち溢れていた。

生まれ故郷の札幌との結びつき

翻って自分自身を振り返ったとき、ひとつの疑問が湧いてきた。私は生まれ育った札幌の歴史と文化に、これほどまでに強く結びついて生きているだろうか。札幌の歴史を今に続くリアルな出来事として意識し、この土地独自の風土を身に染み込ませて生きているのだろうか。

そもそも私は北海道や札幌の歴史について多くを知らない。小学校の授業でわずかな郷土史を習い、この地を開拓した屯田兵の住居跡を見学したりする機会は多少あったけれど、中学以降の歴史の授業は一般的な日本史の知識を超えるものではなかった。北海道は日本史の中心地ではなく、教科書のところどころに数回登場するだけだった。

北海道というと、独自の文化をもつアイヌ民族を連想する人も多いだろう。けれど私自身は、アイヌ民族の血を引いているわけではないし、札幌で過ごす期間にアイヌ民族の知人がいたわけでもない。個人的な興味からアイヌ民族の文化について書かれた本を読んだり、展示会に出かけたりしていたので多少の知識はあるが、直にその文化に触れた経験はない。それでは、自分は開拓民の子孫なのかというと、それも違う。もともと私の両親は他県の出身で、札幌で生まれ育ったのは家族のなかで私だけだ。そういう意味では、札幌を開拓して今の街の基盤をつくった人たちの歴史も、自分自身の直接のルーツではない。

とはいえ、やはり私にとって札幌は、自分のアイデンティティを語る上で欠かせない土地であり、愛着を感じさせる土地である。けれど、その感覚は、私というひとりの人間が生きてきた数十年のあいだの個人的な体験から得たもので成り立っているような気がする。

私は生まれてから大学に入学するまでのほとんどの期間を、北海道札幌市で過ごした。北海道は日本の最北に位置するという地理的な特徴から、本州（道民は他の都府県のことをまとめてこう呼ぶ）とは明らかに違った風土をもつ土地である。「北海道弁」と呼ばれる方言があり、「ジンギスカン」「ちゃんちゃん焼き」といった独自の郷土料理がある。「札幌出身です」と言うと、たいていの人は風景の美しさなり、海産物の美味しさなり、登山やスキーをした思い出なり、何かしら特別なイメージを語ってくれる。なかでも寒さや雪に関連する反応が多いように感じる。

北海道の風土を決定する最大の特徴は、日本の最北に位置するゆえの寒冷な気候にあり、その四季の巡りは他の地域にはない特徴がある。

春。道にはちらほら雪が解け残るなか、まだ冷たい風のなかをスプリングコートで歩く。雪が解けた後に残るゴミと砂塵が道にあふれ、一年で最も道が汚くなる季節だ。本州では一月、二月、三月、四月と時期を異にして咲くはずの草花が、ほぼ同時に芽吹き、一斉に花を咲かせる。札幌では、季語の感覚が狂う。ゴールデンウィークには八重桜の下でお花見をしながら、ジンギスカンを食べる。桜の代名詞であるソメイヨシノを目にする機会はほとんどなく、桜と言えば、ぼてっと重たげな花をわんさかとつける八重桜のイメージが強い。

夏。梅雨がない北海道では、夏のはじめに一年で最も爽やかな野外レジャー向きの天候が続く。広い青空の下、大通り公園ではビアガーデンが始まる。最近では徐々に温暖化が進んで真夏日が増えてきたが、私が育った頃は気温が二十五度を超えれば「今日はとりわけ暑い」と感じた。真夏でも夜になると、長袖の羽織りものが手放せない。学校にも自宅にも冷房はなく、暑いと言いながらも日差しを避ければやり過ごせてしまう。夏休みの体験も本州とは大きく違うということを、テレビアニメやドラマで知った。小中学校の夏休みは八月二十五日前後で終わりを迎えるのが普通で、テレビアニメで八月三十一日にやり残した宿題を片付ける主人公を見て「本州は九月一日が新学期らしい」と、まるで外国の習慣を見るかのごとく日本の一般的な年間行事を学んだ。ちなみに私が通っていた学校では夏休み、冬休みの宿題というものがあまり多く出されず、最終日に泣くほどの目に遭うこともなかった。アニメの主人公が嫌々ながら毎日通っているラジオ体操への参加の義務はないに等しく、地区によってはたった一週間ほどしか開催されていないこともあった。それもその地区の子どもが集まる集会で、何日くらいやりたいかを多数決で決めた。保護者も「早起きしたくない」「面倒くさい」という怠惰な子どもを諫めることはなかった。今にして思えば、ラジオ体操を開催する保護者も大変だったのだろうと想像するが、そこで「毎年やっていることだから、無理にでもやらねば」という意見は多数派ではない。何かにつけ、決定のしかたがリベラルで合理的だ。

秋。夏休みが明ければ、すぐに秋風が吹き始める。夏休み明けのプール学習は、屋外プールの水温が冷たく、唇を紫色にして震えながら泳いだ。時には水温が基準を下回り、プール学習が中止になる日もあった。あっという間に日が短くなり、学芸会や合唱祭の練習で下校が遅くなる時期は、真っ暗で寒いなかを帰った。十一月に入ると、朝の登校時の空気が寒さでピンと張り詰める。一段と凍るような空気の日に、初雪が降る。それに先立って、「雪虫」と呼ばれる白い綿毛をつけた虫が舞い（後に、本州ではこれを「綿虫」ということを知った）、雪の季節の到来を知る。深夜から早朝に雪が降り、日中の日差しで解けるということを何度か繰り返し、十二月にはいよいよ根雪になる。

冬。冬は私にとって特別な季節だ。名前に「雪」という字が入っているように、生まれた日は大雪だった。両親がスキー愛好者だったため、よちよち歩きの頃には父に背負われてゲレンデを滑っていた。毎年、スキー場で多くの時間を過ごし、新雪の心地よい感触を足裏で味わったり、凍えるような風を肌に感じながら斜面を滑り降りたり、リフトに揺られながらほとりほとりと雪が落ちる音に耳を澄ませていた。私の身体感覚の大半はゲレンデで養われたと言っても良いかもしれない。冬になると、毎日雪が積もった地面を踏みしめて登校するようになる。本州の学生が履いているようなローファーでは雪道を歩けないため、高校時代は制服の上にコートを着て、黒いタイツにロングブーツを履いていた。いわゆる「ギャル」系の女子高生の定番は、当時流行していたルーズソックスにバックスキンのショートブーツという組み合わせだった。本州では高校生でもない大人の女性が似た形のブーツを履いていて、最初はそれがとても奇妙に思えた。雪が積もると、校庭を体育で使うことができなくなる。そのため冬季は時間割が大幅に組みかえられ、体育の時間がなくなる。代わりに年三〜四回、丸一日スキー場で体育を行う「スキー学習」があった。札幌在住といってもスキーをまったくしない家もあるので、児童の足前

（スキーの腕前のことを当たり前にこう呼んでいた）はまちまちである。クラスには教員よりもずっとスキーがうまい児童が何人もいて、退屈そうに授業を受けていた。一方、本州から転校してきた児童は初級者クラスにも入れず、待機役として随行している教員とマンツーマンで練習したりしていた。私は幼い頃からスキーをする機会が多かったため、いつも三学期の体育の成績だけが良かった。本州の学校より夏休みが短い分、冬休みが数週間ある。テレビアニメを見て、年末年始に数日が足されただけの冬休みしかない本州の子どもたちに同情を感じていた。十二月から三月までのあいだ、ずっと雪が積もった中で日常を送る。入試や卒業式などの重要なイベントが吹雪や大雪になり、悲惨な目に遭うこともある。それでも雪は降るもの、という前提で、袴や振袖を来て参列する。

こうした他県と札幌の土地柄の違いを、部分的にはアニメなどを通して「知って」いたが、私が札幌という土地の独自性を真に実感したのは東京へ出てきてからだった。そもそも一年間の気候の移り変わりがまったく異なり、適切な服装を選ぶのに苦労した。また学生時代の友人との会話のところどころで、全国共通のものだと思っていたものが実は札幌だけに通用する言葉や慣習であることに気がついていった。

たとえば札幌では、雪が積もって初めてダウンやウールといった本格的な冬用の上着を出した。それまでの気温も、東京の真冬よりよっぽど寒いのだが、雪が積もって初めて真冬の服装ができるような感覚があった。東京で過ごすようになった最初の年、いつ本格的な冬の服装をして良いのかがわからず戸惑ったのをよく憶えている。同じように春は、雪解けが進んである程度地面が出てくると、やせ我慢をしてでもスプリングコートを着た。服装の切り替え時を見極める手がかりは、明らかに積雪にあった。

東京の生活で何よりこたえたのは、気候の違いだった。初夏にはうんざりするような梅雨が続き、夏は身体を痛めつけるほどの日差しと熱風、台風がもたらす激しい雨と風。そして、雪が降らない、けれどからっ風が吹きすさぶうすら寒い冬。私は東京の冬が本当に苦手だ。それは札幌育ちの私には、雪が降る直前、紅葉がすべて枯れ落ち、街が色彩を失って冷たい風だけを感じながら歩く一年で最もつまらない十一月の景色を思い出させた。それが冬中続くのだ。雪が降らない冬がこれほど耐え難いものだとは、正直思っていなかった。もちろん暦の上では十二月、一月、二月と時が進み、何月何日であるかを意識しながら日常生活を送るので、頭では冬という季節を過ごしていることは理解している。けれど身体感覚としては、ひとつの季節が巡り来ぬうちに次の季節が到来してしまうといった感じで、そのとき、そのタイミングで体験すべき重要なものが欠けたまま先へと運ばれていくような、妙な感覚を覚えていた。頭では、東京の冬は札幌ほど気温が下がらず、雪も滅多に降らないということを理解しているのに、心の奥底ではいつまでも「本格的な冬」の到来を今か今かと待ってしまうのだ。上京して数年間は、脳と身体の奇妙なずれが続いた。そのせいか大学の冬休みになると数週間地元に帰省し、繰り返しゲレンデへ通った。脳と身体のずれを解消し、季節を感じる体内時計を修正するために、無意識にそんな行動をとっていたのかもしれない。当時は冬になると、とにかく無性に雪が恋しかった。

もうひとつ、私を驚かせたのは、珍しく関東に雪が降った日の、全身の細胞が「これを待っていたんだ！」と言わんばかりに生き生きとうごめく感覚だった。雪の日のピーンと張りつめた凍える空気。それが肌に触れ、息を吸い込む際に鼻からすうっと入ってくる感覚。釣り上げられた魚が水に戻される瞬間はきっとこんな感覚なのだろうと思うほどに、その雪の日の空気は私の肌に馴染んだ。

　こうした視点から自分が生まれ育った土地の独自性を意識するようになったのは、むしろその土地を離れて過ごした期間があったからだ。東京で暮らす日々の体験から、あるいは他県で育った友人との会話を通して、北海道にはこういう独特な慣習があったのか、他の土地に比べてこういう特徴があったのか、という発見が積み重なっていった。アイデンティティを知るというプロセスには、多かれ少なかれ、外の世界との比較が必要である。札幌という土地を深く知り、札幌で生まれ育った者としてのアイデンティティが確かなものになるまでには、東京で過ごした経験が不可欠であったと思う。異なる文化に触れて初めて見えてくるものがあり、外の世界で暮らすふとした瞬間に繰り返し「自分の感性は札幌の地で培われたのだ」ということを実感する。

　札幌で暮らしていた当時は、札幌がどんな土地で、他とどんな風に違うのかなんてことを考えることなどなく、薄く曖昧な札幌像しか抱いていなかった。極端に言えば、札幌という地名は無色透明な、ただ「自分が住んでいる場所」を示すだけの言葉だったのではないかという気さえする。いや、正確に言うならば、私は両親が他県出身であるがゆえに、わずかながら札幌の土地柄を、外との比較で理解する視点をもっていたかもしれない。札幌に住んでいた頃は何となく土地の人間になり切れていない感覚を抱いていたような記憶もある。しかし東京に来て、他の土地からやってきた友人と話してみれば、やはり私は（たとえ両親が他県出身であったとしても）紛れもなく札幌の人間であり、私のアイデンティティは札幌という土地の独自性に根を張っていた。一生を札幌で過ごしていたら、おそらくこのことには気がつかなかったであろう。札幌という土地の特徴についても、自分自身のなかに息づく札幌由来の要素も、今のように実感をもって理解することはなかったに違いない。さらに不思議なことに、札幌を離れてから年月が経つにつれて、札幌への愛着が強くなっているようなのだ。そこに暮らしていた頃は、良いとも悪いとも思わずに日々を過ごしていた土地が、今の自分自身を形成するための要素がたくさん詰まったかけがえのない土地であり、自分の重要なルーツとしてはっきりと愛着を抱く唯一無二の土地と感じられるようになった。今、私は、迷いなく札幌が自分の出身地であり、私という人間のアイデンティティのルーツなのだと断言することができる。ほのかな誇らしさを込めて。

北海道弁とアイデンティティ

故郷の札幌を離れてから、最も強烈に恋しく感じたのは雪だったが、他にもいくつか札幌を懐かしく思い出させるものがあった。そのひとつが北海道弁だ。両親は他県の出身だったため、当然のことながら自宅では北海道の方言が話されておらず、小学校で教員や友人が使っている方言が理解できなくて、たびたび「それ、どういう意味？」と尋ねていた記憶がある。友人が使う「こわい」（北海道では「疲れた」の意味）の意味するところを誤解して、いったい何が怖いのだろう？と首をかしげたこともあった。そうした経験を重ねながら、家の外で北海道弁に触れ、その意味を学び、次第にその一部を自分の言葉として使うようになっていった。自宅で母親と話すときには出ない方言が、外では自然に出るようになり、いつの間にか自分の気持ちをぴったりと言い表せる言葉になっていた。

北海道弁には物を主語にした受動態のような独特の言い回しがあり、そのニュアンスはどうしても標準語では表現できない。普段は無理やり標準語に置き換えて話しているが、同じ札幌出身の友人と会って気兼ねなくその言い回しを使えると、胸のつかえがとれるような感じがする。そして方言とまで言えないような、微妙な言葉のテンポと抑揚。これは東京で過ごしている今では、もはや再現することが難しい。それほどの微細な違いだが、地元に帰ってその土地で飛び交っている言葉を聞くと、ほっとして頬が緩む。身体に馴染んだ、標準語よりも穏やかでおっとりとした話し方と抑揚。話している内容は何であれ、その響きに囲まれると、どういうわけか懐かしくて安心するのだ。

もうひとつ、言葉の響きがもたらす安心感を実感したエピソードがある。私の母は上信越の出身で、祖父母や親族と話すときだけ方言に戻る。幼い頃から田舎へ帰った折によく耳にしていたが、私にとってはときどき意味が理解できない単語が混じる、異国の言葉のような「方言」だ。母がその言葉を使うとき、普段とまったく違う声色になることをいつも不思議に感じていた。以前、ひどくプレッシャーのかかる仕事を抱えていた時期があった。元来、身体の丈夫な私には珍しく、そのストレスから一週間ほど体調不良が続いた。そんな折に、たまたま母親と祖母が電話で話しているのを耳にした。生まれてこの方、一度も話したことのない、別の土地の方言。けれどそのとき、腹痛を抱えて横になりながら、聞くともなしに会話を聞いているうちに、どういうわけか腹痛がすっと穏やかになった。その方言が、私にとって幼い頃から時折聞いていた馴染みのあるものだったからなのか、母自身のルーツに関連した言葉だからなのかはわからないが、意味内容ではなく音韻としての言葉の響きが持つ soothing 機能（人の感情をなだめる働き）を鮮やかに体感した瞬間だった。

その土地で育った者にとっては、懐かしく安心感や温かみ（もちろん嫌悪感や忌避の対象となる場合もあろうが）を感じさせる方言や抑揚は、反対に他の土地から移住してきた「余所者」にとっては疎外感を感じさせるものにもなり得る。私が小学校で周りの友人が使う北海道弁の意味が理解できず、「それ、どういう意味？」と尋ねたとき、周りの子は子どもらしい素直さで「知らないの？」と奇異の目を私に向けた。それは仲間の輪に入っていない余所者に向けられる視線だった。もちろんそれは最初だけで、すぐにその方言の意味が理解できるようになり、仲間の輪に受け入れられた。だがその一瞬の異質な者に向けられた視線は、強烈な驚きとともに記憶に残った（その視線の意味をこうして理解できるようになったのは、もっと上の年齢になってからであるが）。

こんな風に、方言やその土地の言葉というのは、仲間と余所者の区別、共同体の内と外を区切る境界をくっきりと照らし出す。同じ言葉を共有する者にとっては、互いの仲間意識や親密性や絆を確認する機能を果たす。一方でその土地の言葉をうまく操れない者が混じると、すぐに余所者であることが見破られてしまう。そして方言はほんのわずかな単語や抑揚によって、生まれ育った土地がどこであるのかを瞬時に相手に伝える機能も持っている。標準語の中にわずかに関西風のイントネーションが混じれば、「関西から来た方なのだろうか」と自然に想像してしまう。別の土地から移り住んだ者にとっては、方言は名乗りもしないうちから出自や余所者であることを露呈させられ、アイデンティティの異同を浮き彫りにする厄介なものでもある。

方言や土地の訛りと類似の機能を果たすものが、その土地に語り継がれた民話や民謡である。民謡が活躍するのは、たとえば地域で開かれる祭りや何かの祝い事などが多いだろう。そうした場では、多数の人々が集まり、同じ音楽に合わせて歌い、踊り、時にある種のエクスタシーやトランスが体験され、共同体の一体感を強める機会となる。もしもその場に他の地域からやってきた余所者がいたら、最初のうちは一緒に歌えず、踊れず、仲間の輪に馴染むことができずにぽつんと輪の外に置かれることになろう。その土地に住みついて時間が長くなれば、民謡を歌えるようになり、踊れるようになり、周りの人から、ようやくこの土地の人間になったというお墨付きをもらったりするのだろう。同じようなことは話し言葉や料理や年中行事や慣習にも当てはまる。その土地に住む人を真似ているうち、年月を経て特有の音韻、抑揚、リズム、所作が身体に馴染んだ頃、共同体の一員として受け入れられていくのである。

「私は日本人だ」「私は札幌出身だ」などという、情報レベルのアイデンティティよりも、方言やその土地の風土が染み込んだ所作や気候の体感といった身体的な感覚を基盤とするアイデンティティの方が、遥かに生まれ育った土地、あるいは長年住み続けた土地との結びつきを強く感じさせる。情報レベルのアイデンティティは時に揺らぎ、本人の認識が変化すれば一気に塗り替えられることさえ起こり得る。他方、幼少期からの無数の体験を経て身体に刷り込まれたアイデンティティは、根底から消し去ったり塗り替えたりすることが難しい。仮にその人自身によって忘れ去られたり、否定され、抹消されたりすることはあったとしても、おそらくその基盤は身体の奥深くに根付いていて、何かの拍子にいつでも息を吹き返す。

身体を基盤として深く刻まれ、容易に消えることのないアイデンティティ。そのことを歓迎すべきなのか、嫌悪すべきなのかは、自身のアイデンティティに対する肯定／否定と密接に関わる問題である。出自に誇りを持ち、肯定的に受け容れている人にとっては、生まれ育った土地を離れて過ごす期間がどれだけ長くともその土地とのつながりを失わずにいられる頼もしい絆である。地元の方言を耳にしたり、郷土料理を味わったり、似た気候の土地に行ったりした際にいつでも自身の故郷やアイデンティティを再確認できる。一方で自身の出自を否定したり、隠蔽したり、まったく別のアイデンティティを獲得しようとする者にとっては、消し去ろうとしても頑固に残るスティグマのように感じられるかもしれない。

精神が身体に住まうこと

ある一人の人間の本質がどこにあるのかと問われれば、その人の精神あるいは心に宿っていると感じる。けれど、その人が他者の前に存在し、周囲の世界と交流するためには、身体という要素が必要不可欠である。私という人間がこの世界に存在し、活動する際、媒介となるのは身体である。思考や感情を他者に伝えるとき、私たちはその精神活動を言語に変換し、声という信号に乗せて外界へと送り出す。反対に、他者から発せられた信号を受け止めるにも、耳という器官が媒介して、その言葉が私の精神に届く。私たちの身体は、私たちの精神と外の世界や他者とをつなぐ架け橋である。

精神を個人の本質の座、主体が発揮される源であると考える場合、身体は、一面においては主体である精神が座す場であるが、一方で客体ともみなされ得るものでもある。通常、私たちはわずかな違和感さえなく、思ったとおりに身体を操ることができ、身体を通して入力される無数のフィードバックを瞬時に取り入れて、ほぼ自動的に意思決定に活かしている。しかし自分の身体の不調や疲労感を労わるように接したりする際には、何らかの行為の対象、つまり客体として認識されてもいる。身体は言うまでもなく自分自身の一部であると同時に、内なる客体という側面も持つ。この主体と客体の中間的な位置に存在する身体が滑らかに精神と調和して機能することが、私たちが自分らしくあることを支え、同時に私たちが自分を取り巻く世界に根差すことを確かにしてくれているように思う。

心と身体は、学問の世界では別々のものとして理論化されがちである。臨床心理学においては「心」や「精神」を取り扱い、身体医学においては心や精神を選り分けて「身体」に起こる物理的な事象を対象とする。しかし現実に生きている人間にとって、心と身体は自分という存在を構成する両輪であり、別々のものとして切り離すことができないのが通常である。身体に特別な問題がない健康な人にとってみれば、身体は心（精神、思考、意思）とあまりにぴったりと寄りそって動くため、それが自分の精神とばらばらに動く可能性を秘めたものであることさえ意識されない。目の前に見知った顔が現れれば、考える間もなく挨拶の言葉が口をついて出る。目の前にあるものを取ろうと思った瞬間に、私たちの両手はすっとその方向へ動き始める。私たちの身体は精神活動を反映し、実行する、半自動化された優秀な乗り物か、あるいは履いていることを忘れてしまうほど柔らかく足に馴染んだ靴のようなものである。新しい道具を扱うときやスポーツをするときなど、日常生活のなかでもたまには思いどおりに身体を動かせない経験をすることがある。でもそれは生活の全体からするとほんのわずかな割合であり、日常生活を送るのに必要な基本的な動作では、私たちは精神と身体のずれに戸惑うような経験は滅多にない。そうした多くの人にとってごく当たり前の現象は、実のところ精神と身体が互いに緊密に連携を取り合い、ぴったりと息を合わせて動いているからこそ成立する事象なのである。

イギリスの小児科医で精神分析家でもあったウィニコットは、乳幼児期の発達過程における精神psycheと身体somaとの関係について、次のように述べている。生まれたばかりの混沌とした状態から、心理的な部分が精神へ、身体的な機能や感情が身体へと集まっていく。そして精神と身体の相互交流を通して、精神が身体に住まうdwell inことになり、「自己」という感覚が確立していく。発達の過程では混沌からスタートし、分化し、相互交流を通して統合されていく精神と身体。精神が正しく身体に住まうこと、心身が適切な関係を結び、機能することによって、はじめて私たちは自分自身の主となり、豊かな内的生活が伴う人生を送ることができる。自己の感覚が成熟していくためには、知的能力や思考の発達だけでなく、身体的な側面の影響力も大きいのである。

その過程がうまくいかなかった場合、たとえば精神と身体の密接な関連が失われたり、あるいは精神が身体に住まうこと indwelling の失敗が生じたりすると、精神病や心身症と呼ばれる病態を引き起こす可能性がある。心身症とは、その発症や経過に心理社会的な因子が密接に関与し、器質的ないし機能的障害が認められる身体疾患である。代表的な疾患としては慢性痛、頭痛、胃潰瘍、過敏性腸症候群、喘息、アトピー性皮膚炎、突発性難聴、メニエール病などが知られているが、その他にも日本心身医学会が挙げている疾患や身体症状は多種多様な身体領域にまたがり、総数二百以上にもなる。そうした身体症状を抱える人にとっては、精神と身体の関係性は通常と大きく異なったものになる。身体は制御不能な壊れた乗り物のように予測不能な動きを繰り返し、不快な信号を発し続けて精神の邪魔をし始める。

さまざまな心身症のなかには、その発症機序が解明されていないものも多いが、多くの研究で発症に至る要因として注目されているのが、感情の動きに伴う生理反応とストレス状況に置かれた際に生じる生理的な随伴症状である。人間が感情を体験すると同時に、身体にも対応する反応が生じる。不安や恐怖を感じると心拍数は上がり、怒れば筋緊張が増し、悲しい気持ちになれば涙が出る。何らかのストレス状況に置かれると、「汎適応症候群（General Adaptation Syndrome: GAS）」と呼ばれる共通生理的反応が生じる。これらは精神が何かを感じ、考えると同時に身体で生じる自然な変化である。大脳、自律神経系、内分泌系、免疫系、運動神経系、高次神経機能系に至るまで、ありとあらゆる身体器官が連動して、その状況に反応し、対処する準備を整え、そしてストレス状況が去ると身体反応は消失し、身体は通常の状態を回復する。一部の心身症は、こうしたストレス反応が長期にわたって持続した結果、発症に至るとされている。心身症の病態は、裏を返せば、私たちの精神と身体がどれだけ緊密に連携し合い、刻一刻と変化する外界の状況に応じた適切な状態を維持するために複雑なシステムを稼働させているかということを鮮明に描き出す。

精神が身体に住まうこと indwelling が達成されるまでの過程には、乳幼児期の発話が一定の役割を果たしているのではないかと思う。思考やイメージは精神から生み出されるものであるが、それを言葉にして語るときには、音声を発するための呼吸や声帯の振動など身体的な運動が伴う。考えを言葉にして語るという行為は、精神活動と身体運動の両輪が正しくかみ合って初めて成立する。もちろん物を取ろうとしたり、身体の向きを変えようとしたりする運動にも精神と身体の協応は必要だが、言葉でコミュニケーションを行うことほどその両輪がぴたりと合わさる行為はないように思える。乳幼児期の、未分化な状態から精神が身体に住まうまでの発達の過程で、多くの人は方言に触れている。それは精神が成熟した後に習得した標準語よりも、より自然な形で精神と身体を結びつく感覚をもたらすのではないだろうか。だからこそ、私たちは特別に強い感情が沸き起こったときや、心の細かい機微を伝えようとするときに、自然に方言を使いたくなる。方言を耳にして懐かしさや安心感を抱くのも、そうした精神と身体の緊密な結びつきの感覚を思い起こさせるからではないだろうか。私が祖母と母の方言を聞いて、心身症的な症状の緩和を体験したのも、精神と身体の統合が崩れた際に、母の声を通して滑らかに結びついた精神と身体のイメージを取り戻せたからなのではないかという気がする。

もうひとつ、声の持つ身体的な側面を強く実感した、印象的な体験がある。昨年夏、お盆の時期に山形県羽黒市の月山で執り行われる柴燈祭に参列させていただいたときのことだ。柴燈祭は羽黒山の山頂にある月山神社本宮、九合目にある仏生池小屋、八合目の月山中之宮で祖霊を迎える迎え火を焚く儀式である。私たちは柴燈祭の日の昼に山頂の月山神社本宮を目指して登り始めた。登山口近くの弥陀ヶ原のあたりでは靄が立ち込める程度だったのが、山頂に近づくにつれて土砂降りの雨になり、ずぶ濡れになって月山頂上小屋に駆け込んだ。このままでは中止になるのではと思うほどの大雨だったが、山小屋にいる人たちは口をそろえて「その時間には必ず晴れる」と言った。疑わしい気持ちで柴燈祭の時間を待っていると、その言葉どおり雨がやみ、夜の暗闇にほんのりと雲の切れ間が現れ、空が広がった。神主が唱える祝詞と楽器の音が、山頂の清々しい空気を震わせた。パチパチと音を立て、赤々と燃え上がる護摩火、そこから立ち上る一筋の煙が夜の空へと吸い込まれていく光景を、息を詰めて見つめていた。それから神社の境内に移動し、再び祝詞があげられた。すべての儀式が終わり、最後にお神酒をいただくとき、参列者は天を仰いで「おぉ〜い」という声を発して、その場を離れる。一人、また一人と呼び声があがる。どの方の声も澄んで美しく響き、場の空気が浄化されていくように感じた。その光景に感動する一方で、内心、これまでそんな風に声を発したことがなく、果たして他の方のように声を響かせることができるのだろうか……とドキドキしていた。ついに私の番が回ってきた。声が震えそうなほど緊張していたが、不思議なほどすんなりと声が出た。長く、遠く、空へ届くほどしっかりとした声が響いた。自分の身体から出ている音とは思えなかった。大地と接する足の裏から、全身を抜けて口元へと、身体の中を何かが通っていくような感覚がした。そして私の身体から出た声は振動となって夜空の遥か彼方まで届き、大地と天とを結ぶ糸になったように思えた。

私の精神は身体を通り、音声という物理的な現象に変換され、相手の身体に空気の振動として届き、知覚される。話し言葉を使ったコミュニケーションはいつでも、双方の身体を中継して行われている。私の身体は、きっと精神が意識できないレベルで相手の言葉の持つ響きを感じ取っているはずだ。辛辣な言葉の尖った感じ、楽し気な笑い声の弾けるような勢い、気遣いにあふれた柔らかい響き、考えと言葉が一致していないときのちぐはぐさ……互いの心の機微を読み取ろうとする際の非言語的なコミュニケーションの一部には、身体を通して知覚されるものもあるに違いない。それは通常、直感としか言いようがないものだったり、意識にさえのぼることなく知覚に統合されたりしてしまうものなのだろう。私にとって聞きなれない土地の方言が、なぜか懐かしくあたたかい印象を与える理由のひとつには、その音に精神と身体の健やかな調和を思わせる響きが含まれているからなのかもしれない。

ときどき臨床現場でクライエントとお会いしていて、語られる言葉がひどく薄っぺらいものに聞こえることがある。そういうときは、クライエントがどれだけたくさん内省的なことを話していても、治療がまったく進んでいかない。発せられるたくさんの言葉は空虚な響きを残して霧散する。何も紡がれず、積み重ならない時間が続く。その方がわざと嘘をついていたり、核心を避けていたりするわけではない。けれど、その方の抱えているものに根差した言葉が現れるまでには、相応の時間が必要なこともある。言葉数は少なくとも、不意に心の底から湧き出る思いが吐露され、ずっしりとした響きを持つ言葉が語られることがある。そうした一言は、面接室の中に余韻を残し、その方と私とのあいだに何か手応えのあるものが醸成されたような感覚を起こす。心の内にある思いが正しく言葉と結びつき、身体を通して外に現れるという現象が、心理療法のプロセスを先へと進める鍵を握る。臨床家として、私はいつもその瞬間を共に迎えることを願いながら、クライエントの語りに耳を傾けている。

身体症状を抱える方との臨床

ウィニコットは乳幼児期の発達過程での indwelling の失敗が心身症を引き起こすと述べたが、身体疾患を患うことで後天的に indwelling の不全が生じることもあるように思う。たとえば私が臨床現場でお会いしてきた慢性疼痛や頭痛、耳鳴、めまいを患う方たちは、ある日を境に突然、予測不能な反応をするようになった身体の声に悩まされ、次第に自身の身体に主導権を奪われていく。うまく薬物療法や手術で症状が改善する方もいるが、そうした身体への治療では期待する効果が得られない方も少なくない。不快な身体症状をなだめるために必死で治療を続け、さまざまな策を考え、試し、それでも機嫌を損ね続ける身体に疲れ果てて、「こんな腕、切り落としてしまいたい」とか「眠っていて意識のない時間（＝身体と精神が切り離されている時間）だけが唯一安らげる」とか、ときには「こんな苦痛が一生続くくらいなら死にたい」とまで思い詰めてしまう方もいる。精神が安定して座すことのできる理想的な身体を失い、それでも生きていく以上、精神との連携がうまく機能していない身体を抱えていくことしか選択できない。まるで決して乗り捨てることができない暴れ馬にしがみついているような、外すことができない重たい足枷をひきずって歩き続けているような状態だ。

身体から発せられる不快な感覚による攻撃にさらされて疲弊し、それまで楽しんでいた趣味や社交、食事さえ満足にできなくなる方もいる。一時的に症状が緩和されても「再びあの苦痛がやってくるのではないか」と怯え、症状が再燃しないことが行動を決める際の最優先の軸になる。そうした状態では、人生は本人の意思ではなく、身体症状によって先行きを決定されるものになる。それまで続けていた活動ができなくなることは、人によってはアイデンティティを揺るがす意味を持つこともある。生きがいを感じていた仕事が継続できなくなることもあれば、家事や育児がままならず母親としての自信を失い、自責的になる方もいる。仕事なり、家事なり、趣味なり、何かができなくなるということは、その活動をしていることで形成されていた自己のアイデンティティの一部が奪われる体験にもなり得る。

臨床現場で、慢性痛を抱える方とお会いするとき、痛みという症状自体を直接癒すことはできなくとも、痛みという身体症状に翻弄され、人生を奪われた方々が、再び自分らしい生活を取り戻せることを目指して支援を行う。そのため心理面接のなかでは、痛みの増悪と緩和につながる要因を探ったり、生活習慣に無理な点がないかを確認したり、現実生活の具体的な支障を取り上げて、何が障壁になっているのかを吟味し、やり方を工夫することでその活動が再びできるようになる方法を一緒に探ったりと、痛みを自己管理しつつ生活の質を上げていくことを目的とした、非常に現実的な事柄が話題になることが多い。けれど、そうした現実的な水準で話が進んでいく裏で、慢性痛を患ったことでその方の人生がどのように変化せざるを得なかったのか、今やりたいと思う活動を再開することが、その方にとってどのような心理的意味を持つのかなど、アイデンティティに触れる機会も出てくる。

保育士をしていた六十代女性のクライエントは、膝の痛みによって年々長時間の勤務が難しくなり、定年を迎えたのを機に仕事を辞めた。もともとは定年後も非常勤で保育士を続けたかったのだが、身体がもたないと判断して断念したという。彼女はプライベートでも、ボランティア活動や社会活動に勤しんでいた。社会貢献のために自分にできる最善を尽くせたと感じたときの達成感と満足感が、彼女の人生の原動力だった。膝の痛みを患ったことで、彼女はどの活動にも全力を尽くして取り組むことが難しくなった。生きがいを感じられる活動には思うように取り組めず、痛みだけが常に傍らにあった。主治医は、膝に負担がかからない範囲で休み休み活動するようにと勧めた。しかし当初、彼女にはゆるやかに活動するという感覚が理解できず、余裕を持って物事に取り組める適切な活動量を見極めることもうまくできなかった。私との面接では、現実的な活動量の調整が主題となり、活動に力を入れ過ぎて痛みが出たエピソードを振り返り、その都度、活動量や取り組み方の面で工夫できる点を話し合った。そうしているうちに、「小さな満足を積み重ねる」が合言葉になった。彼女は痛みを発する自分の身体に対しても、手を尽くして最善の状態に維持するという姿勢で関わっていたが、以前のように身体を顧みずに全力を出し切るということはしなくなった。繰り返し日常のエピソードの振り返りを重ねるなかで、彼女は「相手のために最善を尽くす」という姿勢にわずかな疑問を抱き始めた。それまで彼女は、ボランティア活動で知的障害のある子どもと関わる際、「この子の行動がより良くなるように」と、次から次へと忙しなく話しかけ、行動を促していた。子どもが何か要求すると、すぐに別の活動をしている手を止めて、できる限りのスピードで要求に応えた。一日の活動を終えると心身ともに疲弊して、時には膝に強い痛みを感じながら帰宅することも多かった。そうした経験を重ねるうちに、彼女は「最善を尽くしたい」という気持ちはもちろんあるが、同時に「全部の要求には応えられない」「自分のことも大事にしたい」という気持ちにも気づき始めた。そして結局のところ、自分が良いと思うように相手を動かそうとしていて、お互いに疲れているのではないか……そんな風にさえ語るようになった。

ある日、ボランティア活動中に子どもがぐずって道で座り込んでしまい、何度声をかけても立ち上がって歩こうとしなくなった。それまでだったら周囲の目を気にしながら、あの手この手で立ち上がらせようとしていただろうが、この日はただ横に座り、その子がまた歩き出すまで何もせず待つことにした。この行動が良いとは思えないが、この子がこうなっている以上、仕方がないと思って、子どもの気が変わるまでつき合うことにしたのだ。その子どもを待つあいだ、彼女は何をするでもなくただその場に座っていた。彼女の生活の中で、主体的に考えたり、行動したりしようとせずに過ごすなど滅多にない体験だったが、このコントロールを手放し、自分以外のものに身を任せる体験を、案外悪くないと感じたという。この出来事がひとつのきっかけとなり、彼女は相手の行動や自分の身体が思うようにならないときに、必死にそれを変えようと働きかけるのではなく、向こうのペースに合わせて動く姿勢を体得した。痛みの管理に対しても、それ以外の生活全般に対しても、無理のないペースで最善を目指していくという新しい生き方を見つけ、表情にも余裕が生まれていった。

身体の状態が変化し、それまで維持されていた精神と身体とのバランスが崩れるとき、個人にとって人生を大きく揺るがす危機が訪れる。現実的な支障への対処を通して、慢性痛を抱える今の身体とのつき合い方を見出すとき、当初の身体へのどうしようもない違和感や翻弄されるだけの姿勢は消えていく。必死に症状が出る前の状態に戻ることを切望するのでもなく、不快な症状を取り去ろうと躍起になるのでもなく、自身の内側に症状があることを前提としながらうまく手綱を握って、身体の状態に見合った生活スタイルが築かれていく。この過程は、一度は安定して身体に住まうことができなくなった精神が、もう一度、症状のある今の身体に住まうことを再び達成していく過程と見ることもできるのではないかと思う。

お会いし始めた頃の、不快な症状を発し続けている身体を憎み、呪うようなクライエントの語りは、聞いているこちらも実際に身体のどこかがビリビリと痛み出しそうに感じるくらい、切迫した雰囲気を漂わせている。そこから苦しい道のりを辿ってこうしたプロセスを通り抜けて、精神と身体の新しい結びつきが生まれた後のクライエントは、憑きものが落ちたように清々しい表情になる。身体的な面だけ見れば、もともとの身体症状はまったく変わっていないにもかかわらず。この清々しく穏やかに痛みがあることを語る姿を見るとき、私はあるべきところに落ち着いたという感覚を得てほっとした気持ちになる。

臨床心理学を志す人のなかで、身体疾患に興味を持つ人はあまり多くない。私自身は大学に入学する前から心身相関や心身症という現象に興味を惹かれ、将来は何らかの身体的な問題に関わる臨床をしたいと思って勉強を続けてきた。しかし私が初学者だった当時、心理学の方向から身体的な問題にアプローチできる現場は非常に少なく、希望を実現できる現場を見つけるまでには長い時間がかかった。なぜ自分が身体的問題に興味を惹かれるのか、自分でも理解できていない部分が多分にある。けれど今考えると、身体という基盤にうまく座することができなくなった精神と、歴史も文化も知らない札幌という土地で育った根づき感の薄さというところが、どこかでつながっていたのかもしれない。

内なる故郷、アイデンティティの根差すところ

両親が他県出身であった私は、札幌以外の土地を知らないくせに、札幌の方言や文化をよく知らず、「自分は一体どこに属する人間なのか」という根無し草のような感覚をどこかで抱えてい

たように思う。ある意味、「移民」として札幌に暮らすようになった立場であり、一から新しくその土地に馴染んでいくことが必要だった。多くの移住者が苦労して共同体の一員として認められていくものであろうが、北海道の場合はいくらか特殊な事情があり、両親も私も、それに助けられたところが大きい。

北海道と沖縄は、歴史的に最も新しく日本の国土となった土地である。それぞれに本土とは異なる気候と文化があり、独自のアイデンティティを持っている。しかし比較してみると、そのアイデンティティが形成される過程には大きな違いがあるように思える。

沖縄は琉球王国を中心にまとまった文化圏を持ち、中国をはじめとする近隣の国々との交流を通して栄えた土地だった。一六〇九年より薩摩藩を通して日本との冊封関係が結ばれ、明治維新後の琉球処分を経て、一八七九年に正式に「沖縄県」となった。政治上、軍事上の目的から、日本政府による同化政策が行われて言語や風俗は日本風になってきたものの、今でも琉球王国時代の文化が受け継がれ、本土とは異なる独自の文化が息づいている。

他方、北海道の文化の形成は、沖縄とはまったく異なるプロセスを辿った。北海道にはもともと「アイヌ」と呼ばれる民族が定住していたが、現在の北海道の風土には、アイヌの人たちのものがほとんど受け継がれていない。というのも、現在の北海道に住む人たちのルーツは、本土から開拓のために移民した「和人」が多いからである。北海道が日本の領土となる以前に、和人との交易のなかでアイヌ民族が不利な立場に追い込まれ、人口は減り、文化が大きく破壊されるという悲劇的な歴史があるからだ。政府主導で本格的な北海道の開拓が始まったのは明治維新以後のことで、和人の土地としての歴史はわずか百五十年ほどしかない。

　長い歴史のなかでひとつの土地の上に醸成されてきたアイヌ文化とは何の連続性も持たず、別々のルーツを持つ人が各地から集まり、さまざまな土地の文化が混在したるつぼの中から新しく生まれてきたのが今の北海道の文化である。互いの言葉がわかるように方言や強い訛りがならされ、冠婚葬祭などの慣習は、貧しい開拓地であったことも影響して、合理的かつ簡素なものになった。少しでも気を抜けば命を落とすような厳しい開拓地では、各々の伝統を守るよりも生き抜くための合理的な手段が優先的に選択されたのだろうと想像される。入植した人たちのなかには、もといた土地で満足な暮らしができない貧しい家の出の者や、移住せざるを得ない何らかの事情を抱えた者もいただろうから、出身地の伝統を捨てたいとさえ思う者もいたかもしれない。そんななかで、新しい土地で寄り集まった人たちが、自分たちの生活のために新しく作り出したものの積み重ねが、北海道の文化である。

　人柄は大らかで、新しい人やものに対してオープンな傾向がある。言語的な側面では、「北海道弁」と言われる方言の一部は他の地域で使われているものと共通するものが数多くある。たとえば先述した「こわい」（だるい、しんどい、疲れた）や「わや」（滅茶苦茶）は東北から北関東にかけても同じ意味で使われている。北海道弁で恐怖感を意味する「おっかない」は、もとは東京の下町言葉だ。地名には「北広島」「新十津川」など他県の地名に「北」「新」をつけたものか、「琴似」（アイヌ語の「コッ・ネ・イ」（くぼんだ所）が語源）などアイヌ語の音韻に漢字を当てはめたものが多い。地理的には近いわりに、方言が東北地方ほどに強くないのも、おそらくは各地の方言が入り混じってならされたゆえだろう。

そんな風に各地の文化の寄せ集めから出発しているせいか、何となく北海道の人の方言への態度は他の土地の人と少し異なるように感じる。沖縄県が代表的な例だが、東北のいくつかの県においても方言札に類する制度を活用して、子どもに標準語を身につけさせる教育が施された時期がある。当時は方言しか話せないことが、進学や就職に不利に働くという考えから、当人の将来を憂えて方言を禁じたという側面もある。方言で出自が知れてしまうことを恥ずかしく思う気持ちも浸透していたようである。けれど、私個人の体験を振り返ると、北海道の人から方言を恥じるような雰囲気を感じたことはほとんどない。それどころか、他県で同郷の人と知り合うと必ずと言っていいほど方言の話が出て、あんな言葉を使っていた、この言葉がこちらでは通じない、など方言を懐かしむような会話をする。そうした共通する方言について話すことには、喜びや高揚感が伴う。まるで方言によって北海道という土地のルーツやお互いのアイデンティティを再確認しているようである。北海道出身者の全員に言えることではないかもしれないが、少なくとも他の土地よりは方言への「恥」の意識や出自に対する優劣の意識が薄く、ただ言葉が出身地が「違う」という中立的な認識をしている人が多いのではないかと感じる。

異なるルーツの人が集まり始めてからたかだか百五十年ちょっとの北海道の歴史のなかでは、この土地ならではの慣習やアイデンティティが醸成され、形を成していくこと、そして各々がそれを体得していくことが優先すべき事柄であり、土地のアイデンティティがきちんと存在していること、各々がそのアイデンティティを自分の身に染み込ませていることを互いに確認し、堅固にしようとする無意識の心の動きが、現代の私たちにも受け継がれているのかもしれない。

出身地の札幌を出てからは、日常生活のなかで北海道弁を話すことも聞くこともほとんどなくなり、帰省する頻度も年を追うごとに少なくなっている。日々の生活のなかで、札幌を意識することなどない日もたくさんある。けれど、どんなに久しく忘れていても、再び故郷を思い出させる風景や言葉に触れれば、一瞬にして土地やそこに息づく文化とつながるような感覚がある。仮に地理的には離れたところにいても、たとえば雪の降る朝の空気を吸い込むとき、青空が広がる場所を歩くとき、身体の内側にある札幌の気配が刺激され、自然と故郷を思い出す。そういう瞬間には、まるで細胞ひとつひとつが高揚するような感覚が生じる。そうしたときに、故郷というのは物理的に存在している土地でもなく、特定の地域の風景でもなく、そこに住む人々でもなく、自分自身のなかにあるものなのだと気づく。それは私のなかに数十年間をかけて蓄積された、膨大な情報と記憶と感情と身体感覚とが複雑に絡み合って構成される、ひとつの複合体である。

リービ英雄の『模範郷』という作品には、彼が五十二年ぶりに、かつて家族と暮らした街を訪れる場面が描かれている。戦時中の台湾で外国人の居住区となっていたその街並みは、歴史の流れのなかで変貌していた。記憶のなかにある故郷とまるで違うその姿を間の当たりにすることを恐れ、訪れると決めたことを何度も後悔する。実際の街並みは記憶のなかの故郷とはまるで違うものになっていて、彼は激しく動揺する。しかしそれと同時に、自分がかつて住んでいた家だと思われる民家を発見し、無言のまま一人そのなかを歩き回る。故郷の街は、記憶のなかの風景とはまったく違う姿をしている。しかし、ここが故郷だという感覚は確かにある。言葉にならない強い感情が渦巻き、アイデンティティが揺さぶられるような故郷との邂逅である。

リービ英雄が体験したほどには、私の故郷との隔たりは大きくない。少なくとも数年おきには札幌に帰ることができ、実家の周辺の景色はいくつかの店舗が入れ替わるくらいで、目立った変化はなく維持されている。それでも不思議なことに、やはり彼が体験したのと同じような感覚を抱く。私が故郷としての札幌を思い描くとき、それは現実の札幌の風景に、自分の幼少期からの無数の経験や記憶が地層のように重なってできあがった現実と空想との狭間にある心象風景だ。それはこの世のどこにも存在しない札幌の風景で、誰とも共有され得ないひとつのイメージでしかない。客観的に眺めた札幌の風景とはもちろん異なるし、同じ時代に札幌で暮らしたどの人とも違う、私だけの札幌の風景である。現実には存在し得ないが、それでもその「札幌」は私という人間の内側に、確かな存在感を湛えた手触りのある「札幌」なのだ。

私のルーツとしての「故郷」は私のなかにしかない。同じように、他の札幌出身者の「故郷」もその人のなかにしかなく、一人ひとりが違う「札幌」の像を心に抱いている。けれどもそれぞれの故郷としての「札幌」は、その土地の文化や言葉や共通の体験を媒介にして、ゆるやかに外側にある現実の札幌とつながっている。その現実と空想の行き来する感覚を媒介に、私は現実に存在する札幌という街とつながり、「私の故郷は札幌だ」という実感を得る。そして同じように札幌に暮らした人たちと、故郷を共有する。そこには懐かしさ、愛おしさ、安堵感が混じった感情が伴う。

ひとつの土地に育まれて固有の「故郷」イメージを持った人々が生まれ、それが現実の土地とゆるやかに結びついていく。その土地に暮らす無数の人々がそれぞれの内に「故郷」を育み、それが故郷の土地と結びつき、個人の思いが土地の文化に還元されていく。そうした個人と土地との結びつきの総体が、土地のアイデンティティと呼ばれるものの正体ではないかと私は思う。その土地と個人との循環により土地のアイデンティティは繰り返し再構成され、時代の変化とともに刻々と形を変えながら醸成され続けていくのだろう。そこに根差す私自身のアイデンティティも、人生を送るなかで少しずつ変化し続けながら、それでも確かな手ごたえをもって私の内側に留まり続けている。

※本章中に紹介した事例は、個人情報保護の観点から細部を変更して記述している。

参考文献・資料（参照順）

「ラジオ体操第1ご当地版」日本コロムビア／EAN 4988001746508
日本心身医学会教育研修委員会編「心身医学の新しい診療指針」「心身医学」第三十一巻七号、日本心身医学会、一九九一年
札幌市「第二次札幌市アイヌ施策推進計画」二〇二一年
Winnicott, D.W.（1949）Mind and its relation to the psyche-soma. DOI: 10.1111/j.2044-8341.1954.tb00864.x
館直彦『ウィニコットを学ぶ　対話することと創造すること』岩崎学術出版社、二〇一三年
リービ英雄『模範郷』集英社、二〇一六年

コラム　盲目の女旅芸人「瞽女さん」

相樂加奈

三味線を弾きながら口説きを語り、流行り歌を唄い、農村や山村に娯楽を運んだという盲目の女性旅芸人の瞽女さんをご存じだろうか。室町時代から続く文化であり、江戸時代には、ほぼ全国で活動していた彼女たちは、娯楽の少なかった時代に多くの人々の楽しみになっていたともいう。年ごとに訪れる彼女たちの存在は、祝福をもたらす来訪の神として歓迎されることもあったようだ。

私たちは、山形県出羽桜美術館にて、作家・洋画家として知られる斎藤真一さんの「越後瞽女日記展」に訪れた。斎藤真一さんは、一九六一年から二十年にも及ぶ歳月をかけて、越後高田の山村にわずかに残っていた瞽女さん百数十人から話を聞き、足取りを巡り、記録を残す試みをした。瞽女宿の人たちとの温かい心の触れ合いを油彩画にしたものや、一人ひとりの瞽女さんの生い立ちや障害の程度、詳細な生活状況などをまとめたものなど、五百点にものぼる絵日記を作画し、消え去ろうとしている日本の文化の面影を求め、作品に深い思いを込めていたそうだ。目の見えない暗黒の世界で地を這うような生活をしながらも、常に感謝の気持ちを忘れずに支え合う瞽女さんたちの心の豊かさに惹かれ、大切にしたいという願いのもと制作された作品たちは、私の胸にも強烈な印象を残した。どこか艶があり深みや力強さを思わせる赤色と薄暗い雪深さを物語る藍色のコントラストで描かれた色彩のなか、哀愁を漂わせる表情をして大きく口を開けながら唄う瞽女さんたちを描いた作品からは、苦境を生き抜いた魂の響きがいまにもこちらに伝わってくるのではないかと思わせるものだった。

瞽女唄がどのようなものか、興味をもった私は、いまでも残されている瞽女さんの音源を通して、「最後の瞽女さん」と呼ばれていた小林ハルさんという方の存在を知った。小林ハルさんは、生後百日で白内障を患い、光を失ってしまう。自身が盲であることを知らされぬまま、座敷の一番奥にあった寝間で人目にさらされないように長い時間を過ごしていた。五歳で瞽女の親方の元へ入門が決まり、母から「盲であることは自分の因果だ」と教えられながら、厳しいしつけが始まる。生家が瞽女宿をしていたことから、七歳からは泊りにくる瞽女たちに唄と三味線の稽古をつけられる。九歳で親方に連れられて旅回りを始めると、小さな身体で自分と親方の荷物を背負って歩き、食事も満足に取れないなかで、お宮に泊まることや野宿をして生活を続けていた。幼い少女にはとても過酷な生活を強いられていたが、ハルさんは決して弱音を吐くことがなかった。そのような生活のなかで命を支え、強さの源になったのは、厳しい母の教えと神仏信仰、生きるための唄だった。ハルさんの人生は、障害に対する差別や偏見の日々だったそうだが、決して自分を捨てることをせずに七十三歳で福祉施設に入所するまで瞽女として生きた。施設に入ってからも弟子を取り、いまでも瞽女唄の文化は引き継がれている。

小林ハルさんの腹の底から響かせる唄声は矍鑠としており、迫力と生命力を強く感じさせるものだった。そして、斎藤真一さんの作品展で飾られた赤と藍色の世界として表現された作品たちは、瞽女さんたちの生きざまを強烈に感じさせられるものであり、そのどちらも、雪深い地域で障害を持ちながらも旅芸人として力強く生きてきた瞽女さんたちの生涯が詰まり、映し出されていた。

萱森直子『さずきもんたちの唄　最後の弟子が語る瞽女・小林ハル』左右社、二〇二一年
桐生清次『最後の瞽女　人間国宝小林ハルの人生』文芸社、二〇二〇年
今日マチ子『ヒカリとツエのうた』集英社、二〇一四年
斎藤真一『瞽女物語』講談社文庫、一九七七年
ジェラルド・グローマー『瞽女うた』岩波新書、二〇一四年

第三章

アイデンティティと世界の再二重化

『男はつらいよ』における放浪と定着の往還を手がかりとして

宮澤淳滋

視覚のずれ

朝起きてから眼鏡をかけると、世界が二重になっていた。洗面所で眼鏡を外し、顔を洗って歯を磨き、再び眼鏡をかけると、やはり二重のままだった。朝食を摂りながらテレビをつけると、テレビ番組も二重だった。おかしいな、と思いながら出勤し、職場に向かう途中で、どうやら右目と左目とで少しずれて見えているらしいとわかってきた。そのうち治るだろうと思って、あまり気にせずにいたのだが、一向に改善しないので、だんだん困った事態になってきた。

私は心理療法を仕事としているが、クライエントの顔が二重に見えるし、パソコンで記録を書こうと思っても、ディスプレイの文字が二重に見え、一向に進まない。元々乱視だから、二重に見えるのはいつものことだが、今回のものは、乱視とは明らかに様子が違う。特に困るのが文字を読むときで、文字が文字として浮かび上がるまでに時間がかかり、読みづらくて仕方がない。車を運転して高速道路に乗った際には、車間距離がわからず、道路から逃げ出したくなり、高架になっている車道からハンドルを切って飛び降りたくなる衝動を抑えることに必死になってしまった。そういうわけで、それ以来、車にも乗れなくなってしまった。

それでも、寝ているあいだに飼い猫が眼鏡を踏んだのだろうと思い、眼鏡屋で調整してもらえばすぐ直るだろうと高を括っていた。しかしいくら調整しても変わらない。結局眼鏡を新しく購入することになったが、それでもやはり変わらない。そうして、連日押しかけたせいで顔見知りになった眼鏡屋に、眼科で検査してから出直してくれと言われるに至った。斜視にでもなったのかと思って眼科に行ったものの、やはり特に異常がない。インターネットで調べてみると、脳に障害があるかもしれないというのでびっくりし、眠れぬ夜を数日過ごしたのちに、戦々恐々としながら脳外科でＭＲＩを撮ってもらったが、脳画像からは異常は見つからないという。「せっかく来てもらったけど、力になれずごめんね」との医者の言葉に、ほっと胸をなでおろすものの、症状がそれでなくなるわけではない。

世界が二重になってから、二十日ほどすぎ、これはいよいよ一生このままかもしれないと絶望しかけた頃のこと。音楽家である鈴木昭男さんの動画をいくつか見る機会があった。鈴木さんのトークイベントを観覧することになっていて、企画者の植田静さんから、事前に見ておいたほうがよいと紹介していただいたものである。それはたとえば、現実の歴史ある建物の映像に、鈴木さんの演奏を重ね合わせたものや、書道家が文字を書くのに合わせて鈴木さんが演奏をする、というものである。建物の映像や書道家の動作と、鈴木さんの演奏が、時に一致し、時に微妙にずれ、そのかすかな差異によって、世界は二重化され、異質な空間を切り開いているように思えた。トークイベントが終わったあと、鈴木さんとお話しする機会があり、その動画について、あえてそのようなずれを生じさせているのかとお尋ねしたのだが、鈴木さんは「勝手に演奏しているだけだよ」とおっしゃって笑っておられた。

私の目は相変わらず二重の世界を映していたが、鈴木さんの演奏を聴いたあとでは、私はその世界をやや楽しめるようになっていた。二つの眼の映し出す映像は、どちらも現実の世界でありながら、その微妙なずれによって、平板な現実が多層化されたようにも思えたのである。特に心理療法の際にはより強くそう感じられた。クライエントの顔が二重に見えることによって、明示的に語られているものとは違う世界に入り込んだ感覚が生じるのである。

大人になること

民俗学者のエリアーデは、『生と再生』のなかで、次のように述べている。

おとなの仲間入りを許される権利を獲得するために、少年は一連のイニシエーション的苦業を通過しなければならない。〔中略〕彼はおとなの行動の型や、技術と慣例（制度）を習得するだけでなく、またその部族の聖なる神話と伝承、神々の名や、神々の働きについての物語を学ぶ。何よりも、彼はその部族と超自然者との間に、天地開闢のときの始めにあたって樹立された神秘的な関係について知らされるのである。（『生と再生』）

つまり、古代社会においては、自分や部族が聖なるものと繋がっていることを教わり、聖なるものの存在を知ることが、大人になるための条件だったのである。世界が、俗なる世界と聖なる世界の二つから成り立っていることを理解し、世界を二つのものとみなせるようになって、はじめて人は大人になる。

ところが近代に入ると、状況が逆転する。ライフサイクル論で有名な精神分析家のエリクソンが、青年期の発達課題を「アイデンティティの獲得」として以来、それが大人になることの指標とされた。アイデンティティという概念はすでにさまざまな含みを持たされて日常用語となっているが、エリクソンの『幼児期と社会』では「過去において準備された内的な斉一性と連続性とが、他人に対する自分の存在の意味〔中略〕の斉一性と連続性に一致すると思う自信の積重ねである」と定義されている。少しわかりにくいが、エリクソンはアイデンティティという概念には二つの側面があると述べているのである。彼の別の著書『アイデンティティ』の言葉を引用して説明するなら、一方の側面が、自分で自分を「同一性と連続性をもつ首尾一貫したパーソナリティ」であるととらえることであるなら、他方の側面が、「一人の人間としての機能と地位が」

共同体の側から「与えられる」ことである。つまりそれは、自分をひとつの統一体とみなしていることはもちろんだが、それにとどまらず、自分という統一体が社会の要請とも一致している必要がある。いわば社会と自分とがひとつの統一体となっており、外の世界と内の世界がひとつになっている。そしてもちろん、均質なそのひとつの世界に、超越的な聖なる世界が入り込む余地はない。世界をひとつの統一体と認識することが近代において大人になることの条件であるのなら、世界が二重であることを認識することが大人になる条件だった古代世界とは、まさしく正反対である。

最近はあまり聞かなくなったが、私が学生だった一九九〇年代には、モラトリアム、という言葉が流行っていた。モラトリアムとは、青年がアイデンティティを獲得できずにいることを指し、エリクソンによれば「〔それは〕義務に応える準備ができていない者に与えられる遅延期間［中略］のことである。それゆえ、心理・社会的モラトリアムという言葉によって、大人としての責任を持つことの遅延を意味している」という（『アイデンティティ』）。モラトリアム自体は必ずしも病的ではなく、そのあいだに自分の可能性をさまざまに試すことのできる重要な時期とされているのだが、それがあまりに長引きすぎると、モラトリアム人間や永遠の少年などと呼ばれ、大人になりきれない病的な状態に陥っているとみなされることになる。

大学生であった私は非常に困った。どうやら大人になるためには、アイデンティティというものを身に着けなくてはいけないらしいのである。しかしそれでいて、私には自分を社会と同化させるようなアイデンティティなるものが、魅力的なものには思えなかった。自分が平板なつまらない人間になるようにも思えたし、社会の歯車のひとつにみずから進んでなるようにも思えた。しかしそのようなことを言えば、モラトリアム人間や永遠の少年などと呼ばれ、社会に適応できない病的な人間だとみなされかねない。そうして私は、モラトリアムの期間を延長させつつも一定の社会的な承認を得られる大学院へと進学し、一種のごまかしのようにして、臨床心理学を志すことになったのである。

ひとつの世界

ユングは、神や聖なる世界が失われ、平板化した近代社会を、「意識の冷たい光のなかで、その世界の無表情な不毛さは遙か星にまで達している」と評し、嘆いていた（『ユング全集9i』）。アイデンティティの獲得を迫られた私は、まさしくそのような心境にいたと言えるだろう。現代において大人になることとは、平板になることを意味しているのかもしれず、私は平板になりたくないと駄々をこねていたわけである。その意味で「近代人の持つ斬新さとは、［中略］根本的に非聖化された宇宙に生きようとする意志にかかっている」というエリアーデの言葉は的を射ているだろう（『生と再生』）。世界は徹底して平板なひとつの世界になっている。

しかしそれを嘆いても仕方ない。もはや時代は移り変わり、文明は発展し、私たちの意識のあり方もそれに合わせて変容した。いまさら古代社会のように、世界に神話的な意味を呼び戻そうとしても、それは大人に園児服を着せるような滑稽なことにしかならないだろう。たとえばユングはナチスドイツの勃興について「中世をはるか昔に乗り越えたはずの文明国で、死火山が再び蘇るごとく、長らく休眠していた暴風と狂乱の太古的な神が目覚めたのは、奇妙というよりも辛辣なことである」と語っている（『ユング全集10』）。つまりドイツ人の神の一人であるヴォータンにドイツ人たちが繋がりを見出し、それに同一化したというわけである。ユングの指摘にあるように、近代以降にそのような民族的な神話を持ち出して、その名のもとに民族の連携を呼びかけるとすれば、最終的には極端な民族主義である全体主義へと陥らざるをえないのかもしれない。その意味で、神話的な超越性を否定するアイデンティティという概念が生み出されたのは歴史の必然であり、救済でさえあっただろう。

ただし、アイデンティティという概念も危うさを含んでいる。それは先に述べたように、自分と社会との統一体を暗に想定している。そうであれば、そこには社会から独立した個というものが認められなくなるだろう。ナチスドイツの例をここでも用いるなら、やはりそれも同様に、容易に全体主義へと繋がりうるのではないだろうか。エリクソン自身もそのことを認識していたはずであり、だからこそ彼は全体主義とアイデンティティとの関連に多くの言葉を費やしたのだろう。たとえば彼は前掲書で、「アイデンティティ［中略］を深刻に侵食しているところでは、青年たちは、［中略］危険にさらされていると感じ［中略］偽りのアイデンティティ（極端な国家主義、人種差別主義、あるいは階級意識）への全面的な没入や、完全にステレオタイプ化された、新しいアイデンティティの敵に対する集合的な激しい非難を提供する教義を支持する準備が整う」と述べ、ナチスに同一化することを偽りのアイデンティティとみなし、本来のアイデンティティとは異なるものであるとして、彼自身のアイデンティティという概念を擁護している。しかしこの彼の主張にはあまり説得力がない。そもそもナチスの時代にあっては、社会からは反ナチス的な思想こそが偽りのアイデンティティとみなされていたのではなかったのか。アイデンティティという概念は、それが真正なものであろうと偽りのものであろうと、自分と社会との統一体が想定されている以上、全体主義へと結びつく危険を内包しているだろう。

古代的なやり方で世界を二重化させることはできない。かといって、アイデンティティという概念に内包される統一体も危うさを含んでいる。なによりも、ユングの嘆きに見られるように、平板なひとつの世界は息苦しい。もはや八方ふさがりであるようにも思える。私が学生時代に陥った苦悩は、こうした葛藤から端を発していたように思える。

世界の再二重化

ここ数年、私は戦跡を巡るフィールドワークを行う研究会に参加している。初めに参加したのが、東京ダークツーリズムと名づけられた、第二次大戦と関連する東京の土地を巡り歩くフィールドワークである。ツアーガイドを引き受けてくださった深澤晃平さんから、事前に、第二次大戦直後の焼け野原となった東京の写真と地図を見せてもらった。そのときは、特別なことは何も思わなかった。よくある歴史を記録する写真の一枚にすぎない、と思った。しかしその後、その写真に記録された地点を一つひとつ巡り歩くと、見慣れたはずの東京の景色が違って見えた。というより、景色自体はいつもと変わらずそこにあるのだが、直前に見せられた写真の映像が瞬間的に脳裏に浮かび、目の前の現実の景色に重ね合わさるのである。目の前の光景は、いつもと変わらない光景であると同時に、私の知らない、愕然とするような景色でもあった。

そこで現実の世界と重ね合わされた映像は、もちろんエリアーデの語るような古代社会の聖なる世界ではなく、かつて現実にあった世界である。どちらも現実の世界ではあるが、それでいてそこには時間的なずれがあり、世界は二重化されているのである。

鈴木昭男さんのトークイベントについては先に触れたが、そこで鈴木さんはアナラポスという自作の楽器を演奏してくださった。その楽器は金属製のバネと容器のようなものを組み合わせて作られており、それに息を吹き込んだり、指ではじいたりすると、何重もの反響音が重なって聞こえるのである。鈴木さんはある対談で、そのような反響音に興味を持ったときのことを次のように語っている。

たまたま四国まで行ったことがあって、［中略］そこでおばあちゃんがお茶に呼んでくれて、いただいたんです。自分のお茶は自分で作るというおばあちゃんで、なかなかいい味で、「おいしいですねえ」って言ったの。そうしたら、向かいの山から「おいしいですねえ」って聞こえるんですよ、山びこが。ふつう、「おーい」って言ったら、「おーい」って返ってくるイメージですよね。だけど、ふつうの会話の声が返ってくるんで、ひそひそ話ができない。隣の家の悪口を言ったらそのまま聞かれちゃう（笑）。そういうことがあって、エコーに興味を持ちはじめて、エコーマニアになっていったんです。

（大友良英『音楽と美術のあいだ』）

反響しているのはあくまでも「ふつうの会話」である。そこに特別な意味はなく、聖なる意味もない。あるのはただ時間的なずれだけである。ふとした瞬間に、たまたま世界の二重性に気づく。そこに面白さを感じ、エコーマニアになる。聖なる世界を設定しなくても、こうした二重化もありうるのである。

鈴木さんの演奏がそうであったように、現代のアートは、ある意味では世界を再二重化させる試みであるとも言えるかもしれない。演出家の高山明は、その著『テアトロン』のなかで、この統一されたひとつの現実を変えるために政治的アクティヴィズムに参加すべきか悩んだ末、彼自身の活動を振り返りながら、「政治は死者やまだ生まれていない者をコントロールできないが、演劇であれば彼らにアクセスできるかもしれない。私は自らその回路を閉じて演劇の可能性を狭めてしまっていたことに気づいた」と述べ、非政治的に、そこにつながる「「迂回路」を社会のなかに開き、現実にインストールしたいと考え」るに至ったという。ただし「もちろん死者の声やまだ生まれていない者たちの声を拾い上げることはできない」ため、それはあくまでも迂回路であり、死者という超越的な他者と直接的に繋がることを目指しているのではなく、現実のなかでわずかなずれや隙間を切り開くことが目指される。「虚と実を二重化する。私の興味はそこにしかない」と彼は述べる。そこには、ユングの言う「意識の冷たい光のなかで、その世界の無表情な不毛さは遙か星にまで達している」、聖なる世界を失ったひとつの世界を、打ち破る可能性が秘められているようにも思える。

葛飾区のアイデンティティ

総合芸術の代表である映画もそうしたアートのひとつと言えるだろう。私のアイデンティティ形成には、山田洋二の映画『男はつらいよ』が大きくかかわっている。私は生まれてから大学院を修了するまで、葛飾区に住んでいた。葛飾区と言えば『男はつらいよ』の寅次郎であり、寅次郎と言えば葛飾区民の英雄であり、まさしく葛飾区民のアイデンティティともなっている。幼い頃、野外キャンプでさまざまな地域の子どもたちと一週間過ごさなくてはいけなくなったとき、葛飾区出身と自己紹介すると、他の子どもたちから「寅さんと同じじゃん」と声を掛けられることが、たまらなく誇らしかったことを覚えている。さすが寅さん、みんなに愛されている、と思ったものだった。

その一方で、私は学生のときにアイデンティティの獲得に苦労したと述べたが、寅次郎のようなアイデンティティの定まらないフーテンの人物が葛飾区民のアイデンティティなのだとすれば、葛飾区民だった私のアイデンティティが定まらないのも当然かもしれない、とも思う。

『男はつらいよ』は、同名のテレビドラマシリーズ放映後にはじまった映画シリーズで、一九六九年から一九九五年まで、ほぼ毎年二回、夏と冬に新作が公開されていた。渥美清没後に発表された二作品も含めると、五十作が上映されており、異例の人気を誇った喜劇映画である。少年時代に父親と喧嘩して家を飛び出した寅次郎（渥美清）が、二十年ぶりに腹違いの妹さくら（倍賞千恵子）の住む柴又へと帰ってきたところから映画ははじまる。商売をしながら全国を巡りつつ、ときおり柴又にふらりと帰ってくる寅次郎が、マドンナと呼ばれる美しい女性と毎回恋に落ちるものの、毎回すれ違いから恋は実らず、寅次郎は再び柴又から旅立っていく、というのがお決まりのストーリーである。

私のクライエントがある日、「寅さんにこんな場面があるんです」と教えてくれた。それは『男はつらいよ　寅次郎物語』（第39作）の終わり近くの場面である。柴又駅から旅立とうとする寅次郎に、まさしくアイデンティティ形成にかかわる進路の問題で揺れ動いているさなかの、甥の満男（吉岡秀隆）が声をかける。

満　男：伯父さん。
寅次郎：何だ？
満　男：人間ってさ。
寅次郎：人間？　人間どうした？
満　男：人間は何のために生きてんのかな？

寅次郎：んーまあお前、難しいこと聞くなあ、ええ？　うーん、何て言うかな。ほら、ああ、生まれてきてよかったなって思うことが何べんかあるじゃない、ね？　そのために人間生きてんじゃねえのか？
満　男：ふーん。
寅次郎：そのうちお前にもそういうときが来るよ、うん？　まあ、がんばれ。なっ。

アイデンティティの獲得は、自分が何者であるのか、自分はどこへ向かおうとしているのか、自分の生きる意味は何なのか、という問いと結びつく。その答えとして、人は自分のアイデンティティを見出すと言えるのかもしれないが、悩む満男に対して、寅次郎のセリフはとても彼らしい。古代人であれば、生きる意味を聞かれたときに、ありふれた現実とは別の次元にある世界で、「神聖なる生のドラマの役者の一人として役割を果たす（『ユング全集18』）」ことがそれであると答えたかもしれない。しかし近代を経ている寅次郎はもちろんそんなことは言わない。とはいえ渡世人である寅次郎は、さまざまな土地を渡り歩いており、社会から認められるような定職にもついていないフーテンの人物だから、アイデンティティの前提になるような、確固とした一貫性のある自分を確立して社会から認められることこそが生きる意味である、といったような答えも返さない。「風が吹いてきたなっていう方へ、一緒につられてふーっと行っちゃうわけだよ」（『寅次郎あじさいの恋』第29作）と語る彼らしく、徹底して刹那的であり、偶有的でもある。
仕事に意義を見出せずにうつ状態となり、ベッドから起き上がることもできなくなっていた私のクライエントは、この場面について、「私、いままで生きてきて、本当に充実感を覚えたことがないんです。でもそういうときが来るかもしれないですよね。そう思えたら、なんだか充実感がわいてきました」と語り、さらには「この映画を観たこと自体が、生きててよかった、と思える瞬間だったかもしれません」とまで言って、この場面から人生観を変えるほどの衝撃を受けている。

しかし寅次郎の「生まれてきてよかったなって思うことが何べんかあるじゃない」というセリフ自体は、素敵な言葉ではあるものの、特別な言葉というわけでもなく、むしろありふれた言葉であるとも言えないだろうか。仮に私が心理療法のなかでクライエントにこのような言葉を伝えたとしても、それは彼に何の効果も及ぼさなかっただろう。実際心理学を大学などで学ぶと、このような言葉をクライエントに対して使うことは厳しく戒められることになる。安易な解答を与えるのではなく、共に悩み苦しみなさい、というわけである。それなのに、なぜこのセリフは彼にそれほどの衝撃を与えたのだろうか。私はそのことをしばらく考えていたのだが、どうやらそれには、柴又という場所が大きくかかわっているのではないか、と思い至った。

二重化の生じる場所としての柴又

柴又について、監督の山田洋二はある対談で次のように述べている。

柴又は現実に東京にある町ですから、人情にしても人間関係にしても、あの映画と同じであるはずはありません。〔中略〕ちゃぶ台を囲んで家族が食事をする風景なんて単なるノスタルジー（郷愁）だ、みたいな悪口をいわれましたが、私は「この映画を始めたころは、あれがふつうの生活だった」というのです。

（『人生はつらいか　対話山田洋二 I』）

私の記憶にある葛飾区の風景は、どちらかと言えば、同じ山田映画でも『下町の太陽』で描かれる工場地帯だが、それでも人情に関して言えば、たしかに子どもの頃は、『男はつらいよ』のなかで描かれているとおりだったようにも思う。たとえば、私がものごころついて間もない頃、母に怒られた記憶がある。私が泣きながら外に飛び出すと、近所のおばさんが「どうしたの」と声をかけてきた。お母さんが怒っちゃった、と言おうとして、「お母さんが、おっこっちゃった」と言うと、私の母がどこかに落っこちたと思ったそのおばさんは仰天して、母を助けようと近所の人たちを呼び集め、私の家に飛んでいってしまった。慌てふためく近所の人たちを出迎えた母の気まずそうな顔を今でも鮮明に覚えているが、喜劇風のこの記憶は、たしかに映画のなかの柴又と通じ合っているように思える。

しかし映画のなかの柴又は、やはり架空の場所であり、現実の場所ではない。それは単に、映画に描かれる人情溢れる柴又が過去のものとして過ぎ去ってしまったから、というだけではないし、寅次郎の実家である団子屋のとらやが実際には柴又にはなく映画のセットとして大船にあるから、というだけでもない。

映画評論家の吉村英夫によれば、『男はつらいよ』は中央と辺境を対比させているという。そしてその対比を背景として、放浪する寅次郎と定着するさくらを軸に物語が織りなされる。


寅は旅人であり、さくらたちは下町に根付いた働く一家である。〔中略〕さくらは、下町、要するに東京の「周辺」、さらに言葉を変えれば、中央のなかの「地方」「辺境」にどっしりと構えての生涯を〔中略〕選択した。〔中略〕シリーズのテーマが、放浪する寅と、定着して働くさくら一家の対比のなかで浮かびあがる。

（『山田洋次と寅さんの世界』）


つまり柴又は、東京という中央にありながら、辺境性を保った、特殊な場所として描かれている。いわば中央と辺境を両極とする縦軸と、放浪と定着を両極とする横軸との、二つの軸が交錯する場所である。私の知っている現実の柴又が、特別にそのような機能を持っているとは思えないが、映画のなかの柴又は、そういう場所として設定されており、その意味でそこは架空の場所となっている。

前述の『寅次郎物語』は、寅次郎の死んだ渡世仲間の息子である秀吉が、柴又に訪ねてくるところから始まる。寅次郎はこの子の名付け親だったこともあり、一緒にこの子の母親を探しに、和歌山、吉野、伊勢志摩と旅してまわる。そうしてマドンナの隆子（秋吉久美子）の助けを借りながら、秀吉の母ふで（五月みどり）を探し当てる。前述の光男との会話は、物語の終盤、寅次郎が一度柴又に帰ったときに交わされたものであるが、実は寅次郎のこのセリフは、隆子が寅次郎に吉野の宿で語ったものである。ふでが伊勢志摩にいると聞いて旅立つ寅次郎との別れの前夜、眠る秀吉の横で、再会を誓い楽しく二人でお酒を酌み交わしながら、隆子は突然、恋人に捨てられて死のうと思っていたことを思い出し、泣き崩れ、「私、粗末にしてしまったのね、大事……大事な人生なのに」と嗚咽する。寅次郎が「いいことがきっと待ってるよ」と慰めると、「そうね、生きててよかったーって、思えるようなことがね」と、隆子は自分に言い聞かせる。

つまり、放浪する寅次郎は、柴又という中央のなかの辺境に、隆子の心のこもったこの言葉を持ち帰り、定着する満男に聞かせているのである。辺境の定住者たちの言葉を持ち帰るというのは、『男はつらいよ』シリーズのなかで、何度も繰り返されるパターンである。たとえば『噂の寅次郎』(第22作)では、旅先で偶然再会したさくらの義父、諏訪飈一郎《ひょういちろう》(志村喬)が、温泉宿で芸者にうつつを抜かす寅次郎に、『今昔物語』の美しい妻に先立たれた男の話を次のように語る。

男はどうしても美しい妻の面影を忘れることができない。どうにもこうにも我慢ができなくなって、ある日妻の墓場へ行って、棺を掘り起こした。しかし、男が見たものは、美しい妻の顔とは似ても似つかぬ、腐り果てた肉の塊だった。男は、この世の無情を感じて、頭を丸めて仏門に入り、一生、仏に仕えて暮らしたということだ。まあ、こんな話を読んでいると、僕も人の一生についていろいろ考えさせられたりするのだけどね。

名優志村喬の口から重みを持って語られた、外見上の美のはかなさを伝えるこのセリフに胸を打たれた寅次郎は、置き手紙を残して柴又に帰り、とらやの居間でこの話をさくら一家に語って聞かせる。実父の話を間接的に聞くことになったさくらの夫の諏訪博(前田吟)だけは「なかなか味のある話ですね」と言うが、みんな寅次郎の改心に疑わし気で、店の手伝いに来ていた美しい早苗(大原麗子)に会わせまいとする。案の定、『今昔物語』の教訓はどこへやら、早苗と鉢合わせた寅次郎は、彼女に一目ぼれしてしまう。

『寅次郎物語』で満男に語った前述のセリフも、映画の最後、再び伊勢に戻った寅次郎は、双子岩の前で、渡世仲間のポンシュウ(関敬六)に、「人間は何のために生きているんだ?」と問いかけ、自分でも意味がよくわかっていなかったらしいことが示される。意義深く思えるこれらのセリフも、寅次郎のなかからすぐに忘れ去られてしまうかのようである。

しかし観客にとってはそうではない。観客はまったく同じ話を繰り返し聞かされる。観客の心には、同じ話が繰り返されるたびに、それがより深く刻まれていく。

しかも寅次郎は放浪の旅で耳にした話を、彼なりに咀嚼し、彼の語り口で語るのである。元の話とは微妙なずれを伴う辺境の物語が、放浪者によって、柴又に定住するとらやの人々に伝えられる。それを見る観客は二つの軸の交錯する柴又の特殊性を目の当たりにする。そうして彼らの心のなかにも、二つの軸の交錯する柴又と似た領域が作り出されていく。その領域を通じて、彼らは放浪する寅次郎の話を受け入れ、定着、つまり固定した自分のアイデンティティを揺さぶられる。それはいわば、アイデンティティを一度解体し、もう一度二重化させることであるとも言えるだろう。

中央である東京に定着し、経済的な問題に集中せざるをえない仕事に意義を見出せなくなり、抑うつに苦しんでいた私のクライエントが心を動かされたのも、その言葉の内容というよりも、彼の心のなかに柴又が作り出され、固定したアイデンティティを揺さぶられたからではないだろうか。『男はつらいよ』では、中央での仕事に疲れた人々が寅次郎に繰り返し惹かれていくが（『寅次郎相合い傘』（第15作）、『寅次郎真実一路』（第34作）、『寅次郎心の旅路』（第41作）など）、辺境の話を語り、息苦しい統一体としての世界から抜け出させてくれる寅次郎に惹かれるのも当然のことであると言えるだろう。

ただし、こうした柴又は架空の場所だが、それはもちろん、古代の聖なる世界のような超越的な場所ではない。中央と辺境という両極も、放浪と定着という両極も、すべて現実の世界で実際に目にすることのできるものである。二つの軸が交錯する柴又は、架空のものではあっても、徹底したリアリティを持ち合わせている。

定着する人々の変容

固定したアイデンティティの変容は、映画のなかの定着する人々においても見出せる。前述の吉村は別の著書で、放浪と定着という『男はつらいよ』シリーズのテーマが定まった『寅次郎恋歌』（第8作）において語られる、定着の重要さを説くセリフを、シリーズの核となるものとして重視している（『完全版「男はつらいよ」の世界』）。それはとらやの居間で、そして柴又の喫茶店を営むマドンナの貴子（池内淳子）の家の縁側で、それぞれ語り口は異なるものの、寅次郎によって二度語られるものである。たとえば寅次郎は、放浪に憧れる貴子に次のように告げて戒める。

　りんどうの花がいっぱい農家の庭に咲きこぼれている。電灯は明々ともって、その下で親子が水入らずのご飯を食ってるんです。そんな姿を垣根ごしにふーっと見たときに、あー、これが本当の人間の生活じゃねえかな、ふーっとそんなこと思ったりしましてね。

　味わい深いセリフだが、これもやはり、元々は備中高梁で飈一郎が語ったセリフに感化された寅次郎が、それを繰り返したものである。『男はつらいよ』シリーズでは毎回、柴又で寅次郎の独演会が開かれ、それは最大の見せ場とも言えるが、多くの場合それは放浪のあいだに彼が体験し見聞きしたことをそのまま繰り返しているのである。

　とらやの人々は、やはり寅次郎の話に懐疑的である。「りんどうの花」の話を聞かされたおばちゃん（三崎千恵子）には「親子で晩御飯食べてるだけで、なんでそんなに感心するんだい」と茶々を入れられ、おいちゃん（森川信）は「夜になりゃ、電気はつけるだろ、どこでも」と呆れかえる。定着する彼らにとって、定着のすばらしさを語りながら放浪する寅次郎は喜劇でしかない。しかしそれでも、寅次郎との関わりを通じ、彼らは確実に変わっていく。吉村は次のように述べている。

〔『男はつらいよ』で〕とらやへの義理も含めて、金持ちとの見合いを承諾したさくらには、真に自立した女性としての自覚が弱かった。〔中略〕以後えんえんと続く長大シリーズのなかで、肉体労働者の妻として、満男の母として、さらにとらや一家を引っ張る大黒柱、寅の「親代わり」までを務め、父よりも父、母よりも母、だがどちらかといえば、寅の母性としてさくらは人間的成長をとげる。金持ちになることなど論外で獅子奮迅の強さを発揮する〔後略〕。

（『山田洋次と寅さんの世界』）

さくら、そしてとらやの人々の変化には、確実に寅次郎が影響している。それは『男はつらいよ』（第1作）から寅次郎のことを「困った」奴だと言い続けていた帝釈天の御前様（笠智衆）が、『寅次郎物語』で秀吉の母を探し出した寅次郎のことを、「仏様が寅の姿を借りてその子を助けられたのでしょうなあ」とさくらに話し、「〔仏様は〕もしかしたら、私のような中途半端な坊主より寅の方をお好きじゃないかと、そう思うことがありますよ」とまで語るようになることからも見出せる。それは寅次郎が変わったというよりも、柴又の人々が寅次郎によって変化させられていったのであり、彼らの見方が変わったのである。彼らとは対照的に、寅次郎自身は第1作の『男はつらいよ』から同じチェック柄のスーツと帽子と腹巻で、時代が移り変わっても電話をかけるときは公衆電話で十円玉を使い、まったく変化していない（吉村英夫『山田洋次と寅さんの世界』参照)。実際の渥美清は確実に年を取り、晩年には病に侵されていくが、それでも映画のなかの寅次郎は、いつまでも若々しいままである。

このように、定着する柴又の人々は、放浪する寅次郎の話に呆れかえりながら、彼らの意識しないところで影響を受け、放浪というあり方を受け入れるようになっていく。繰り返される寅次郎の独演会を何度も聞くうちに、彼ら自身の世界が二重化されていく。

柴又そのものの二重性

私にとって柴又は、生まれ育った葛飾区内にある現実の土地であり、ありふれた地名にすぎない。一方、映画で描かれる、二重化の生じる場所としての柴又は、架空の柴又であり、現実の柴又ではない。それでいて、映画の柴又の映し出す映像は、見慣れた帝釈天であり、江戸川であり、矢切の渡しであり、京成電鉄である。それは架空でありながらもリアリティを伴い、現実の柴又と、微妙なずれを生じさせながら、通じ合っている。

この論考を書くために『男はつらいよ』を改めて観なおしていたら、ふと柴又へ行きたくなり、久しぶりに寄ってみた。前述の東京ダークツーリズムのときと同じように、そのときも、目の前の景色と、映画で見た景色とが、重なって見えた。それは渥美清没後二十三年ぶりの『男はつらいよ　お帰り寅さん』(第50作)で、すでに中年になった満男が、柴又で伯父の寅次郎を思い出す際に、かつての映画のカットが挿入され、映画の世界が二重化されていくことと似ている。しかし私の体験は、映画のなかの出来事ではなく、現実の柴又で生じた二重化である。二重化を生じさせる場所としての柴又は、人々のなかに二重性をもたらすだけにとどまらず、柴又そのものをも二重化させている。

それは私が葛飾区に生まれ育ったから感じるだけではないだろう。すでに現代化されている現実の柴又が、それでもまだ魅力をたたえて、多くの観光客でにぎわっているのは、『男はつらいよ』によって、微妙なずれを伴いながら、二重化されているからに他ならない。

この意味で、『男はつらいよ』は前述の高山の言葉「虚と実を二重化する」を体現しているとも言えるだろう。映画はもちろん虚構のものだが、現実の風景を多層化させ、それを豊かにしている。現実の柴又を訪れた人々は、映画の柴又を思い起こし、虚と実との微妙なずれのあいだを往還する。『男はつらいよ』には、そうした力が備わっている。

さらに言えば、こうした往還は、直接的に超越的な世界に繋がるわけではないものの、高山の言うような、間接的な「迂回路」になりうる。柴又に行っても、私たちが直接死者とつながることはないが、それでもやはり鬼籍に入った渥美清を至る所で偲ばざるをえなくなる。それは、『お帰り寅さん』でも同じである。この作品では、寅次郎は生きていることになっており、直接彼の死が描かれることはない。しかし、これまで長年渥美清と付き合ってきた観客は、間接的に、つまり迂回路を通って、渥美清に思いを馳せ、死者の声を聞こうとせざるをえない。作中に悲しい場面は描かれていないにもかかわらず、意志とは無関係に、涙が止まらなくなり、それと同時に、渥美清と共に自分たちが生きてきたかつての時代を振り返る。これはもはや、喜劇の枠を超えている。

夢による二重化

『男はつらいよ』は、放浪と定着の二重性や、柴又そのものの二重性によって、世界に二重化をもたらしている。古代における聖／俗の二重化と異なり、そこには中央／地方、過去／現在など、さまざまな二重化が見い出せる。さらにここで特筆すべきもうひとつの要素が、夢である。『男はつらいよ』のほとんどの作品は、寸劇風の寅次郎の夢から始まる。それはある種のお約束になっている。その多くは時代劇風だが、寅次郎が医者になったり宇宙人になったりする荒唐無稽なものもある。あるいは、寅次郎が二十年間の放浪の末に柴又に帰ってきたという、物語の基盤となる設定を観客に思い出させる役割を持った夢もあれば、本編とまったく無関係に思える夢もある。しかしここで取り上げたいのは、本編の内容を象徴的に先取りする内容の夢である。たとえば、吉村の言うように、「開巻劈頭《かいかんへきとう》、夢の中でおいちゃんの臨終の床にかけつけるシーン」で始まる『男はつらいよ　望郷篇』（第5作）は、終始「死の匂いがする」作品だし（『完全版「男はつらいよ」の世界』）、前述の『寅次郎物語』でも、家出のきっかけとなった寅次郎と父親との喧嘩が夢のなかで回想されているが、寅次郎をかばう育ての母のやさしい姿は、本編における秀吉の母親探しと重なり合う。
このような夢で特に注目すべきなのが、実質的に最後の夢となった『寅次郎の青春』（第45作）の夢だろう。シェイクスピアを翻訳する文学者である寅次郎博士のもとに、満男と、祝言の前日に駆け落ちをした満男の恋人の泉（後藤久美子）が逃げてきて、寅次郎が追っ手を撃退する、という夢である。これは渥美清の遺作となった『寅次郎紅の花』（第48作）の、泉の結婚式をめちゃくちゃにする満男のエピソードを先取りして示す夢だが、まずは『寅次郎の青春』（第45作）の終盤、とらや（『寅次郎サラダ記念日』（第40作）からは「くるまや」に名称を変えている）の居間で、満男と泉の仲を心配するさくら一家に寅次郎が言う。

寅次郎：安心しろよ、いつかきっと泉ちゃんが満男の愛情を受け入れる日がやってくるから。その後は、この伯父さんが引き受ける。
さくら：引き受けるって、どんなことするの？
寅次郎：たとえばだよ。木枯らしがピューピューと鳴る冬の夜。突然、格子戸が、ドンドンドンドン、と鳴る。伯父さん、開けてください。俺は戸を開けるな。なんだ、満男じゃないか、どうしたんだお前、こんな遅く、ん？　誰だ後ろにいるのは？　泉ちゃんかー。伯父さん、僕たち。何も言うな、わかっているよ、お前たちは一緒になりたいのにわからずやの両親が仲を裂こうとしているんだ、大丈夫だ、この伯父さんが話をつけてやる、安心しな、さ、ともかく、二階へ上がんなさい、な。（手を叩く）ねえや！　お二人にね、お布団を敷いて差し上げなさい。一組でいいよ、ん。あ、木綿は駄目だ。絹の上等なやつをね。それと枕元にね、水差しと、えー、煙草盆。スタンドがない？　ん。じゃ、僕がいつも書斎で使っているあのスタンド、持って行ってあげなさい。そうそう。僕は今日スタンドなしで仕事しよう。まだ翻訳の仕事が少し残っているし。ま……。

おいちゃん（第14作『寅次郎子守唄』からは下條正巳）：はー。ばかばかしい。

案の定、とらやの面々には、寅次郎の真意は伝わらない。なぜ急に翻訳の仕事などと言いだすのか、やれやれ、またいつもの意味不明な話が始まった、と呆れ顔である。しかし観客は、寅次郎が本当に満男たちの助けになろうとしていることを知っている。すでに夢で、満男たちを助ける翻訳家の寅次郎博士を見ているからである。婚家からではなく、両親から逃げてきたことになっているなど、細部に異なる点が見られるが、寅次郎は夢で見たことを語っている。つまり柴又は、放浪と定着が交錯する場であるだけでなく、夢と現実が交錯する場でもある。寅次郎は放浪先で聞いた話だけでなく、夢の世界で体験したことをも柴又に持ち帰って、とらやの面々に聞かせているのである。その意味で、『寅次郎心の旅路』の御前様のしみじみとしたセリフ、「寅の人生そのものが、夢みたいなものですから」は、的を射ている。

この御前様は、『寅次郎ハイビスカスの花』（第25作）でも、「あいつはまた振られました。夢だったのでしょう」と寅次郎の失恋を悔しがるおいちゃんに、「夢。シェイクスピアの言葉にも、人生は夢のようなものだ、なんていうのがありましたなぁ」と返している。御前様の言葉の通り、寅次郎はまず夢を見て、それから放浪して、現実のなかでその夢をもう一度生き、その後で自分の生きた夢を柴又で語っているのである。夢のなかで寅次郎博士がシェイクスピアの翻訳をしているのも、まさしく御前様が引用したシェイクスピアの言葉を観客に思い出させるために他ならない。

さらに言えば、『男はつらいよ』シリーズそのものが、第1作『男はつらいよ』の、寅次郎によるさくらのお見合いの破壊に始まり、『寅次郎紅の花』(第48作)の、満男による泉の結婚式の破壊に終わるわけである。ある意味では、『男はつらいよ』シリーズそのものが、結婚の破壊をテーマにした『寅次郎の青春』の夢の内側で起こっているとも言えるだろう。

夢のとらえ方の歴史的変遷

夢は、フロイトの『夢解釈』以来、「無意識への王道」とみなされ、心理療法において重視され続けている。

『男はつらいよ』の寸劇のような夢は、もちろん現実の夢と違うところも多くある。しかし現代の心理療法における夢解釈も、世界を二重化させるために行われており、その点では共通している。

覚醒している日中の私たちは、夢の世界を、ただの夢にすぎない、と考えることもできる。それは単なる虚構であり、現実に何の影響も及ぼしていない、というわけである。しかし夜、夢を見ているときは、それは紛れもないリアリティを伴っていて、場合によっては現実よりもはるかに強烈な感情を私たちに呼び起こし、びっしょり汗をかいて目を覚ましたりもする。そのときの私たちにとって、夢は明らかに現実である。

しかし単純にそのことをもってして、夢によって世界が二重化される、とは言えないだろう。たしかに古代や中世においては、夢はもうひとつの世界であった。たとえば創世記四十一章では、よく実った七つの穂がやせ細った七つの穂に呑み込まれる夢を見たファラオに対して、ヨセフはそれを神のお告げとして解釈する。七年間の豊作のあと、七年間の飢饉が続くというのである。つまり古代において夢は神からのお告げであり、時には実際の現実よりも重要な現実となりえたのである。

中世になると、夢は人を惑わすものとされたため、当時の夢についてはそれほど多くの記録は残っていないものの、ユングが、十五世紀にイタリアの修道士によって著された『ポリフィロ』を例に挙げて、次のように述べていることは示唆に富む。

この書物全体が、これを記した修道士の見た夢なのです。〔中略〕この本の主題は、とてもよくあるものです。つまり、一人の男が不思議な場所に冒険に出かけ、探検をして、スピリチュアルな冒険を経て、そこでたくさんの乙女や少女に出会うという主題です。

（『C・G・ユングの夢セミナー』）

つまりここでは、夢をもうひとつの現実として、現実で行うのと同じように、夢の世界を冒険し、探検するのであり、そうしてそこで出会う乙女や少女たちを、現実以上に魅力的な人物としてとらえているのである。夢が人を惑わす危険なものとされたのも、それだけ夢に備わるリアリティが強かったことを物語っているだろう。

しかし、夢のとらえ方も、アイデンティティと同じ歴史的経過をたどる。近代に入り、フロイトが「イドあるところにエゴあらしめよ」、つまり無意識を意識化せよ、夢のような不可解なものは意識の名のもとに一元化せよ、と号令をかけてから、この二重性は否定されることになった。もちろんこのことは、近代的なアイデンティティを確立することが求められていた時代においては、必要なことだっただろうし、そのこと自体は間違いではなかっただろう。その当時の心理療法の目的は、世界を二重化させることではなく、統一体としての世界で適応的に生きることだったのである。

夢の世界を、ただの夢にすぎない、と考えることもできる私たちは、近代的なアイデンティティを確立した後の世界に生きている。つまり、世界をひとつのものとみなし、夢を現実の世界ではないとみなす意識のあり方をすでに成立させている。そうであれば、単純に夢をもうひとつの現実とみなすことは、世界に神話的な意味を呼び戻し、俗なる世界と聖なる世界の二つに分割する試みに等しく、もはや私たちにとって可能なことではなくなっている。

そうではなく、現代の夢解釈の意義は、統一体となった世界にずれをもたらし、以前とは違った形で世界を再二重化することだろう。それはやはり、『男はつらいよ』の夢が世界を二重化させることと似ている。寅次郎の寸劇のような夢は、それ自体でも面白いものだが、映画の本編と重なり合いながらずれを生じさせているところにその本質がある。たとえば『寅次郎物語』で言えば、寅次郎の家出と秀吉の母親探しは似ているようでいてぴったり符合するわけでもない。それは現実とずれた世界をもたらし、統一体としての世界にずれをもたらしてくれる。

私たちはもはや、夢を神のお告げとみなすことはできないし、夢の世界を冒険し、探検し、そこで乙女や少女たちと出会い、それで満足する、というわけにもいかない。しかし夢を見るとき、やはり私たちは完全に夢のなかに入り込み、夢以外に現実は存在せず、それはひとつの世界となるが、目を覚ませば私たちは実際の現実に戻ってくる。この往還運動が、二つの現実のあいだにずれを生じさせる。そしてもし、寅次郎のように、この往還運動において、夢で体験したことを目覚めた現実でもう一度語ることができたなら、統一体である世界に亀裂をもたらすことができるかもしれない。それが、ユングの言う「意識の冷たい光のなかで、その世界の無表情な不毛さは遙か星にまで達している」ような、平板な世界を打ち破ることになるかもしれない。

私のクライエントに、充実感を伴った、まさしく「生まれてきてよかった」と思う瞬間が訪れたのは、映画を観ることによって、こうした二重性がもたらされたためだったと言えるだろう。彼に生じたのと同じことが、夢を見ることによってももたらされるかもしれない、という期待を込めて、寅次郎のように、私たちは夢の語りを、目が覚めた後にもう一度語るのである。ユングは心理療法家の役割について次のように述べている。

私たちは、心が自発的に私たちに語りかけてくるものを素朴に聞き取らなければなりません。私たちの手で創作されたものではない夢は、ただそのままを語っています。できるだけ、そのままをもう一度語ればよいのです。（*Letters II*）

この、もう一度語ることが、夢解釈と呼ばれるものなのである。

現代の心理療法における夢解釈は、フロイトの時代とは異なり、二重性をもたらすための試みになっている。しかしそのためには、古代のように、夢の世界を聖なる世界とみなし、現実を忘れてそこに没入するのではなく、そしてまた、近代のように、意識の世界を排他的に現実とみなし、夢を意識の世界に従属させるのでもなく、寅次郎が行っていたように、夢と現実という二つの世界を往還し、統一体である世界にずれをもたらす必要があるだろう。そして本当に二つの世界を往還し、夢の体験をもう一度語り、統一体である世界にずれをもたらすためには、夢を、ただの夢にすぎないとみなすのではなく、夢と真剣に向き合うことが必要になる。そうしてはじめて、統一体としてのアイデンティティを打ち破り、世界を再二重化させることができるのである。

先ほど、私が臨床心理学を志したのは、一種のごまかしであったと述べたが、その選択はあながち間違いでもなかったのかもしれない。それは臨床心理士という職業が、一定の社会的な認知を得られていて、アイデンティティを携えているように思われながら、実際は、そうしたアイデンティティを打ち破ることを試みているとも言えるからである。それは確固としたアイデンティティを確立して社会に適応するか、アイデンティティの獲得を放棄して社会不適合者となるか、その二者択一から逃れさせてくれる選択であり、統一体としての世界の内側から、それを突き崩す方法を与えてくれる選択でもあった。そうした職業であれば、私は葛藤なく受け入れることができる。そうして寅次郎である葛飾区民のアイデンティティと競合することなく、私は臨床心理士としての自分を、みずからのアイデンティティとすることができるだろう。

インターネット

『男はつらいよ』が毎年映画館で上映されていた時代、統一体としての世界が持つ閉塞感から抜け出し、世界にずれをもたらす場所として、山田洋二は架空の柴又を作り出していた。

しかし現在では、世界の二重化はきわめて日常的なものとなっている。そのもっともあからさまな例は、インターネットの普及ではないだろうか。元々は単なる情報伝達の試みとしてはじまったインターネットは、現在ではサイバースペース上にもうひとつの世界となる仮想現実を作り出すに至り、そこではわかりやすく世界が二重化されている。アイデンティティの獲得がそれほど口やかましく言われなくなったのも、インターネットがあらゆる分野に普及した二〇〇〇年頃を境にしているように思われる。現在では、ほぼすべての人がインターネットを使用している。もう一人の自分となるアバターを作ってサイバースペースを探索し、そこでさまざまな人々と出会い、情報交換することは普通に行われているし、SNSで複数のアカウントを持ち、現実とは違う自分を演じているという人も少なくない。インターネットの登場によって、一人の人が複数のアイデンティティを持つことも可能になったわけである。さらには、まさしくもうひとつの世界として、メタバースが誕生している。それはあたかも、統一体としての世界に閉塞感を覚えた人々が、もう一度世界を二重化させようとした試みのようにも思える。

しかし、インターネットが商業的に大きな成功をおさめ、私たちの生活も根底から大きく変えられたことはたしかだが、二重化という側面に限って言えば、現在のところ、その見かけほどうまくはいっていないのかもしれない。

私のクライエントで、メタバース上の別のアイデンティティを持った主人公たちが活躍するアニメを見て、そうした世界を自分で作り出したいと思い、プログラマーを志したという人がいる。しかし彼はそれに失望し、プログラマーの道を諦め、自分の人生をどのように生きていいのかがわからなくなってしまった。彼の技術が未熟だったわけでは決してない。経済活動のためにメタバースを構築することは彼であればできたはずである。なぜ彼は失望したのだろうか。

メタバースを特集した『現代思想二〇二二年九月号』には、以下のように書かれている。

メタバース空間はオンラインゲーム空間と似ているが、オンラインゲームから物語と役割を抜いた空間である。〔中略〕それが素のメタバースである。素のメタバースには目的がない。〔中略〕実は二〇〇〇年初頭の初期のメタバースはこういった空間であった。〔中略〕当時、それはそこまで大きな影響力を持ち得なかった。しかし、現在では大きな影響力を持ち始めている。では、現代のメタバースには何があるか。それは経済とソーシャルである。経済という物語がメタバースを支えている。そしてSNSから持ち込まれたソーシャルな空間が人をメタバースに引き留めている。メタバースの誕生の出自はこの二つの系統から来ている。

（三宅陽一郎「メタバースによる人の意識の変容」）

たしかに、素のメタバースにはそれほど魅力がないだろう。しかし、それに第二の世界としての意義をもたらす「経済とソーシャル」とは、まさしく寅次郎がもっとも嫌うものではなかったか。寅次郎は終始お金に困っているが、それでも困った人がいれば、それが行きずりの人であったとしても、損得勘定抜きに、気前よくお金を分け与える。そして言うまでもなく寅次郎は、社会のなかに明確な居場所を持たない放浪の身である。秀吉の母親を探しに行くような、人情深い寅次郎の無私の献身は、SNS上で「いいね」を取り合う、繋がりそのものを目的とするようなソーシャルな社交と対極にある。インターネットがもうひとつの世界を作り出したとしても、そこに「経済とソーシャル」という、現実の世界を支配するのと同じ原理が持ち込まれている以上、そこでも、自分と社会との統一体としてのアイデンティティが必要とされる。その世界は、寅次郎の放浪や夢の世界のような、「経済とソーシャル」とは無縁の世界にはなりえない。

現在のインターネットの世界は結局、実際の現実のなかで効率よく生きるために利用されるか、実際の現実を捨て去って新しく架空のアイデンティティに逃げ込むための場所として利用されるかの、どちらかに二極化するだけであり、『男はつらいよ』の柴又で生じたような、二つの世界の往還運動は生じない。プログラマーの道を歩もうとしたクライエントが失望したのも、理由のないことではない。

それでも、インターネットがもうひとつの現実を作り出し、二つの現実のあいだにずれを生じさせようと試みていることは確かだろう。そして歴史はその試みを受け入れ、世界的に普及させた。歴史的に、文明が発展し、私たちの意識のあり方が変容した結果として、古代的な二重の世界が成り立たなくなり、アイデンティティという概念が登場してきたのであれば、歴史はインターネットを登場させることで、統一体としてのアイデンティティを解体し、もう一度世界を二重化させようと試みているのだとも考えられる。今後この試みがさらに進み、世界の二重化が実現する可能性は、大いに残されているだろう。

その一方で、「経済とソーシャル」によって世界を二重化させている現代の状況を鑑みれば、すでに『男はつらいよ』の時代は、過去のものになっているとも言えるのかもしれない。二〇一九年に制作された『お帰り寅さん』が私たちの心を打つのは、すでに失われ、普段は振り返ることもないかつての時代を、もう一度蘇らせるからでもあるだろう。それは大人になったのち、思春期や青年期を振り返ることと似ているかもしれない。それは大人にエネルギーを与えてくれることもあるだろうが、その大人が現在生きている実際の現実にはもはやなりえない。それと同じように、『男はつらいよ』の時代が現代において再び現実になることはないだろう。私たちはいまや、新しい二重化の世界に生きている。

鯨の目

冒頭で述べたように、私の視覚は相変わらず二重の世界を映し出している。日常生活を送る上ではもちろんすこぶる不便である。どうにかならないものかと思案していたところ、メルヴィルの『白鯨』のなかに、自分と似た症状の記述を見つけた。物語の語り手イシュメールは、鯨を観察し、次のように考察する。

わたしがいま思いつくことができるあらゆる動物のばあい、両の目は、それぞれが見たものを脳のなかで絶妙に合成して、ふたつではなく、ひとつの映像をつくりあげることができるようにあんばいされているのである。ところが鯨の両の目は、それがついている位置の特異性のゆえに、何立方フィートもある堅固な頭によって完全に分離されている。その頭はふたつの谷間の中間にそびえる大山岳のようなもので、こうなれば、もちろん、個々の独立した視覚器官がむすぶ映像は相互に無関係な映像であることは言うまでもない。それゆえ、鯨は一方の側にある特定の映像を見ながら、同時にもう一方の側にべつの特定の映像を見ているのであって、その中間にあるのは深遠な闇であり、それは無にひとしいにちがいない。人間は、つまるところ、ふたつの窓枠でつながった哨舎の窓から世界をながめているのである。しかし鯨のばあいには、このふたつの窓枠が別個にはめこまれているので、ふたつの別個の窓からながめることになり、そのために視野が大きく欠損するという悲しむべき事態をまねいているのである。

（八木敏雄訳『白鯨（中）』）

私以上に深刻な症状である。鯨の目が見ている映像は、まったく別個の世界である。それらは「相互に無関係な映像」であり、そのあいだを、「深遠な闇」が隔てている。

イシュメールは「鯨はふたつの別個の映像を、一方を片側に、他方を正反対の側に置いたまま、注意ぶかく検討することができるというのだろうか？　もしそうだとするなら、これは驚嘆すべきことであって、人間にあてはめれば、ユークリッド幾何学の二つの別問題を同時に証明してみせるようなものである」と考察する。この考察に注目した、ユング派分析家であるモーゲンソンは、この鯨の脳を評して、「現代意識の先触れ」であり、「対立物の一致」であり、「思索的な思考へと至る」ことができる脳であると述べている。言い換えれば、近代的な「あらゆる動物」は、目に映る二つの像をひとつにまとめあげているが、現代的な「鯨」のそれぞれの目には、まったく異なる二つの世界が映し出されているため、思索によってそれらを橋渡ししなくてはならない、というわけである。まったく異なる二つの世界を往還している、とも言えるだろう。

しかし鯨が、目に映るままの自然な映像を脳の思索で橋渡しししている、ととらえているのは、イシュメールという現代人の思考による考察である。決して鯨が現代意識を持っているわけではない。むしろ、この小説において、鯨は徹底して神話的な存在として描かれている。それはこの小説が、聖書を筆頭に、神話的な物語に登場する鯨をこれでもかというくらいに羅列することで始まることからも明らかである。鯨はそもそも、世界を統一体として見る、近代的なアイデンティティの観念を持ち合わせてはいない。鯨の見ている世界は、古代的な世界であり、その目に映る二つの世界は、俗なる世界と聖なる世界のような、まったく別次元の二つの世界ではないだろうか。それらはまさしく「深遠な闇」によって隔てられていて、決して「一致」することがない。そのあいだを往還することなどできないだろう。

しかし、私はもちろん現代の人間であり、神話的な存在ではない。私の目がとらえている映像は、「ふたつの窓枠でつながった哨舎の窓から世界をながめている」ような映像の枠を出ない。私の目は一度、世界を統一体としてとらえた上で、それを再二重化させている。つまり、鯨の古代的な目から、近代的な動物の目を経て、もう一度世界を二重化させた現代的な目である。そこに映る二つの像はどちらも現実的なものであり、わずかなずれによって二重化されているにすぎない。そのずれがわずかであり、どちらも現実的なものであるため、二つの世界を往還することもできる。私の症状と、鯨の症状とは、似ているようでいて、この点で決定的に異なっている。

私の体験している現代的な二重化は、アイデンティティを前提としている世界では不都合しかない。しかしそれでも、この症状は、私の希望に反していたとしても、世界を二重化しようとする歴史の試みを結晶化させた症状なのかもしれない。たとえばギーゲリッヒは次のように述べている。

こうした病理に罹患している個々人は、一つの病理の場にすぎない。つまり、その個人という場の中で、その病気がなければ直接的には目に見えなかったような根本的な過程が明らかになる。それは、途切れることのない連続を伴う〔中略〕世界内存在様式そのものに備わった論理的で内的な構成を、革新的に否定する〔内側からの崩壊と腐敗の〕過程である。それが個々人を場として結晶化し、まるで拡大鏡の下に置かれたかのように、ひときわはっきりと浮かび上がってくる。（『仏教的心理学と西洋的心理学』）

つまり私の症状は、歴史的な動きの現れるひとつの場にすぎない、とも言えるだろう。それは私が特別に現代的であるわけでなく、現代のあり方がみずからを結晶化させる場所として私を選んだ、というだけにすぎないが、現代のあり方のひとつの側面を体現しているとは言えるかもしれない。

おわりに

前述のように、私は心理療法家としてみずからのアイデンティティを定めている。中央での仕事に意義を見出せなくなっていた私のクライエントは、『男はつらいよ』の寅次郎のセリフに感動し、人生観を変えるほどの衝撃を受けた。それも彼の心のなかに柴又が作られ、統一体としての世界に備わる閉塞感から抜け出させてくれるような二重化がもたらされたからこそ、生じえたことだろう。

ある意味で、心理療法家としての私の課題は、世界を二重化することであるとも言える。しかしそれは鯨の目のようにまったく別の次元にある世界を再び呼び戻すことではないだろう。そうした世界の二重化は、もはや現代を生きる私たちにとって、不可能なことである。そうではなく、私たちにできることと言えば、『男はつらいよ』のなかで寅次郎が行っていたように、二つの現実のあいだの、わずかな隙間やずれを生じさせ、そのあいだを往還し、一方の世界で得た同じ話を、もう一方の世界で繰り返し語ることであろう。「生きててよかった」と思える瞬間をもたらしうるとしたら、そのことを通じてしかありえないだろう。しかも、『男はつらいよ』の時代が過去のものとなったのであれば、寅次郎とは異なるやり方で、そうせざるをえない。

もちろんそれは簡単な道ではない。世界に二重化をもたらしてくれた寅次郎は、映画の最後、必ずいつも柴又から旅立つ。みんなに愛されながらも、その背中にはいつも悲しみを漂わせている。それは単に、彼が失恋したからというだけではない。ひとつに統一された世界を信じる人々のなかで、二つの現実のあいだの隙間を往還する彼は、どうしたって異物なのである。さくら一家は彼に定着を勧め、たまには一緒に正月をすごそうと、繰り返し寅次郎に呼びかけるが、彼がそれに応じることは決してない。自分が異物であることをよく理解しているからである。定着する人々に、「生きててよかった」と思える瞬間をもたらしてくれる彼自身は、決して安定した幸せを手にすることがない。

山田洋二は『幸福の黄色いハンカチ』においても、警察官に扮する渥美清に、殺人を犯して出所した高倉健に向かって、「まあ、あれだな、あの、辛いこともあるんだろうけれども、辛抱してやってりゃあ、え？　一所懸命辛抱してりゃあ、きっといいことあるよ」と、『男はつらいよ　寅次郎物語』とほぼ同じことを語らせている。その言葉を投げかけられる、『幸福の黄色いハンカチ』の高倉健は、辛抱の末に、妻役の倍賞千恵子に迎え入れられ、観客は彼に安定した幸せが訪れたことを知る。しかし、この言葉を発する寅次郎はどうなるのだろうか。彼は常に放浪しており、いつまでも悲しみを背負ったまま、柴又から旅立っている。歴史の動きを体現し、世界に二重性をもたらすことは、その課題を背負うものの個人的な幸せとは縁遠い場所にあるのかもしれない。

参考文献（参照順）

M・エリアーデ（堀一郎訳）『生と再生』東京大学出版会、一九七一年

E・H・エリクソン（仁科弥生訳）『幼児期と社会1』みすず書房、一九七七年

E・H・エリクソン（中島由恵訳）『アイデンティティ』新曜社、二〇一七年

Jung, C. G. (1953-1983) *The Collected Works of C. G. Jung*. Ed. Sir Herbert Read, Michael Fordham, Gerhard Adler. Trans. R. F. C. Hull. Princeton: Bollingen Series, Princeton University Press, 1953-1983. 21 vols.

鈴木昭男・大友良英（2017）対話6（大友良英『音楽と美術のあいだ』フィルムアート所収 pp.393-429）

高山明『テアトロン』河出書房新社、二〇二一年

山田洋二『人生はつらいか　対話　山田洋二1』旬報社、一九九九年

吉村英夫『山田洋次と寅さんの世界』大月書店、二〇一二年

吉村英夫『完全版「男はつらいよ」の世界』集英社、二〇〇五年

C・G・ユング（河合俊雄監修）『C・G・ユングの夢セミナー　パウリの夢』創元社、二〇二一年

Jung, C. G. (1975). *Letters II*, Ed. 1951-1961. Gerhard Adler in collaboration with Aniela Jaffé. Trans. R. F. C. Hull. Princeton University Press.

三宅陽一郎「メタバースによる人の意識の変容」『現代思想二〇二二年九月号』青土社、二〇二二年

H・メルヴィル（八木敏雄訳）『白鯨（中）』岩波書店、二〇〇四年

Mogenson, M. (2004) Whaling with Giegerich, the Ahab of the Notion. *Journal of Jungian Theory and Practice*. pp.67-84.

W・ギーゲリッヒ（猪股剛・宮澤淳滋訳）『仏教的心理学と西洋的心理学』創元社、二〇二二年

コラム　引き継がれる戦後沖縄の活動

相樂加奈

二〇二二年六月、沖縄県の本土復帰五十周年の慰霊の日に、糸満市摩文仁の平和記念公園内に建てられている「平和の礎」に刻まれた戦没者二十四万人余りすべての名前を十二日間かけて読み上げる活動、『「平和の礎」名前を読み上げる集い』が開催された。私たち研究会は、読み上げ当日に参加者として訪れたのちに、『「平和の礎」名前を読み上げる集い』の発起人であり実行委員長を務められている町田直美さんのお話しを聴くため、再度沖縄に訪れた。

この活動の目的として、一、沖縄戦等全戦没者に追悼の意を表し、今日、平和を享受できる幸せと平和の尊さについて考えるとともに、世界の恒久的平和を祈念し発信すること、二、悲惨な戦争体験やその教訓を後世に正しく伝え、琉球・沖縄の歴史と風土のなかで培われた「平和のこころ」の精神および戦争によって失った文化の保存と継承を行うこと、三、地域や国境を越えて参加する人々が戦争の悲しみや平和への思いを共有できる場、また、子どもたちが平和に関心をもてるような平和学習の場の形成を目指している。町田さんは、この企画を発足させることになったきっかけや成し遂げるまでの思いなど、さまざまなことを語ってくださった。読み上げの会の参加者は、世界各地から募集された。初年度は参加者に読み上げる戦没者の希望地を募ったところ、沖縄の戦没者の名前を呼ぶことを希望される内地の参加者が多かったことに町田さんは驚かれたそうだ。「日本兵はあなたたちと同じふるさとだから、ふるさとのまりで読んでほしい」とお話しされる町田さんの言葉に、私は沖縄と内地の乖離した感覚に身の引き締まる思いを感じた。

また、沖縄でも世代によって戦争や平和への捉え方に相違があるようだ。読み上げの会への参加を申し込まれた、ある遺族の方から「戦死した父は国から勲章をもらい、それを誇りに思っている」というお話しを受けたそうだ。そのお話しを実行委員として活動されている町田さんの娘さんは、「この人は、お父さんが亡くなって寂しかったんだよ。その寂しさの中で、お父さんを誇りに思って生きてきた気持ちを理解して伝えないと平和は広がらない」という考えを話されたそうだ。活動を通して戦争に対するさまざまな思念を引き継いだ町田さんは、「私の世代は頭でわかっていても感情のうえで整理が難しい。でも、平和を広げるためには感情的なものだけではなく、共有できる部分で伝えないと伝わらない。戦死した人の名前を読むと、その人が生きていたという存在を立証できる。名前と向き合って、心が動かない人はロボットだよ」と泰然とお話しされた。

同フィールドワークでは、浦添市美術館で行われた阿波根昌鴻さんの写真展にも訪れた。『島の宝・島の人々　伊江島の戦後・阿波根昌鴻写真展』では、アメリカ統治下の伊江島で土地の強制接収に非暴力で立ち向かった阿波根昌鴻さんが、当時の島の様子を撮影したものが展示されていた。沖縄県伊江島は、激戦地であり、米軍侵略後は島の六割を軍用地にとられ、爆撃・落下傘降下等の演習地として使用された場所である。阿波根昌鴻さんは、本島の本部町の出身であり、米軍占領下の伊江島の土地闘争では常にリーダーとして先頭に立ち、一貫して軍用地契約に応じず反戦地主として戦った人物だ。展示されていた写真は、阿波根さんが一九五〇年代から一九六〇年代にかけて島の人たちを撮影したもので、これまで公開されてきた闘いの写真や島の人たちの日常を切り取った写真の約五百点が展示されていた。いまのようなデジタル写真がない時代に、非暴力で住民運動を率いる阿波根さん自身も被写体として映っている写真から始まり、アメリカ軍の演習で爆弾が投下されてできた大きな穴に入っている子どもたちの姿や不発弾の処理作業をされていた男性の生前に笑顔を浮かべて写っている写真とその処理に失敗して亡くなっている姿など多くの写真が飾られており、戦後の動乱のなかで危険と隣り合わせの生活を送る人々の様子が生々しく並べられていた。

写真展では、沖縄県出身でプロカメラマンの比嘉豊光さんによる解説ツアーに参加することができた。畑の中で下を向いて作業をしている少女にいまにも突き刺さりそうに鍬が構図された写真の解説の際には、日常的な暴力に晒されている当時の恐怖感が内在されているようで阿波根さんが写真家として込めた思いが伝わってくるようだった。写真展の初日には、伊江島の関係者を招いたセレモニーが行われており、訪れた現地の人たちが展示されている写真の下に被写体となっている方たちの名前を付箋で貼る作業も行われていた。どこでも見かけるような黄色い付箋には、来場者によって鉛筆書きで名前が記入されており、展示されている写真や冊子に収められている写真には敷き詰められるようにその付箋が貼られていた。私たちが訪れたタイミングでも、「これは〇〇さん家の△△だね」と、懐かしそうに語る来場者たちの姿が見られた。

構図としての写真とともに、被写体の名前を貼る作業は、そこにあった命を浮かび上がらせるような感覚を覚えるものだった。展示を一通り見終えた私は、館内が見渡せる位置に座り、いまを行き交う人たちを眺めながら戦後の当時を生きていた人たちを感じていた。

阿波根昌鴻『命こそ宝　沖縄反戦の心』岩波新書、一九九二年
阿波根昌鴻『米軍と農民　沖縄県伊江島』岩波新書、一九七三年
沖縄「平和の礎」名前を読み上げる集い（https://okinawa-ishiji.net/）

第四章

解体するアイデンティティと生物としての「私」

長堀加奈子

1．怖いことの多い人生を送ってまいりました

小さいころから、極度の怖がりだった。でも私が怖いのはおばけとか暗闇とかではない。「怖がらせられる」ことが本当に怖いのだ。

幼いころ私が最も怖かったことのひとつは、母が読む白雪姫の絵本だ。アニメーション映画を絵本化したものなのだが、途中で魔女である王妃が老婆に化けて毒リンゴを白雪姫に渡すシーンになると、私はいつも泣いていた。というのも、そのページになると母がなぜか急に大きな声を出してド迫力で魔女のセリフを演じるのだ。繰り返しその絵本を読んでいたのでどのページの次に魔女が現れるかを覚えていた私は、ついにはその前のページになると「ページをめくらない

で」と半泣きで母に頼むのだが、母は嬉々として（と、私には見えた）次のページに進んで、いつものように臨場感あふれる魔女の登場を演出し、結果私は大泣きしていた。あんなに怖がっていたのに、なんで繰り返しあの絵本を読んでいたのかわからない。

もうひとつ覚えているのが、マイケル・ジャクソンの『スリラー』のミュージックビデオである。この有名なミュージックビデオは以下のようなストーリーになっている。マイケルと恋人が森の夜道を歩いていると満月を見てマイケルが急に苦しみだす。恋人は初め心配しているが、マイケルの体は次第に毛に覆われていき、獣へと姿を変えていく。そう、彼はオオカミ人間だったのだ。恋人はその変身の様子をただ不安と困惑のないまぜになった表情で見つめながら動けずにいるが、マイケルの姿が完全に狼に変わり夜空に咆哮をあげると、恐怖にひきつった表情で絶叫する。そして、その彼女に狼人間が襲い掛かる、という映画を見るデートをしていたマイケルと恋人なのだが、恋人はこの映画が気に食わず、デートの途中でマイケルを映画館において出て行ってしまう。彼女を追いかけるマイケルは、機嫌を直してもらおうと歌い踊り始めるが、次第に様子がおかしくなっていき、ついにはあの有名なゾンビの姿に変わっていく、というものである。

私は、この冒頭の狼男が襲い掛かるシーンが怖くて、いつもソファの陰に隠れて、早く映画館のシーンが終わらないかなと時折テレビ画面をチラ見しながら待っていた。怖すぎて直視できないのに、なぜか繰り返しこのミュージックビデオを流してもらってはソファの陰に隠れながら歌とダンスのシーンを待った。英語はわからないし、字幕も読めないのに、最後のメイキングシーンまで見ていたのはいまとなっては不思議なことだ。思えば怖いシーンは早送りすればよかったのだが、当時そんな能のなかった私は、ただひたすらそれが終わるのをおびえながら待っていた。

これらはいずれも三歳以前の記憶である。親から繰り返し私の怖がりっぷりを笑われたこともあって（私は本当に真剣だったが、親から見たらほほえましかったのだと思う）、私はすっかり自分を怖がり人間だと自認していた。だから、それ以降自分を怖がらせるものをできるだけ避けて生きてきた。幼いころ人生で一度だけ入った白雪姫のアトラクションに毒リンゴを持った魔女がたくさん登場した恐怖から、成長してからも遊園地に行った際にはお化け屋敷に入ることをかたくなに拒んできた。幼児向けの白雪姫のアトラクションでさえあんなに怖いのだから、本当に怖がらせるために作られたお化け屋敷に入るなんて論外だった。同様に、ホラー映画もほぼ見たことがない。バイオレンスのある作品も大きな音や見る人に衝撃を与えるような演出が怖いと感じてしまい、戦いや暴力に関する作品もほとんど目にしないようにしてきた。だからどんなに良い映画という評判があっても戦争映画はほとんど見たことがない。

しかし、私は脅かしたり怖がらせたりする意図がないものは大丈夫だった。たとえば中学校の修学旅行で行った広島の原爆ドームでは、学友のなかには怖がって急ぎ足で展示を駆け抜けた人もいたが、可能な限り展示を見てその説明をしっかり読んだ。ただし、展示を見ることができたとしても、映像資料のブースでは、映像のなかで何が起こるのかがわからないので「これを見て怖かったらどうしよう」という思いに駆られて、やはり見ることができなかった。決して好みはしないが、文字であれば大概のものは内容を問わずに読むことができる。恐ろしいことが起こったという事実が怖いわけではない。だから怪談なども別段怖くない。怪獣も怖くない。私は、私自身が生々しく恐怖を感じることが怖いのである。私が恐れていることは、自分の内側からやってくるものなのだと思う。それにいかに脅かされずに生きるかが、私の人生の前半の大きなテーマのひとつであった。

2．フィールドワークの事前学習の時点で恐怖のコップがいっぱいになってあふれた話

怖いものが大の苦手でできる限り回避して生きている私に、沖縄フィールドワークの話が舞い込んできたのは二〇二一年のことだった。もともとは沖縄の精神文化を知り、東京での心理療法と対比させて考えを深めるという内容のフィールドワークと聞いていた。沖縄のユタ文化に造詣の深い方や精神科医の方へのインタビューやトークイベントが企画され、その合間に戦争に関する史跡や沖縄の精神文化に関わる場所をめぐる予定であった。

大学院生のときに先輩から貸してもらった誕生日占いの本に「いつでも最も困難な道を選ぶ」とあった私である。おかげさまでいつも自分が最も苦手なところに気がつくと身を置くことになっている。このときのフィールドワークも、なんとなしに心惹かれ、意識的には参加したい気持ちが強かった。しかし、心のどこかに、そこには苦手なことが待っている予感を抱えていて、事前に示された予定に戦争関連のものが多くはなかったことから怖い思いは少ないのではと

瞬時に見積もったずるい自分がいたことを、否定はできない。そしてその予感はあながちはずれてはいなかったわけで、私はいつも通り「困難な道」に漕ぎ出していた。

フィールドワークに参加することになった私に、本書の執筆者の一人である猪股さんが丸木美術館を勧めてくれた。丸木美術館は画家の丸木位里・丸木俊夫妻が、広島の原爆について描いた《原爆の図》が収蔵されている美術館である。丸木夫妻は同じく沖縄戦に関する制作も行っており、それが沖縄の佐喜眞美術館に収蔵されている。今回のフィールドワークで、訪問の候補地に佐喜眞美術館も挙がっていたことから、まずは丸木美術館を訪ねてみてはと教えていただいたのである。

美術館を訪れる前日、ＮＨＫスペシャル「沖縄戦全記録」の録画を事前学習資料として一部見てきていた。ちょうど仕事の多忙な時期で、隙間にしか見る時間が取れず、会議の前のお昼休みに仕出し弁当を食べながら、少しでも見進めようと割り箸片手にパソコンの画面をつけた。そもそもそんな計画を立てている時点で、私がいかに沖縄戦について無知だったかが知れるというものだ。映像資料では当時の証言テープや軍の記録映像が流れ、戦争が終盤を迎えるにつれて、最終的には十四歳の男性さえも防衛招集をかけられたこと、捕虜になると死ぬよりつらい目に合うので米軍につかまる前に自決するように民間人には伝えられて多くの命が集団自決で失われたこと、民間の女性も危険を冒して地雷を埋める手伝いをさせられていたこと、住民が避難している地下壕に日本兵が潜伏し、米軍は住民と日本兵の区別がつかないままに地下壕を火炎放射器で焼き払ったことなどが詳細に解説されていた。忘れもしない、その日は生姜焼きのお弁当だったのだが、地下壕を焼き尽くす火炎放射器の映像を見た後では一口も食べる気にならなかった。
その翌日に訪れた丸木美術館は埼玉県東松山市にある。都心からは急行で一時間程度の場所である。あたりは自然に囲まれた土地で、隣には川が流れている美しい場所だ。私が行った当日は残念ながら雨まじりの曇り空であった。晴れていたらさぞ風光明媚だっただろう。しかし、当時の私のフィールドワークのノートを見返す限り、そんな自然を感じるだけの心の余裕はなかった。ノートにはこんな風に書いてある。

行きの電車からもう落ち着かなかった。ドキドキしたし、怖かった。今日、これを見に行く必要が本当にあるのか?と何度も思った。ほかの仕事もいろいろ抱えているのに?

前日のＮＨＫスペシャルの流れを引きずって、完全に腰が引けている様子がうかがえる。
丸木美術館の二階から《原爆の図》の展示はスタートする。一九四五年八月六日の数日後、夫・丸木位里の故郷である広島に丸木夫妻は入り、被爆後の惨状を目の当たりにした。爆心地から二キロのところにあった夫妻の家は、爆風で屋根などは飛んでしまっていたものの、焼け残っていたので、けが人などが大勢避難してきていたという。それから夫妻が《原爆の図》の制作を開始するまでに三年の月日が必要だった。戦後の日本では、ヒロシマ・ナガサキについて語ることを米軍が禁止していたが、丸木夫妻にとっては彼らが目にしたことを表現する必要があったのだという。

《原爆の図》は、私が行った日には第十四部までが展示されていた。特に一部から第三部までが圧巻で、原爆の被害を受けて皮膚が垂れ下がり、手を挙げてあるく「幽霊」の列、「火」の中で焼けていく人々、「水」を求めてさまよう人々の中で傷ついた母が死んだ子を抱いている絶望の母子像。(「」がついているものは絵の表題である)。丸木夫妻が多くの被爆者と語り合い協働で作成していったこれらの絵は、怖がりの私には一目見るだけで恐ろしく同時に胸が痛くなったが、描かれている一人ひとりの描写がとても丁寧で細部にまで丸木夫妻が魂を込めて表現していることが伝わってくるものであった。途中でこれらの作品に関する冊子をいくつか閲覧できたので読んでみたが、これらの絵には「ショッキングすぎるという批判と、きれいすぎるという批判の両方がある」といったことが書いてあり、私自身も怖さと同時に美しさを感じていたので、少し納得した。

たくさんの解説を読み、一つひとつの絵をじっくり見たことで、常設展を見終わったころに私の怖いと感じる気持ちはどうにか落ち着いてきていた。すると、常設展の終わりに特別展の小さな入口があったので入ってみることにした。その日の特別展は大垣美穂子の「Milky Way before the beginning – after the end 2021」とパンフレットに書いてあった。入り口のところにカゴが置いてあり、中では懐中電灯を使うように指示がある。どうやら会場は暗いらしい。展示なのになぜ?お化け屋敷が大の苦手な私には嫌な予感しかなかった。というより、入る前からもう怖い。でも、なぜかここでやめることができないのが私なので、暗幕の向こうへと一歩を踏み出した。

真っ暗な空間の中にきらきらとしたミルキーウェイを模した電飾の光がきらめいていた。足元には黄泉の国の花畑が広がっていて、そのあいだに蛇行した順路がある。電飾の光は不規則に瞬いており、それまで暗がりだと思っていた右側になにか真っ黒いものが光に照らされて浮かび上がる。それが真っ黒く焼け焦げた原爆の被害者の身体だと気づいたとき、私は驚きと恐怖で身を固くした。その光が消えたと思うと、今度は左側に別の黒い塊が光り始める。座ったままの姿勢で体がくっついた人、お腹が膨れている人、さまざまな真っ黒い人体が会場のあちこちで天の川の煌めきに照らされる。かと思うと前方で天井から吊り下げられた身体が光る。暗闇の中、いつどこで真っ黒い身体が現れるかわからない。光っては消える暗闇の中の被爆者の体たち。私はこの日一番の恐怖を感じ、怖くて怖くて逃げだしたい思いに駆られた。しかし、私はもう恐ろしさからほとんど正常な判断力をもてず、ただ指示された順路を進むよりほかに選択肢がなかった。順路に沿って進むと次の部屋が現れる。次の部屋にはベッドが並んでいて、天井に真っ赤な光がプロジェクションされていた。私はこの部屋に入ると真っ先に、次の順路に続く扉をさがした。できるだけ早く退出したかったからだ。……しかし、次につながる扉はどこにもない。どうやらここが行き止まりのようだ。私は追い詰められた。またあのミルキーウェイの部屋を通らないと、ここから出られないではないか。あの道を戻るのは怖いから嫌だ！　私はここでも判断する力を失っていて、展示だから見なきゃという気持ちからひとまずベッドに横になって天井のプロジェクションを眺め、どうやって戻ろうかと恐怖に震えながら思案していた。同時に、この状況で天井に怖い映像がプロジェクションされたらどうしようかと、本当に泣きたい気持ちだった。

　幸いプロジェクションはそういったものではなかったので、かなりの時間を動けずにそこで横になって身を固くして過ごした。そろそろ戻らねばと思ったとき、私はいったい何が怖いんだろうと自問してみることにした。帰り道できらきら光っているのは人間の身体であり、それはもしかしたら私の身体であったかもしれないものなのに、何をそんなに怖がっているのだろう、と。原爆の被害者の身体だから怖いのだろうかと考えたが、そういうわけでもないように思った。自分が今日一日こんなに怖がっているのは何なんだろう。そう思うと正体のないものを怖がっているようにも思えてきた。そこで少し勇気を出すことができて、来た道を戻った。浮かび上がる身体を、今度はできるかぎり直視しながら歩いた。行きよりも怖くはなかったが、それでも怖いと感じる気持ちは消えなかった。

そのあと、私は丸木美術館で《原爆の図》の図録を購入し、美術館の周りの美しい自然の写真を撮った。帰りのタクシーが来るまで何かしていないと気持ちが落ち着かなかったのだ。ちょうど彼岸花の季節だった。こんなに美しく大切な場所に、淀んだ怖さを持ち込んだ自分を許しがたいと感じた。帰りのタクシーの中でも、電車の中でも、私の動揺は続いた。とにかく怖い気持ちをどうにかしたいという思いと、逃げ出したいと感じたことへの罪悪感と情けなさでいっぱいで

あった。私は仕事に戻る前に、思い立ってカトリック教会に立ち寄った。教会に着くまでは何を神様に祈ったらいいのかわからなかったのだが、とにかく神様に話を聞いてほしいと思った。祈りながら私の心に浮かんできたことは、この私の心の汚れを祓いたいという思いだった。私が今日体験したこと考えたことを神様に聞いてもらい、私という人間の弱さや汚さについて許しを乞うために一心に祈った。

そんなわけで、私は沖縄フィールドワークに出かける前から、すでに恐怖のコップが満タン状態であり、同時に怖いと感じる自分への自責感を抱えていた。沖縄に行くことは勇気のいるミッションになっていた。沖縄フィールドワークへ向けて大江健三郎の『沖縄ノート』を読むと、自分がいかに戦争について知らずに、いや、知ろうとせずに生きてきたかを思い知って、ますます自責の念にかられた。大江健三郎が沖縄に起こったことに自責の念を表するたびに、そんな風に考えもしたことがなかった自分の小ささが申し訳なくなるのであった。

3. 回避の結果、自分のルーツが良くわからなくなっていた私のこと

その年の九月、私は仕事の都合でほかのメンバーに遅れること一日、沖縄に旅立った。後から沖縄入りしたこともあったかもしれないが、主に事前学習の段階から感じていた引け目が手伝って、全体の流れにうまく乗れない感じがしたまま、私のフィールドワークはスタートした。

冒頭で述べた通り、沖縄の精神文化について理解を深めることが今回のフィールドワークの目的のひとつであったため、沖縄のお墓を見せていただいたり、御嶽《うたき》に連れて行っていただいたりした。沖縄のお墓は一つひとつの区画が広く、清明祭《シーミー》と呼ばれる先祖供養の行事では家族親戚がそこに集まって宴会をするそうだ。小さな墓が所狭しと並ぶ東京の共同墓地とは大きな違いであった。また、琉球の信仰における聖域である御嶽や琉球八社のひとつである末吉宮に連れて行っていただいた際には、その場の空気の清さに驚かされた。私はいわゆるパワースポットのようなものはあまり信じていない方なのだが、浄化された場と普通の場がこんなにもはっきり違うのかという発見があり、清らかな場所にいると私の心も清々しくなるように感じられた。琉球八社のひとつである天久宮《あめくぐう》では宮司さんやユタの方のお話を聞き、お祓いをしていただいた。不思議なことだが、お話を聞かせていただいていると、どこからともなく黄色い蝶がやってきて私たちの周りを舞い始めた。それも一匹や二匹ではない。蝶は古代ギリシャ語でプシュケー Psyche であり、これは魂と同語であることはよく知られている。私はお話を伺いながら、沖縄の明るい光の中あちらこちらでひらひら舞う蝶が本当に魂の使いに見えてきていた。沖縄には私たち東京の人が持っていない精神性がたくさんあるように感じた。

沖縄に行くと、私たち本州の人間は「内地《ないち》から来た」とか「日本から来た」と言われる。私は初め、それを単なる方言だと思っていた。しかし、沖縄の方と話すうちにそれは少し違うのかもしれないということに気がつき始めた。恥を忍んで告白するが、私はこの沖縄フィールドワークに参加するまで、沖縄県が日本の一部であることに疑いをもっていなかった。沖縄県も大坂府も山梨県も東京都も同じ日本だというのっぺりとした日本観をもっていた。もちろんもともと琉球王朝があったところに薩摩藩が侵攻し、その後琉球藩が置かれ、第二次世界大戦後アメリカの統治下に入ったのちに日本の沖縄県となったという歴史自体は知識として知っていたのだが、そういった過去の歴史が現在の沖縄の精神文化にどのように影響しているのかということについて、恥ずかしいことにまったく想像したことがなかったのである。

そのことが、ひときわ明らかになったのは、バスの中での兼城さんとの会話だった。兼城さんは沖縄県出身のフィールドワークグループのメンバーであり、今回の沖縄フィールドワークではさまざまなオーガナイズをしてくださっていた。とはいえ、どうやらその日の予定はその日に決まるタイプのスケジュール感であったため、ひとつのインタビューや訪問が終わると、次はどうする、という会話が移動する車内で繰り広げられていた。いくつかの候補を話して、旧海軍司令本部壕の名前が挙がった。そのときに兼城さんが「僕は別にですけど、日本軍のところだから皆さんには祖先だと思うので行ったらいいんじゃないですか」と話してくれた。実は、私はそれを聞いて内心とてもびっくりしていた。日本軍は沖縄の人にとってはまるで祖先ではないというかのような口ぶりにも、そして日本軍が自分の祖先だと言われたことにも、さらに私自身がまったくそう思っていなかったことにも、それぞれ驚いていた。話し合いの結果、そのまま旧海軍司令本部壕へと向かうことになった。

旧海軍司令本部壕は那覇市から車で十五分ほど南東のところにある。周りは公園になっていて、その日は天気が良く、澄み渡った空の青と大地の緑のコントラストが美しかった。海軍司令本部という名前を聞いて私はすっかりコンクリート製の建物を想像していたのだが、そんなものはあたりにはなく、小高い丘に小さな資料館への入り口があるだけだった。それもそのはずで、旧海軍司令本部は地下壕なので、地中にあるのだ。資料館には、沖縄戦の経過と写真資料、壕の中にあった日本海軍の遺品や家族にあてた手紙などが展示してある。そしてその先に地下へと降りていく階段があり、下まで降りるとかつては四五〇メートルもあった地下道が続いている。地下道はアリの巣のように横穴が張り巡らされており、その全体が旧海軍本部壕である。

一九四五年五月末、米軍によって首里は陥落し、事実上沖縄戦の決着はついていた。しかし、実際にはそこから四万六千人以上の沖縄人が命を落とすことになる。なぜ戦闘は続いたのか。海軍司令本部は首里陥落後、多くの住民を伴って沖縄本島南端へと司令本部を移し、戦いを継続することを決めた。このとき戦闘員ではない住民が十三万人もいたとされる。そして、その際に第三十二部隊が引き上げたのがこの旧海軍司令本部壕である。この海軍指令本部は小高い丘に三千人もの兵士がつるはしやくわを使って穴を掘って手作業で作られた壕である。米軍の艦砲射撃に耐え、持久戦を続けるための地下陣地で、四千人の兵が収容されていたと言われる。玉砕が近づく六月ごろには多くの兵士があつまっており、下士官用の部屋では兵士たちが立ったまま就寝せざるを得なくなっていた。傷ついた兵士や時には遺体とともにこの狭い壕の中で日本兵がひしめき合う状況であった。米軍の激しい追撃は続き、追いつめられた海軍司令本部の司令官であった大田實少将は六月十三日に幹部と共に壕内の一室で自決した。その直前に沖縄の人々がいかに勇敢に戦争と向き合ったかを知らせる伝令を日本軍の司令官に送っている。後日、太田少将の遺体を探しに来た日本兵は、その場で一千人以上の日本兵が自決しているのを目の当たりにしたという。

そのころ、米軍は日本軍に対して休戦を申し入れて住民を保護することを検討したものの、実現はしなかった。六月十九日、最後の砲撃が始まり掃討戦が繰り広げられた。多くの住民は地下壕やガマ〔沖縄にある自然洞窟のこと〕に逃げ込んだが、そこに負傷した日本兵がやってきて住民を追い出そうとすることもあった。負傷兵も自分の身を守ることで精いっぱいであったという。極限のガマの中では次第に人々の人間性が失われていった。ガマの中で幼い子どもが泣くと米軍に見つかってしまうので追い出されてしまう。そのためその子のためを思って親が子どもを殺すこともあった。日本兵から「捕虜になれば男は戦車でひき殺され、女は暴行され殺される」と聞かされていた人々は集団自決の道を選ぶこともあった。沖縄における日本軍のトップであった牛島司令官が自決したのは六月二十三日のことであり、これにて日本軍の組織的戦闘は幕を引いた。しかし、牛島が自決の前に「祖国のため最後まで敢闘せよ。さらば、この命令が最後なり。諸子よ、生きて虜囚の辱めを受くることなく、悠久の大義に生くべし」と最後の命令を出したことで、その後も沖縄の日本軍はゲリラ戦を続け、八月十五日の終戦を迎えても投降することなく戦い続けた。一九四五年四月から九月の間の沖縄戦の犠牲者は一般住民約十万人を含め約二十数万人ともそれ以上とも言われている。

旧海軍司令本部壕の中の空気は湿度が高く、これまで経験したことがないほど澱んだものだった。もちろんそれが地下にあるということもあるし、人の手で掘られたものだから中にいると平衡感覚が狂うということもあるのだろうが、そこにいるだけであんなにも気分が悪くなる場所は初めてだった。ここへ来る前に訪れた御嶽やお墓とは真逆の、歪んでいて浄化されていない場所がもつ空気が身体に張り付くように感じられた。壕の中の見学を終えて、再び青い空のもとに出たとき、私は名状しがたい重苦しい感覚と吐き気を抱いていた。ここを訪れる前に兼城さんに言われた言葉が再び思い出された。「日本軍のところだから皆さんには祖先だと思うので行ったらいいんじゃないですか」。今度は、この言葉がさらに突き放すような響きを帯びて感じられた。そして、それこそが、この場が浄化されない理由を端的に説明していると感じた。ここで非業の死を迎えた兵士たちも戦争の犠牲者であるが、同時に沖縄の人から見たら彼らを戦禍に巻き込んだよそ者であり、加害者なのだ。この地に渦巻く邪悪とも感じられる澱みが戦後七十年以上の月日をかけても晴れていない理由はそれだと感じた。圧倒的に祈られていないところなのだろう。そして、それは私のこの地に対する態度でもあった。ここで散った日本兵の方々を、私が自分の祖先だと本当に思っているのであれば、私はおそらく彼らとその痛ましい死のために祈ったはずだ。しかし、私はどこかで彼らと自分が直接つながっている感覚をもてずにいた。確かに兼城さんが沖縄人だとしたら、私は日本人であり、そうであるならば彼らは私の祖先のはずだ。私が沖縄人ではない、ということは間違いなく感じる。しかし、私は本当に日本人なのだろうか。私が根差しているものは何なのだろう。このとき正直わからなくなった。いや、正確に言えばこういったことについてちゃんと考えてこなかったのだ。冒頭で述べた通り戦争について知ることも考えることも基本的に回避してきた私は、自分が日本人なのかという基本的なことさえきちんと考えずにこれまで生きてきたということに気づき、愕然としたのであった。

翌年の秋にも再びフィールドワークで沖縄を訪れた。今度の目的は新型コロナウィルス感染症の蔓延による延期を経て六年ぶりに開催される世界ウチナーンチュ大会である。このイベントに参加すると決めて初めて知ったことだが、沖縄は戦前から多くの移民を海外に送り出している「移民県」だそうだ。戦後沖縄が最も貧しかった時代には、海外に移住した沖縄の人々がつましい生活のなかから送金をしたことが沖縄経済を支えたという。この大会は、そうして海外に渡った人やその子孫が約五年に一度沖縄に集うという一大イベントだ。同年は沖縄復帰五十周年でもあり、世界ウチナーンチュ大会にも二十以上の国と地域から二千人以上の参加者が見込まれていた。

私たちは前夜祭のパレードに参加した。歩道を埋め尽くすのは県内から集まった沖縄人であり、各国・地域からこのイベントのために集まった沖縄にルーツをもつ人々が、プラカードを先頭に国際通りをパレードする。それぞれの国や地域の音楽や踊りを披露しながらにぎやかに通り過ぎる場合もあれば、横断幕を持って

沿道に手を振りながら歩いていく場合もある。

なにより私が感動したことは、沿道からかけられる「おかえり！」という声援だった。パレードに参加した方々のなかには、この日初めて沖縄の地を踏んだ方もおられた。そういった方にむけても、多くの沖縄の人が「おかえり」と温かい声援をかけており、その光景は沖縄にルーツをもたない私をしても、胸が熱くなるようなものであった。彼らは決して裕福な人ばかりではなく、この大会のために五年間かけて旅費を積み立ててやってくる地域もあるそうだ。沖縄というひとつの土地がこんなに多くの人をつないでいるということに強く感銘をうけた。しかし、それは同時に自分自身のアイデンティティやルーツの曖昧さを浮き彫りにすることでもあった。私がどこかに駆けつけたとして、こんな風に迎え入れてくれる土地はない。前回のフィールドワークを通じて自覚したそもそも日本人という感覚すら不確かな私と、こうして海外からやってきて自分のルーツとなる沖縄に迎え入れる彼らはなんて違うのだろうと思わずにいられなかった。

4．心理療法とルーツ

心理療法は、何らかの主訴を抱えたクライエントとセラピストが互いの人格を持ち寄って、クライエントがただその人自身として生きていくために、心の深層を共に旅していく営みのことである。心理療法の進め方に定石はないが、多くの場合心理療法の始まりには、クライエントの主訴と生育歴について詳細に聞く。最早期記憶や幼少期の様子から、友人関係・学業成績を含めた学校生活の様子、進路選択、家庭環境と家族関係、職業選択、転職歴など、その人の半生を語ってもらうのである。現在共に過ごす家族の職業やパーソナリティだけでなく、その家系や家業について話してもらうこともある。それは、クライエントのルーツやアイデンティティについてセラピストが理解するためである。沖縄で訪問したうるま市のいずみ病院の関連施設である老人保健施設のいずみ苑のロビーにはゴーギャンの「我々はどこから来たのか　我々は何者か　我々はどこへ行くのか」[下図]のレプリカが飾られているのだが、これは心理療法の大切なテーマであり、ある意味ゴールであるともいえるだろう。

　ユングは一九三九年チューリッヒ工科大学において、イグナティウス・デ・ロヨラの瞑想に関する講義で以下のように述べている。

> 癒しは病人をその人自身のルーツと再結合させられるかどうかに、かかっているからです。生きていると、私たちは必ず自分のルーツから切り離されます。それが、意識的な心《マインド》だけで生きる危険です。ですから、医療というアートの目的のひとつは、

人をその人自身の構成に戻して、もともとの基盤に従って機能するようにすることで、そうして、その人の生活規則に従って反応し、生きるようにすることなのです。[1]

心理療法の過程で起こることのひとつが、この「ルーツとの再結合」であろう。ルーツから切り離されて迷いのなかにあったあとで、自分をどこかに定位することによって、不確かな未来を歩んでいけるようになるクライエントの姿を何度も目にしてきた。先述したいずみ病院理事長で精神科医・芸術療法家の高江洲は心理療法が二人の人間のあいだで行われるものであることを重視して以下のように述べている。

精神療法[2]は本来的に無償の行為であり、二人の人間の出会いであり、旅であり、ドラマ（物語）である。そこでは、クライエント[3]が本来内在させている自己治癒力に沿って治療脚本が組み立てられる。精神療法家は人間改造をすることはできないし、すべきでもない。人は己の自我を背負って一生旅をするのであり、他者がこれを取り換えたり、組み替えたりできるはずもない。ただ、自己は他者と出合うことによって限りなく変遷していく。治療者側から見ても事は同じである（同じでなければ根源的な意味での精神療法は成立しない）。表現による自己の変遷に対して、いかに感受性を調整できるかが、治療者の特質である。表現の光と影は治療者自身の問題でもある。

二人の人間が一緒に心の作業に取り組むとき、互いに影響を与え合っており、それが一方通行であることはあり得ない。高江洲の言葉を借りれば、心理療法は二人の人間の出会い、旅、ドラマ（物語）である。

私はさまざまな人の心理療法を担当するなかで、本来は併走しているはずのセラピストである自分よりも、気がついたらクライエントが自分の前を歩いていると感じることが多々ある。それぞれ困難の渦中にあったクライエントが、心理療法のなかで自分と向き合い、己を知っていくプロセスを共に歩んだ先で、いずれクライエントは己の道を歩みだす。そのとき私はいつもその姿を後方からまぶしく見つめ、後を追いかけているように感じる。クライエントは私の前を歩いていて、私が入り込んだことのない領域にまで行ってしまうと感じるのだ。

ユングは心理療法について「私たちが患者と共に相同性の領域で動いているかぎり、治療的に根本的な何かが生じることはありません。それでは相互理解の基盤を敷くのがせいぜいといったところだということです。この相互理解の基盤は多様性に当たった際には助けになってくれるに違いありません。病のプロセスは、できるだけ早くこの多様性のなかに引きこもろうとするのです。しかし、差異性differenceが相手となると、一般に妥当とされる何らかの前提を基盤とせざるを得ないあらゆる方法論は失敗してしまいます。差異とのこうした対決に仮に名前を付けるとすれば、それを弁証法的方法と呼ぶことができるでしょう」（一部筆者による翻訳の修正）と述べており、先述した私とクライエントのあいだに生まれたギャップは両者の差異性として治療的な働きをすることも多々あるだろう。私が併走できなくなるという事態は、クライエントの個がきちんと動き出しているということでもある。

しかし、沖縄での体験を経た私はふと思う。心理療法のプロセスを経てクライエントは本当に私よりも前に行ってしまっているのではないか、と。すなわち、私自身のルーツが曖昧であるがゆえに、ある程度心理療法が進んだクライエントは私が併走できる限界まで達しており、その先に二人で進めないのだとしたら、それは私が私のルーツに深く根差すことができていないことが理由なのではないか。

5．長堀、「故郷」を失う

ちょうど初めての沖縄フィールドワークのころ、私は家族の抱える問題の渦中にあった。そしてまさにそのころ、私たちは研究会のなかでリービ英雄の『模範郷』を読んでいた。この小説は、アメリカで生まれたリービ英雄が六歳から十歳を過ごした台中の日本式住宅街である「模範郷」を再訪する物語である。そこはリービ英雄にとってルーツと感じられる場所でありながら、五十二年間一度も訪れていない場所であった。彼はそれまでその場を探し求めて、小説に書いたり、中国の奥地に行ってその面影を訪ねたりするが、それは本当の故郷の再現にはならなかった。しかし、現実に失われた故郷を見てしまったら、もう後には戻れないほどにそれが崩壊してしまうという危うさへの予感から、長いあいだ台中を訪れることを忌避していた。その彼が実際に「模範郷」を訪れたときに、「何語にもならない」思いがあふれ、ゆらぐ情感と過去の思い出と故郷の現在が寄せては返す波のように綴られていく。

偶然にも、そのとき私も故郷だと自分が思っていた場所をめぐる問題に突き当たっていた。もっと言えば、私は故郷を失いかけている、と感じていた。私は幼少期をある地方都市で過ごした。父方祖父母の故郷はその都市からさらに田舎にあった。父方の祖父は田舎から東京に出て、一代で身を立てた人で、東京と田舎を行き来しながら仕事をしていた。父はその田舎の県庁所在地で仕事をしていた。冒頭で述べた白雪姫の絵本や『スリラー』の記憶はこのころのものである。私にとってその都市で暮らした記憶は色濃い。うだるような暑い日に住んでいたマンションの窓に射す木漏れ日とセミの声、補助輪付きの自転車で河原まで行く途中にあった大叔母の住む古民家の暗い板の間と土間、家の向かいにあったお豆腐屋さんが豆腐と一緒に包んでくれるからしの色、夏休みに田舎の祖父母の家に親族みんなで集まって食べる朝食、海水浴の後砂まみれの身体で車に乗り込んだときのジャリジャリとした感触、幼稚園のとなりの市役所の花時計、冬場の重たい雨雪の空。振り返ると懐かしく、断片的ではあるが私のなかでは自分を形作る大切な何かであった。たった四歳までしか過ごさなかったその場所を、小学生のときに祖父が亡くなってからはほとんど訪れることのなくなったその場所を、私はいつも心のどこかで故郷だと感じていた。それはちょうどリービ英雄が五十二年間訪ねないことによって守ってきた「模範郷」と重なるように感じられた。

私がこの故郷を失いかけていた理由は、平たく言えばみんながみんな家族の問題を長いあいだ放置してきたからだった。祖父が亡くなってから、親族のあいだでずっといびつなかたちで、見ないようにしてきたさまざまな現実が一度に表面化したにすぎず、いざ目の当たりしたときには若干驚きはしたが、どこかで知っていたという感覚があった。亡き祖父母の遺したものによって緩やかにつながってきたと思っていたものは、現実にはすでに壊れていたのだと思う。私が故郷であると何の疑いもなく思っていた場所は、急によそよそしくなってしまった。それどころか時には敵対的に感じることさえあった。だからこのとき『模範郷』は私のテーマにぴったりで、読みながら心が苦しくなった。故郷を失いかけると書いたが、物理的にその場所に二度と行けなくなるということ以上に、私はその場所から心理的に距離を置かなくてはならないと感じていた。当時の私は、『模範郷』を読んだ感想として、「故郷を保存するという行為自体の欺瞞には、なかなか耐えられるものではない」と書き残しているが、これはリービ英雄のことではなく、私自身の思いだったと思う。故郷とは、具体的な場所だけを示すのではなく、その場所にある空気や人とのつながりや自分のなかの熱など諸々がないまぜになったものである。現実のなかで私の故郷はもう壊れているのに、心のなかだけにあたかも美しい故郷が残っているなどということは、まったくの欺瞞であるとそのとき私は感じていた。そして、そう感じることで私が一番驚いたのは、人は心理的に故郷を失うことができるのだという事実であった。

多くの人にとって故郷はひとつのルーツであろう。しかし、私にはもうそれもなくなってしまったかのようだった。日本人でもない、故郷の人でもない、私のルーツとはなんなのだろうか。そんな思いを抱えながら私は東京という都市で暮らしていた。東京の街にはさまざまなルーツの人がごったがえしている。これが祖父母の田舎なら、違う県のナンバーの車が通っただけで目立つわけだが、東京ではいちいちその人がどこのだれかなどということを気にしない。ふらっと一人で飲み屋に入れば、隣に座った人と、誰でもない人間として出会うことができる。ユングは一九三九年の時点ですでに「現代の大きな困難は、都市生活者が根無し草であることに起因している」と指摘している。ユングはもちろんこのことを問題としてとらえているわけだが、実際都会にいれば、自分のルーツなんて考えないで生きることができる。それは必ずしもいいことではないのかもしれないが、もはや何者でもない私のような人にはある意味救いでもあった。

6.「火宅の人」

故郷を失いかけているという問題は、私の心理的な問題であると同時に、私の家族のピンチでもあった。我が家はまさに火宅であったと言えるだろう。火宅という言葉は仏教用語で、この世の煩悩と汚濁と苦悩にまみれて安住できないことを、火事になった家から逃げようとせずに遊び続ける子どもたちの姿に喩えた言葉である。

檀一雄の代表作でありまた遺作でもある『火宅の人』は、足掛け二十年間にわたる連載作品である。私小説とも言われているが、実際には虚実を織り交ぜた小説であると檀は語っている。

主人公の桂一雄は妻と、日本脳炎による麻痺をもつ次男のほか四人の子をもつ作家である。

しかし、彼は若手女優を愛人に囲い、通俗小説を量産しながら、自宅を放り出して放浪を続けている。日々出版社からお金を前借りしてまで放蕩の限りを尽くす一雄は、自分の性分として立ち止まることができない。だから、家族のピンチが訪れてもいつもどこかその性分の仕方なさで乗り切ってしまう。そうして、彼は誰といてもどの場所にも深く落ち着くことができずに「天然の旅情」に誘われて各地を転々とし、多くの女性との関係もいつも最後は自分から壊すようなことをしでかしてしまう。そんな彼が愛人との関係が不安定になってきたときに、たくさんある宅のひとつである目白の小さなアパートで我が身のために豪快に煮炊きして酒を煽るシーンでのモノローグが、以下のものである。

少年の時以来、自分一人でする煮炊きと飲食《おんじき》にあまりに深く馴れすぎてしまったのではないか。そうだ。一〇歳になるかならぬ頃、母が家出をしてしまってからと云うものは、自分の食べるものは、自分で見つくろい、自分で煮て、自分で喰う……、この永い習性が、私を特定の女性との持続的な親愛から、もぎはなしてしまうのかもわからない。［中略］この異様な、自分一人でする飲食《おんじき》の歴史が、いつも、私を、なんとはなしに家庭的な団欒や雰囲気からはじき出してしまうのかもわからない。家庭の側からではない。自分自身の側からである。

誰と共にいても、いつも自分の側から温かい人間関係を切り離してしまう性分について、一雄は自分のルーツからくる習性として述べる。このときすでに文壇で認められており決して若くはない一雄だが、その間のさまざまな人生経験にもかかわらず、この性分を手放すことを頑なに拒んでいるように見える。それは一見彼のアイデンティティとも言えそうなものに見えるだろうが、そのことが徐々に一雄のあり方をバラバラにしてくという展開がこの小説の迫真の部分であると感じられる。

物語の後半、長男が十代にして女性を妊娠させたという話を妻から聞くや否や、一雄は家族も愛人も置いて東京を飛び出し、別の女性と長期の旅に出る。以降長男のことは一切語られない。その代わり、一雄が当時ハマっていた、ツイストパーティーの狂乱が圧倒的な虚しさを伴って、読者に迫ってくる。

……残りのビールを片手に握って、踊る群衆の間をかきわけながら、

エイエイ　オウオウ

押し合い、へし合い、の真唯中《まっただなか》に割り込んでいくのである。

私は和服の着流し、帽子はあみだ、ビールはラッパ飲み。それでも彼らと調子を合わせながら、身をもみ、腰を振り、足をよじらせて、浮かれ踊ってゆくと、私の生涯がツイストさながら、まるっきりうつつ心地を失って、人間の長大な群衆の波濤《はとう》の中に、泡立ち、もがき、嚥《の》まれていくあんばいで、額からは、いつの間にかタラタラと滝のように滴り落ちる汗である

燃え盛る家の中、それに気づかないふりをして刹那に身を投じ、精一杯の生を生きる。いや、気づかないふりというのも正確ではないのかもしれない。どこかまではおそらく無意識であり、どこかからはおそらくわかっていても仕方ないのだろう。エイエイ　オウオウの中でしか、実感されない生というものがあり、忘我の最中にしか生きられない生もあるのだと感じられる。しかし、読者から見れば、もちろんこれはある種の回避であり、問題の本質と向き合わずに命を燃やす火宅のあり方であると言えるだろう。

最終盤、愛人と別れ、日本脳炎の息子を亡くしたあたりから、一雄は本当に解体していく。それでも酒を飲み小説を書き放蕩する自分を手放さない。最後は、四軒もの家を持っていながらどの家からも受け入れられず、神楽坂の場末のホテルの一室で、一雄はゆきずりの女にさえ相手にされないようになっていく。あれだけこだわっていた一人飲食《おんじき》も、大量に食材を買い込んでは、それをクーラーボックスの中で腐らせる。そして、ゴキブリが這い回り飛び回る部屋で、ウィスキーを煽りながら小説を書き続ける。そこで最後に一雄は独白する。

「なーんだ!　オレ、ヒトリボッチ!」

ふと思うのは、火宅にいたのは私だけなのかもしれないということだ。私は多分、我が家が燃えていることをかなり幼いころからどこかで知っていた。とうに壊れていたものを直視せず、それを見つめることを回避するという家族の在り方を、少なくとも私は我が身に引き受けていたところがあるように感じられる。それは幼少期から、怖いものが大嫌いで目を逸らすような回避的な在り方が表象するように、私の身に染み込んだ性分であって、何かがあったとしてもそれを見ることが怖くて嫌でたまらなかった。

見るべきものを見ないで生きるからといって、自分の人生すべてが色づかないわけではない。それは一雄が「天然の旅情」に誘われて各地を転々と旅する合間にも、またツイストの熱狂のなかで身を捩るその瞬間にも、彼は彼なりに懸命に生きていることと似ている。丸木美術館の「Milky Way before the beginning – after the end 2021」の展示の奥の部屋で、横になって怯えながら天井を見上げていたとき、私はなんとかこの状況を打開したいと考えていた。どこかに抜け道がないのか、ずっとここに寝転がっていたら何かが変わるんじゃないか、一生懸命考えたら何かいい案が浮かぶんじゃないか、そんな風に考えていた。あのときの私だって必死だった。はたから見たら、私はベッドの上で天井を見上げていただけに過ぎない。でも、私はそこで足掻いて、考えて、なんとかなるんじゃないかという希望を抱きながら、ただ横になっていた。回避するという言葉は、単に「苦手なものを避ける」という意味しかないように思われるが、当人にとっては回避しながら懸命に何かを頑張ることで、別の道がひらけやしないかという希望に縋る涙ぐましい努力である。そのプロセスで得た経験にも一縷の真実の経験がありやしないかと思わずにいられないが、同時にそれは幻想かもしれないとも思う。

そこは火宅である。私も、そして一雄も、自分の性分を引っ提げてそして、最後はどんなに怖くても来た道を、一人燃え盛る家へと戻るしかないのだろう。きちんと向き合えば、回避することでなんとなく真実っぽい雰囲気で繋いできた物語が実はバラバラであることがわかる。
それでも私たちは、一人ひとりがいま、目の前にある人生を自分の性分を背負いながら懸命に生きている。一雄の物語が多くの人の胸に残るのは、彼の在り方にどこか読者の在り方が重なる部分があるからであろう。

7．回避と物語と解体

宮崎駿の『天空の城ラピュタ』に、世界を支配しようとするムスカに対してシータが言うセリフがある。

今は、ラピュタがなぜ滅びたのか、私よくわかる。ゴンドアの谷の歌にあるもの。「土に根を下ろし、風と共に生きよう。種と共に冬を越え、鳥と共に春を歌おう」。どんなに恐ろしい武器を持っても、たくさんのかわいそうなロボットを操っても、人は土から離れては生きられないのよ。

回避して生きることとは、土に根を下ろさずに生きることだ。自分がこの世の現実という大地に根差している、自然の一部だということに抗って、いつも不自然でばらばらな存在でいることをどこかで希求している在り方と言えるかもしれない。自然は大地を含んでいて、風や空気や見上げる木々のあいだの木漏れ日だけが自然ではない。土に根を下ろすとは、きちんと仕事をもって働くことや、目の前にあるやらなくてはならない勉強に取り組むことや、助けが必要な家族のために手を貸すことや、面倒でも大切な人との人間関係にかかずらうことだったりすることも含まれるだろう。一雄が居を一箇所に定めずに、あちこち転々と暮らしていた様子は、まさに根無草のありようであった。私の場合、放っておくと、自分がまるで宙に浮いた存在であるように、まるで空気の中に溶けてなくなっていくことができるように感じてしまうことがある。できるだけ固まらずに、言い換えれば自分にならずにいたいし、おそらくある程度はそういう風にできてしまう。それは、現代ではある意味生きながらにして、生きていないという生き方になるのかもしれない。私というものがありながら、私というものを消していくような心の動きが自分のなかで蠢いているような状態である。

沖縄を経験して、そして故郷と思い込んでいたものを失ったと気づいた私は、自分の生き方を「否定」のかたちでしかとらえられなくなっていった。否定といっても日本語的なネガティブにという意味ではなく、「〜でない」「〜がない」という意味での否定である。故郷はなく、祖先とのつながりも深く感じない、自分というものもそれほどない、そんな風な自分だと感じてきた。

こんな風に書くと、きっと自分のルーツやアイデンティティを模索するという方向にいきそうなものである。しかし、ルーツやアイデンティティを探して決めつけようとすること自体はおそらく「狩られる動物の目」をしてしまうことになるのだと考えられる。

「狩られる動物の目」はユングの「象徴的人生 The Symbolic Life」という論文に出てくる、ある女性の事例で使われた言葉である。[4] ユングはある日、三回目の世界一周旅行をしている女性と出会う。ユングは何のためにそのようなことをするのかを彼女に尋ねるが、そのとき彼女の目をのぞき込んで驚く。彼女は狩られる動物の目をしていたのだ。探して、探して、探して、常に何かの希望のなかにいる。「あなたはいったい何を求めているの？」とユングは尋ねるが、彼女はほとんど悪魔に追い立てられ憑依されているかのようだった。ユングは、それは彼女が意味ある人生を送っていないからだと述べる。もし彼女が今日殺されても、何も起こらないし、何も消えない——なぜなら彼女は何でもないからである。そして、ユングは以下のように述べる。「もし、彼女が月の娘ですと言えれば、彼女の人生は意味のあるものになります。象徴的な人生を生きていると感じているとき、それは平和をもたらします。それが人生に唯一の意味を与えます。自分の人生が意味のあるものであるということに比べれば、キャリアも、子どもを産むことも、すべてがマーヤー〔幻想〕です（筆者による要約）」。

神が生きる意味を与えてくれる時代が終わった近代以降、私たちは自分が生きる意味を自力で見出さなくてはならなくなった。ユングが言うように自分を超えた象徴的なものとつながることができれば、生きる意味が生まれてくるだろう。沖縄に行くと、こうした象徴的なものがいまでもどこかで息づいていることを感じる。しかし、実際に現代にはもう象徴的な人生を期待することはできない。現代の人々の心は原初的な世界との一体感とは切り離されており、はっきりとした人生の意味や自分のルーツを決めることはできないのではないかと思う。あらかじめ与えられた意味や、自明のルーツから連なる人生を、私たち現代人は失ってしまっている。河合隼雄は、象徴性を失った私たちに必要なものは「物語」であると説く。

人間というのはそもそも矛盾をはらんでいるものであって、その後人は生きている存在として、自分はこういう風に矛盾しているんだとか、なぜ矛盾しているんだろうということを、意識して生きていくより仕方ないんじゃないかと、この頃思っています。そして、それをごまかさない。

この矛盾をはらみながら生きるときに、折り合いをつけるのが「物語」であると言われてきた。しかし、それは私の場合にも本当にそうなのだろうか。もし物語を「作ろう」としてしまったらそれは再び欺瞞の世界に落ち込むことになるという気持ちと、私が私の物語として何かを固定的に定めることへの抵抗感の両方を感じる。三回目の世界一周をする女性のように、人生の意味を探して探してを追うことも、その状態を脱するために「物語」を作ることも、河合がいうような矛盾を抱える生き方には通じていない。私にとって必要なことは、おそらく「何もない」ことから始めることだろう。

家族の問題が浮上したあと、私の家族はいろいろな意味で危機を迎えた。そのひとつが父親の精神的不調であった。初めのうちはある程度了解可能な不安やうつ症状を訴えていた父の主張は次第に拡散していった。ことのきっかけは明らかであるにもかかわらず、そのことには一切かかわりをもとうとせずに、些末な日常の訴えを繰り返すようになった。回避し続けたことで起こった事態をさらに回避し続ける。そうすることで父は統合された人間の姿を失っていき、徐々に解体されて行っているように見えた。

私はそんな父を目にするたびに、デュシャンの「階段を降りる裸体No.2」[右図]を思い出す。人間の動きをバラバラに解体して描いたこの絵は、一切の物語をもたない現代の主体を表しているように感じる。そこに在るのは体と動きだけである。父は今回失った家族の物語について、その後新しい物語を紡ごうとしない。ただ、日々の些末な出来事に不安になり、愚痴をこぼし、腹を立て、落ち込んでいる。そして誰か・何かが自分を楽にしてくれるのをじっとしながら待っているように見える。まるで、中身がなく動きだけのデュシャンの描く裸体のようだ。そしてこれは何も父だけのことではない。私も同じである。私も回避し、バラバラになったまま、ただ日常のなかで目の前のことを行って生きているに過ぎない。一方でユングは一九二五年の講義のなかで、この絵画について、「客体の価値低下」「本質的なものから非本質的なものへと強調点の移行」というプロセスがあることを指摘している。そして、「このプロセス

は不可避的に客体から主体への関心が移ることを導き、現実の客体ではなく、内的な客体が価値の担い手に」なるのだと述べる。つまり、ユングはこうした外側の解体から、内面的なものへと関心が移行することを期待していた。ユングは「現代アートは、つまり、まずはこうした外的価値を低下させ、その対象を解体することで始まり、基盤となるものを探し、対象の背後にある内的イメージ――影像を探したのです」と解体の先に自分自身の新しいルーツとなりうるものとの再結合を予感させる言説でこの解説を締めくくっている。[5] はたして解体の先に自分の内的なイメージとつながる道があるのだろうか。

8．生き物としての「私」と心

都市の中でバラバラなまま暮らす。私はもともとどこか壊れていて、ルーツなどなくてもそれなりに生きていけるし、解体したままどこまでいけるのか自分を見届けたい。そんな思いが生まれてきていた矢先、自分のなかに小さな命が宿ったことを知った。同時にいつ終わるとも知れない体調不良が始まった。私は一日中続く船酔いのような気持ち悪さに日々苛まれるようになった。なんとか機敏に動ける時間は日中の短い時間のみで、それでも常に気持ち悪さと寒気との戦いであった。新しい命が健やかに成長するために体が急激に変化するなかで、ある日夢を見た。

ディズニーランドのようなテーマパークに来ている。建物の中に入ると、アトラクション本体は壊れて朽ち始めている。だから他の客はいない。どうやらベイマックスのアトラクションのようだ。そして、これから改装するらしい。アトラクションは白い宇宙船らしき近未来的なデザインで、それは傾いてところどころ壊れて欠けている。アトラクションとしては完全ではないものの、しかし、私が近寄るとまだ動くことがわかる。それを見て、私にはそれがかつてどんなアトラクションだったかがなんとなく伝わる。

ベイマックスはディズニーアニメーションのキャラクターで、マシュマロのような見た目の白くて大きなロボットである。元は、ケアロボットとして造られたそうだ。つまり、この夢は他者をケアするロボットの中身が壊れていて、それをこれから修理するという夢である。これは、子を宿した私の壊れた内面が、出産に向けて修理されていくことを表しているように感じられた。

実際、先述したようなどこまでもバラバラに解体されていくという心の志向性は、自分の妊娠を知ってからどういうわけか、なりを潜めた。その代わり、日々の体調のこと、今後の仕事のこと、家族のこと、食事のこと、役所での手続きのことなどを考えざるを得なくなった。「私の存在ってなんなのだろう」などと実存的なことを考えることは減り、否応なしに現実的な生活に比重を置かざるを得なくなったのである。回避をやめて土に根を下ろすことについて先述したが、それはまさに非常に具体的なレベルで行われるようになった。妊娠の初期はつわりで、中期には貧血で、後期は息苦しさや嘔気で、私は実際に床を這っていた。地面とお友達という表現は言い得て妙だなと感じるほど、以前と比べて横になっている時間が増えた。妊娠という生物のプログラムは、私を大地へと心理的にも物理的にも繋ぎ止める非常に強い引力を有しているのだった。しかし、私のなかではっきりしていたことは、夢の中でリニューアルされようとしているのは、あくまでベイマックスというケア機能の側面であり、バラバラになった私全体ではない、ということだ。子を宿したからといって、私に確固たるルーツが生まれたり、アイデンティティと感じられるものが芽生えたりしたわけではない。それにもかかわらず、母になるために必要なケア機能が急速に修復されて、作られていくと、まるで私はその側面を中心にまとまりを持っていくかのような感じを抱くようになっていった。

このような変化は、私が良く考えたり、何かに取り組んだりしてそうなったことではない。もっとずっと生物学的・動物的なものではないかと考えられた。さらに言えば、それはおそらく突貫工事で、必要性に迫られて作り上げたまとまりに過ぎないのではないかとも思われた。しかし、私自身にとっては現実に実感として自分の中に生まれていたものであり、それは私を圧倒的に「生」の世界へと引っ張っていく何かであった。私は、現実性やまともさや、生きることや健康でいること、そういったことを自然と大切にするようになった。桂一雄の物語やデュシャンの絵に共感を覚えていた私はどこにいってしまったのだろうと思われるほどの心理的な変化であった。

妊娠前バラバラの気持ちで過ごしていたときの私のほうが、ルーツのことや自分というものの曖昧さをよっぽど感じていた。妊娠を通じて私はそういったベースの部分は何も変わらないはずであるにもかかわらず、世界とのかかわり方が変わってしまったかのように感じられる。中村佑子は「胎児という他者を宿すことをプログラム化された身体を持つことが、自己同一性の揺らぎを生む、苦悩と悦びの入り混じった女性の感受性につながる」と述べている。確かに、体の内側に、文字通り他者が入っているということは、妊娠の非常に独特な体験である。妊娠した時点で私は私だけの存在ではなく、そして、夢にあったよう自分の内面で母というケア機能が強制的に修復されていくというのは自分の意志の力を超えたものの動きである。そこには、私自身の望みや希望や作為は挟まれる余地がない。「私」というものがこんなにも「生物としての私」に左右されやすいとしたら、私の心とは一体なんなのだろうと思わずにいられない。私は、それまで感じなかった不思議なまとまりを自らの内側に感じるという意味で、妊娠を通じて「私」というものがいかに揺らぎやすいものかを感じるようになった。

不思議なことに、私の妊娠という生物学的な変化は、私の心のありようを変化させただけでなく、なんと父にも影響した。精神的な不調に陥った後、父は携帯電話を怖がるようになった。連絡が来ることも、連絡をすることも不安になるようだった。状態が悪い日には一日を寝て過ごし、母としか会話をせず、家から出ることさえも困難な時期もあった。私は家族の変化が父の負担になるのではないかと心配し、安定期に入って初めて父に自分の妊娠を告げた。そしてしばらくしたある日、父から電話がかかってきた。父からの電話など本当に久しぶりであった。電話をとると、なんと一人で電車に乗って有名な神社まで安産祈願のお参りに行ってくれたというのである。父が一人で外出した、しかも電車に乗って！　体調は必ずしも芳しくない状態であっただろう父をそのように動かした生命の力に、私は喜びと驚きと、それに勝る畏怖を感じたのだった。

「私」というものは不思議なもので、バラバラに解体したままでいようと思っていたら、かえって強い生命の力によってその動きが反転させられてしまった。回避し、解体し、バラバラになった「私」のままではいられず、何らかの不思議な影響力が働いて、ある種の生物的なものによって地に根を張って生きるようにさせられているかのようだ。それは、ある一定の極に達すると反転する川の流れのようであり、自分の心というものが自分にとってのまったくの他者性を含むものであることを実感させられる。妊娠して床に臥していた私は、限りなく大地に近いところでべっとりと寝そべって、自らの体内にもうひとつの命を育みながら、徐々に歪なまとまりを内側に作り出しているところである。

註

［1］参考文献に挙げた Jung, C. G. (2023). *Jung on Ignatius of Loyola's Spiritual Exercises: Lectures Delivered at ETH Zurich: 1939-1940* より。

［2］精神療法と心理療法はともに psychotherapy の訳であり同義である。

［3］もとの表記を筆者の判断で本章の内容に合わせて改変した。

［4］Jung, C. G. (1954). *Das symbolische Leben. Üb. aus E. Die Gesammelten Werke von C. G. Jung. Bl.18*, §629-630.

［5］C・G・ユング（横山博監訳）『分析心理学セミナー　1925年、チューリッヒ』（みすず書房、二〇一九年）より

引用参考文献・映像資料

Jung, C. G. (1937). *The Reaities of Practical Psychotherapy*. Adler, G. & Hull, R. F. C. (Series Ed.) Collected works of C. G. Jung, Volume 16, 2nd edition, 1966, Princeton: Princeton University Press.（横山博監訳「心理療法実践の現実」『心理療法の実践』みすず書房、二〇一八年）

Jung, C. G. (1954). *Das symbolische Leben. Üb. aus E.* Die Gesammelten Werke von C. G. Jung. Bl.18, 1981, Olten: Walter-verlag: *The Symbolic Life*. Adler, G. & Hull, R. F. C. (Series Ed.) *Collected works of C. G. Jung*. Volume 18, 1976, Princeton: Princeton University Press.

Jung, C. G. (2011), *Introduction to Jungian Psychology: Notes of the Seminar on Analytical Psychology Given in 1925*, Bollingen Series ed. McGuire, M., ed. and introduction Shamdasani, S. (Princeton, NJ: Princeton University Press), 98.（C・G・ユング（河合俊雄監訳）『分析心理学セミナー１９２５　ユング心理学の始まり』創元社、二〇一九年、C・G・ユング（横山博監訳）『分析心理学セミナー　１９２５年、チューリッヒ』みすず書房、二〇一九年）

Jung, C.G. (2023). *Jung on Ignatius of Loyola's Spiritual Exercises: Lectures Delivered at ETH Zurich: 1939-1940* (Philemon Series, 7), Princeton: Princeton University Press.

一般社団法人沖縄観光コンベンションビューロー、旧海軍司令部壕事業所編『〝壕〟は語る　戦争の悲惨さと平和の尊さを～平和学習のために～』旧海軍司令部壕事業所

大江健三郎『沖縄ノート』岩波新書、一九七〇年

岡村幸宣編、丸木位里、丸木俊、小沢節子、ジョン・W・ダワー『原爆の図　丸木位里と丸木俊の芸術』原爆の図丸木美術館、二〇一九年

小川洋子、河合隼雄『生きるとは、自分の物語をつくること』新潮文庫、二〇一一年

高江洲義和「表現による治療　絵画療法を中心に」「こころの科学」第四号、日本評論社、一九八五年

檀一雄『火宅の人　上・下』新潮文庫、一九八一年

中村佑子『マザリング　現代の母なる場所』集英社、二〇二〇年
リービ英雄『模範郷』集英社、二〇一六年
ＮＨＫスペシャル『沖縄戦全記録』二〇一五年六月十四日放送（※ＮＨＫオンデマンドで視聴可能）
宮崎駿（監督）『天空の城ラピュタ』スタジオジブリ、一九八六年

コラム　現代の魂をめぐる相克としての水俣病

細川一の痛みと真実

北山　純

水俣病は一九五〇年代に発生した公害病であり、歪んだ手足を震わせて苦しむ患者さんの映像は、誰しも一度は目にしたことがあるものと思います。熊本県水俣市にあるチッソ社の化学工場から排出された、メチル水銀化合物が原因であることは広く知られています。水俣病については、医学や化学のみならず、社会学、環境学、ひいては石牟礼道子氏の著作に代表されるような文学作品に至るまで、それに関連する膨大な量の研究・表現が既に生まれています。私は、あるときから水俣病が自分のルーツと関わり合っていることを知り、極めてパーソナルなテーマとして、水俣病について少しずつ見聞するようになりました。このコラムでは、チッソ水俣工場付属病院長だった、医師である細川一（一九〇一～一九七〇）について取り上げ、水俣病をめぐる魂の動きについて考えてみたいと思います。

まずは細川と水俣病との関わりについて、有馬、宮澤を参照して整理していきます。一九五六年に、原因不明の中枢神経系の症状を呈した症例を診察し、水俣保健所に報告したのは細川でした。その原因として疑われたのは、勤務先でもある工場が排出する工場廃液でした。細川は医師として、予防対策と被害者救済によって早く問題解決をすることを主張しますが、工場長は生産の維持や工場を守ることを第一に考えていました。一九五九年、細川は工場排水を与えた「猫４００号」が水俣病症状を発症することを突き止めて会社側に報告しますが、会社はその結果を公表しませんでした。同年末にチッソ上層部は、被害にあった漁民との間で見舞金契約を結び、形式的にはこれをもって水俣病問題の幕引きを図ろうとします。以後、チッソ社の工場排水が水俣病の原因であることは表に出ず、一九六八年に政府が工場排水に伴うメチル水銀を水俣病の原因として発表するまで、排水はそのまま流され続けたのです。細川は一九六二年にチッソを辞し、故郷である愛媛県で医師生活を続けます。しかし一九六五年に新潟県でメチル水銀中毒事件が発生し、現地に行って患者の病状を見て、水俣と同じことが起きていることを知ります。一九七〇年には、がんを患い余命いくばくもないなかで、病床で水俣病第一次訴訟のための臨床尋問を受け、猫４００号の発症を会社側に報告したことを証言します。その数か月後、細川は六十九歳でこの世を去りました。

有馬の指摘があるように、一九六八年に国が工場が汚染源であることを認めるまで、検察も、警察も、水俣病事件を犯罪として立件したことはありませんでした。水俣市自体の税収の多くをチッソ社が担い、多数の市民がチッソに関わる企業城下町であったこと、チッソの生産する化学製品が我が国の産業自体に与える影響も大きく、政府も被害者積極的な対策を取ろうとしなかったことなど、時代背景がこの問題を増幅させたことも無視できません。

これらの事象を、深層心理学的な観点から検討してみます。ギーゲリッヒは、人間が生産プロセスの幸福のために存在し、マネーに奉仕することを強いられるが、それこそが今日に通用している独占的な価値であり、リアルな魂なのだと論じています。彼が述べるように「個人自身の資質としてのアイデンティティを排除し、利潤の最大化という一つの大きな抽象的目標の下に、あらゆる個人を論理的に従属させ」、それが「魂の力強い『自律的な』運動に内在するプログラムや論理」であるとするならば、個人のみならず企業や国家を超えた圧倒的な魂の動きとして利潤の最大化が目指されていた現象として、水俣病を捉えることができるのではないでしょうか。もちろん「水俣病が起きたのは時代背景からやむを得ない」「その被害にチッソや国は関係していない」といった論点で、現実的な責任性から目を背けようとしているのではありません。チッソや国を大きく超えた絶対的な力が、利潤を求める大きなうねりを生じせしめ、数々の痛みを生み、そこでは、患者・被害者という「個」だけでなく、一研究者として誠実に水俣病に向き合おうとした細川の「個」も苦悩の渦に巻き込まれました。その際に、その圧倒的な魂の動きに差異を投げかけるものが、個の保持し続けていた「真実」であることは、細川の人生が教えてくれる現代性への示唆なのではないかと思うのです。

（本稿は「令和五年度　学習院大学人文科学研究所共同研究プロジェクト」における研究成果の一部です。執筆にあたり、同プロジェクトの助成を受けましたことを記して感謝いたします。）

参考文献

有馬澄雄「チッソ社内研究と細川一　ネコ４００号実験まで、そしてその後」有馬澄雄、内田信著、水俣病研究会編『〈水俣病〉事件の発生・拡大は防止できた』弦書房、二〇二二年
W・ギーゲリッヒ「「個人」と「集合」の対立　心理学の基本的欠陥」本書第七章
宮澤信雄「入江メモ「細川先生の話」解題」「水俣学研究」第3号、熊本学園大学水俣学研究センター、二〇一一年

第五章　私というものの姿

猪股　剛

はじめに

私の小さな体験から、この小論を始めてみたい。

あれは、はじめてベルリンに滞在したときのことだったと思う。何年かドイツに暮らしてみようと思い日本を出て、ベルリンにたどり着いた。まずはなんとか言葉を話せるようにならなくては、と語学学校に通ってみた。しかし、いつまで経ってもまともにドイツ語を話すことはできなかった。コミュニケーションは成り立たず、いつまでも旅行者でしかないことが苦しかった。自分の足ではどうやってもベルリンの土を踏むことができないような感覚になり、足元の軽さが耐えがたく感じられていた。しだいに自分が何をしにきたのか、何をしているのか、よくわからなくなってきた。

そんなとき、同じように語学学校に通っていた一人の日本人女性と話をするようになった。ドイツ語を学びたかった私は、それまで日本人とは表面的にしか付き合っていなかったが、なぜか彼女とは話をするようになっていった。いま思い返してみても、はっきりとした理由はわからない。クラスで浮いていた私に彼女が同情してくれたのかもしれないし、私が自分と同じように浮遊する雰囲気を持った人に心を開いたのかもしれない。彼女は、一年の期限付きでドイツに来ていて、その一年間で語学と声楽を学ぶと言っていた。ドイツ語学校に通うと同時に、歌のレッスンに通い、また毎週のように劇場に音楽を聞きに出かけていた。彼女に誘われてはじめて見に行ったワーグナー歌劇で、涙を拭うこともなく歌を聴き舞台を見ているその姿は、舞台そのものよりも私の目に強く焼きついた。詳しく話を聴いてみると、あと数ヶ月すると日本に帰り、親の決めた見合いで結婚をすることになっていると言う。日本で家族ぐるみで信仰している宗教の話を聴き、そもそも結婚とは世界的な企業で働いていくために必要な人脈作りであるという話を聞いたりした。聞けば聞くほど、経済的には恵まれて、社会的にも地位のある安定した環境に生きていながらも、どこにも居場所がない人なのだと感じるようになった。

そんな話を聞くようになった頃、語学学校が休みの日に、久しぶりに歌劇に誘われた。シュタッツ・オーパー・ウンターデンリンデンで行われるヴェルディの歌劇だったと思う。その日は休みだったこともあり、私は明け方まで本を読んで過ごし、空が白み始めた頃に床に付いた。歌劇は夕方から始まるため、それでも問題はないはずだった。夕方に目を覚まして、部屋の壁かけ時計をみると、歌劇が始まるまで一時間を切っていた。あわてて身支度を整えて、駆け足で劇場に向かった。当時の私は腕時計も持たず、まだ携帯電話も存在しなかったので、バス乗り場近くの街の時計で時間を確認しようと思ったのだが、その日に限って、その時計が止まっていた。とにかく急いでバスに乗った。遅刻して間に合わなかったらどうしようと思っていた。一年しかない彼女の時間を私の遅刻が混乱させる気がして、バスを降りてからも必死で走っていた。そして、何とかギリギリで間に合ったのではないかと思いながら、劇場に着く。だが、いつもならたくさんの人で溢れている劇場前広場には誰もいなかった。おかしい。何があったのだろう。不思議に思って、階段を駆け上り、そこにいる劇場の係員に、「まだ始まっていませんよね?」と尋ねるが、呆れた表情で「始まって、もう一時間経ちますよ」と言われた。愕然とした。そんなはずはない。家を出てここまで来るのに二時間もかかるわけがない。ドイツ語を聞き間違えたのかと思い再度聞き直すが、無表情に同じことを言われるだけだった。訳がわからなかった。別の係員のところに行って、同じことを聞いて見るが、答えは一緒だった。扉の隙間から、劇場の中を覗き込んで見ると、確かにロビーには誰もいない。本当に歌劇は始まってしまっているらしい。何が起きているのか理解できず、気味の悪い感覚に落ち込んでしまった。なぜ舞台が始まっているのか、まったく理解できなかった。まるで家から劇場まで来るあいだに、私一人だけ、別の世界に入り込んでしまったかのように思えた。私があわてて劇場に来るまでの五十分のあいだに、世界はもっと先に進んでしまったのかもしれない。いや、昨日私が寝る前の世界と、今日私が目を覚ました世界が別のものなのかもしれない。どこかで何かを間違えて、世界の隙間に落ちてしまったかのようだった。みんなは、一時間先の世界を生きていて、私だけ一時間後の世界にいる。

　ドイツに来て、いつまで経っても地に足がつかず、言葉もできず、自分が生きている日々のリアリティがわからなくなり、そんなときに出会った人を頼りに、少しだけリアルが戻ってきたように感じていた矢先、今度は決定的に世界から弾き出されてしまった。隔絶した埋めようのない差異が、私と人々のあいだにある。目の前では間違いなく人々が活動していて、日差しは明るく、たくさんの車が走り、ベルリンのいたるところで建築工事が行われ、世界は活気付いている。それを目にしているにもかかわらず、私はなぜかその世界の中にいない。空間は共有されているはずだ。しかし、時間が同じではないらしい。気味が悪く、気が狂いそうになりながら、私は、ベルリンの街を何時間も歩き回ることになった。

　なぜこんなことになったのか、理解してしまえば、話はごく簡単なことで、その日の夜中になる頃には、その事実に気がつくことができた。つまり、その日はサマータイムへの切り替えがあった日だったのだ。前日の夜中にみんなの時計は一時間先に進んでいた。そんな時間変更があったことをまったく知りもせず、一人で勝手にパニックになり、世界との差異を感じただけのことだった。自分の部屋の時計を一時間進めて、みんなの時間に合わせれば、それで済むことだった。次の日に、劇場にいけなかったことを詫びて、チケット代を払って、サマータイムへの変更に気が付いていなかったと説明すれば済むことだった。しかし、なぜかそれがうまくできなかった。もちろん、表面上はそうしたことをこなすことはできた。しかし、一人だけ一時間遅れた世界に取り残され、目に見えている世界と交わることのできない自分がいることとは、取り消すことのできない体験だった。せっかくできた友人ともその日以来、何となく疎遠にならざるをえなかった。まったく馬鹿げた失敗で、若い苦い体験に過ぎない。しかし、これは一つの決定的な差異の体験であり、否定的な体験であり、その否定から私というものが成立しようとする体験であった、といまになって思う。そこからずっと、私は人よりも一時間遅れて生きているようにも思う。

今回、「私というものの姿」を記してみたいと思いながらも、それについて考えれば考えるほど、何を出発点にしたら良いのかわからず、あちらこちらとさまよい、迷っていた。最終的に、この体験を冒頭に置いてみたのは、これがおそらく私が自覚的に迷いはじめた体験の一つになっているからである。私が考える「私というもの」は、このような体験の中から成立してきているように思う。それを書き記すには、ズレた世界に落ち込み、何時間も町をさまよった体験を描いてみるよりしかたないと思ったのである。

これから、まるでそのときのさまよい歩きを、もう一度再現するかのように、私というものの周りを巡ってみたいと思うのだが、それは意味のある新しいものを提示することにはならず、むしろ、自分がこれまで体験してきたことを、別の角度から再提示するような作業になるだろう。つまり、「私というもの」の周りを巡って、引用符のない再引用を続けるような作業となるように思う。

私がこれまで感じてきたものを、楽しい街歩きやフィールドワークとしてではなく、ズレた世界に落ち込んでいく気味の悪い体験をベースにして記していく必要がある、と感じている。町の中を歩くとき、多くの人は、その町をある程度知っていて、散歩したり、買い物をしたりする。あるいは逆に、まったく知らない初めての町だから、地図やスマホを片手に探索的に歩いてみたりする。さらには、ガイドを頼んで一人では発見できないものを教えてもらい、道案内をしてもらいながら歩いてみたりする。しかし、「私」という名のついた町は、そのいずれの歩き方も受け付けず、散歩にも探検にもツアーにもならない。敢えて言うならば、それはヴァルター・ベンヤミンのいうフラヌール／遊歩に近い探索しか受け付けないのかもしれない。つまり、迷路に迷い込むような作業しか、「私というもの」は受け付けないのかもしれない。

ベンヤミンは、「千九百年前後のベルリンの幼年時代」の冒頭で、都市で迷子になるには経験と技術が必要だと宣言している。整備された都市には、理性的な計画に沿って作られた道があり、地図が制作され、東西南北の方角が判断できる目印まで置かれていて、私たちが自我という機能を備えていれば、迷子になることはない。都市の道が下町のスラム街のようなところを通っていた場合、確かにそこは迷路のようになっていて、よそ者は迷子になるかもしれない。しかし、そのスラム街に住む者たちは、迷子になることはない。彼らにとってはそこは勝手知ったる道である。つまり、スラム街でも、そこを歩く人が変われば迷うことのない道になる。しかし、ベンヤミンのいう都市で迷子になる方法は、そこが整備された都市であろうと、整備されていない都市であろうと、あるいはまた、自分がよく知っている都市であろうと、未知の都市であろうと、そうした前提条件にかかわりなく、迷子になることのできる方法を指している。もしかすると、自分が最もよく知っていて、しかも理性的に整備されている都市においてこそ、迷子になる必要があるのかもしれない。「私というもの」を巡る道行きは、そのように迷子を必要とした遊歩なのだと思う。

喪失から始まる私

リービ英雄に『模範郷』という傑作がある。台湾の台中で幼年期を過ごした著者自身が、その後、アメリカ・日本・中国という国々を経由して、その故郷を五十二年ぶりに訪ねる物語である。誰しもが経験することだと思うが、記憶の中にある子どもの頃の故郷を、大人になってから実際に訪れると、何もかもが変化していて、それを目の当たりにして、ただ愕然とする。記憶の中にあった故郷が崩壊してしまいそうになり、それとともに、自分自身を支えていた核のようなものまで、失われてしまう気がする。だから、故郷とは「遠きにありて思うもの」であるのがちょうど良い。しかし、そうした苦痛の体験があることをわかったうえで、あえて故郷を訪問したリービ英雄のこの作品は、まさしく、私を失う物語であり、同時に都市の中で迷子になって、奇妙な私の姿に出会う物語である。

小説の中の主人公は、「それを直視することによって、実際に失った東アジアの家を、もう一度、記憶の中で失うことを、ぼくは、たぶん、恐れていた」[1]という。そして、何度も「来るんじゃなかった」という思いにかられながら、台中の子ども時代の故郷に向かっていく。しかも、主人公は、五十年前の台中のリアルな姿を探すために、まず中国大陸の奥地・河南省の農村を訪ねており、記憶の中の故郷の実像を、五十年ものあいだ都市化が遅れている山村に探そうとしており、そういう意味で、いまの故郷を訪れても、そこに本当の故郷がないことは、十分に意識されている。そこに故郷の姿はなく、父も母も弟もおらず、自分の姿もない。そんなことはわかっている。それにもかかわらず、主人公は、故郷を訪ねていく。

この物語を読んで、私が思い起こすのは、父の死の一年前に、その手を無理矢理に引いて、中国東北地方を訪れた体験である。私の父は、日本が占領していた時代の旧満州国の長春に産まれ、五歳の頃に哈爾浜《ハルビン》で実の母親を亡くし、継母に疎まれながら十代はじめに家を出て、旅順で旧制高校に通い始めた途端に学徒動員され、最後は中国軍とソヴィエト軍に追われながら、日本に帰り着いている。当時のことはほとんど何も語らなかった父が、日中国交正常化以降に毎年のように帰国してくる中国残留孤児のニュースだけは熱心に見ていた。自分が生まれた故郷、母が亡くなった故郷、追われるように立ち去ってきた故郷。そこに取り残されて生きていた人たちを見て、ありえたかもしれない自分のもう一つの人生を垣間見ていたのかもしれない。そんなときだけ、少し酒に酔いながら、微かに覚えている中国語をつぶやき、叔父の大きな家での楽しい生活をポロリと漏らしたりしていた。父は、自分の一部を旧満州国に置いてきたのかもしれない、と子どもの頃の私は感じていた。しかし、父は決して、その自分の一部を探しに中国東北地方を訪れようとはしなかった。そういう誘いをときおり受けているようだったし、旅行会社からは毎年のように案内が届いていた。しかし、頑なに自分の故郷を訪れることをしなかった。

その父が癌を患い、寛解はしたものの先はそれほど長くはないと感じたとき、私が無理に父を誘い、彼が行きたがらなかった旧満州を旅した。北京から入り、長春にも旅順にも、大連にも哈爾浜にも行った。聞いたことのない小さな町を尋ねたときなどは、私には見るべきものもなかったので、中国語もわからないのに通りを歩いている占い師に手相を見てもらったりした。まだ資本主義が蔓延する前の中国東北地方には、古い生活の面影がたくさん残っていたし、人は無愛想で優しく、賄賂で列車の席が見つけられるし、通りでは殴り合いの喧嘩をしている人もいたが、そのどれもが不思議と魅力的で、街には活気があった。人が生きていて、土地が生きていて、時空間の向こうには異界のようなものが安定して存在しているかのように思えた。そこでした食事は、何もかも本当に美味しかった。哈爾浜の松花江の傍の広場では、たくさんの人が凧揚げをしていて、何の娯楽もない休日に、人々は広場に集まって、思い思いに凧に風をはらませて、それを高く高く揚げて、みんな空を眺めていた。私も早速、凧を買って、その場の人々の真似をした。たくさんの人たちが凧を揚げ、おそらく数百人の人が、みんな空を見上げていた。それが、会ったこともない祖母への挨拶になるような気がして、妙に嬉しかった。

しかし、この旅は父には辛いものだったと思う。彼はほとんど何も語らなかった。ときおり笑顔になることはあったが、どちらかと言えば、終始辛そうだった。叔父の家があった長春の旧日本人街に行ったとき、西洋建築の古い日本人用の家屋がいくつか残っていた。おそらくそこに叔父が暮らしていたのだが、父は決してそれを認めなかった。怒ったような表情で、「違う、ここじゃない」とつぶやいていた。

「まわりの旧日本人街の大部分はすでに解体現場となっていた。古代都市の遺跡さながらに、玄関しかなかったり、かつては畳が敷かれていた部屋の、漆喰の壁だけが残ったり、あとはガレキの荒野と化していた。〔中略〕地平線の辺りでは、冬日の白くて不確かな空の下で、新築の高層マンションが並んでいた。監督の質問に対して、安部公房の弟は、「ええ、これは故郷です」と言った。戦前に生まれた日本人男性のことだから、たぶん泣いてはいなかった。だが、涙が出てもおかしくないほど深い感情がその声の中から伝わっているように、脇でうかがっていたぼくには聞こえた」。この『模範郷』の一節を読みながら、同じように戦後に長春を訪問した安部公房の弟に、私は父を重ねていた。

都市の中で迷子になり、都市の中で私を失い、それが文学になっていった安部公房に親近感を感じながら、リービ英雄は、台中を訪ねて、自分の故郷を発見する。そのときの様子は光と影の両方を含んでいた。「まさかにもオーマイゴッドにもなる感嘆がのどの奥に上がろうとした。／ぼくは、／自分の家です／と言った。／自分の家と同じです、と言うべきだったが、もう一度、／たぶん、自分の家です／と庭に流れ込む豊穣な日差しの下で管理人の説明を聞いている一行に聞こえるほど、大きな声で言った」。そして、「立ち上って、一人で、間取りの中をぼくはさまよった」とリービ英雄は言う。そのようなさまよいの理由はわからないまま、それを言語に翻訳できないまま、しかし、「部屋から部屋へ足を運ぶぼくは、冷静そのものだった」らしい。

故郷を訪れて、心の中に記憶としてあった故郷が崩壊していくなかで、作家は台湾の原住民の家について次のように紹介して、この小説を締めくくっている。「家父長が亡くなると、『家』はつぶされて、そのまま墓となり、残った家の者がまた違った山に移り、もう一つの「家」を建てた。〔中略〕家が突然つぶされて、見知らぬ山に新たに移されたとき、その家の子供はどんな心情になったのか。〔中略〕脳裏に浮んでは離れようとしない、その質問を、ぼくはついに口にしなかった」。

私は、嫌がる父に故郷の変わり果てた姿をみせて、「違う、ここじゃない」とつぶやかせながらも、父がどんな心情だったのか、直接は尋ねることができなかった。そして、この故郷再訪から一年もせず父は他界し、自由になった私は、本論冒頭にあるように、ベルリンを訪れることになった。

私への問いかけ

テレビマンユニオンという映像制作会社で、村木良彦が寺山修司とともに制作した「あなたは……」という一九六六年制作のドキュメンタリー番組がある。街頭録音形式で、女性アナウンサーが少し高い声と速口で、十七の質問を次々と一般の人にぶつけて行く。「昨日の今頃は何をしていましたか?」「東京の街は好きですか?」「あなたの友だちの名前を教えてください」「天皇陛下は好きですか？」等々の質問をしたあとで、最後に、「あなたはいったい誰ですか？」という問いかけをする。この問いに、自分の名前を言う人もいれば、職業を言う人もいれば、絶句して固まって何も言えなくなる人もいる。斬新な方法が当時反響を呼び、その後のテレビ・ドキュメンタリーに大きな影響を与えた作品である。私というものに対する問いかけは、さまざまな問いに答えた後だからこそ、問われる人の心中を抉るようなものとなって、人に突き刺さる。ある意味では、とてもむごい形で人の姿を浮き彫りにするドキュメンタリー番組である。だが、「私」への問いかけを考えると、常に思い出すアート作品の一つである。

それに少し似た形で、心理療法やカウンセリングを実践する際、私たちは来談してきた方からさまざまな話を聞く。多くの場合、はじめの数回の面接を通じて、その方が困っていることがどのようなものかを教えてもらい、それが心理療法で対応できる種類のものなのかを判断していく。まずは、何で困っておられるのか、どのような症状が出ているのか、それがいつどのようなきっかけで始まり、いままでどのような医療機関や相談機関を訪ね、どのような治療を試みてきたのかを教えてもらう。そのうえで、現在はどういった状況にいて、なぜ私のところを訪ねてこられることになったのか、その来談動機や来談経緯を詳しく聞かせてもらう。このようなことは、おそらく多くの医療機関でも予診や初診として行われていることである。

だが、心理療法は医療とは違い、困りごとだけを聞かせてもらうところに留まらない。こうしたことに加えて、その方の家庭環境や家族構成を教えてもらい、両親や兄弟姉妹とどのような関係を持ち、それぞれの方がその方から見て、どういう人物でどんな性質の人なのかを教えてもらう。さらには、小さな頃の思い出や、小学校や中学校での勉強や運動のようすを教えてもらい、過去から現在までの友人関係や恋人関係を教えてもらう。また、大学での専攻や仕事の内容を教えてもらい、いまの日々の生活の過ごし方を教えてもらい、出身地や出身国やルーツについて教えてもらい、信仰の有無や政治信条さえ教えてもらうことがある。つまり、心理臨床は、病気や症状や困りごとだけに焦点を当てて始まるものではなく、来談してきた方の人としての姿を、その方の人生を、その方の全体像を教えてもらうことから始まる。私たち心理療法家も、「あなたは…」のドキュメンタリー番組と同様に、「あなたはいったい誰ですか?」という問いを立てて、その周りを巡る作業をしている。このような面接初期の作業を私たちは「インテーク面接」と呼び、これを通じて、来談者と対話を始めるとともに、その方の姿が一つの形を取って見えてくるところまで進む。そして、そもそもその方の困りごとが心理療法で役に立てる事柄なのかどうか、その判断することになる。多くの来談者の来談動機は、症状や困りごとを除去することであり、それが消失することであるが、この初期の面接を通じてその方の姿が多面的に全体として見えてくると、その症状がなくなればすべてが丸く収まるわけではないことが、その方自身にもわかってくる。そのとき、心理療法家も来談者も、同時に、いまの「私の姿」を見立て、そこからどこに進んでいこうとしているのかを感じることになる。そして、どうやら、問いは、「あなたはいったい誰ですか?」に向けられていることに、来談者自身が気がついていくことになる。

『模範郷』を著したリービ英雄は、「最後のエッセイ」の中で、「『あなたのアイデンティティーは？』と聞かれたとき、複数で答えるということは、現代における最も基本的な文学行為の一つではないだろうか[2]」と記している。そして、「ぼくの本当の『略歴』は、おそらく今まで日本語で読んで日本語で考えて日本語で書いた、日本のたくさんの部屋、そしてわずかな例外としてアメリカの一つか二つの部屋に住んだことに尽きるだろう」という。つまり、彼が言葉を紡いできた場所、文学行為を行ってきた場所の複数性で、彼自身の複数性がしっかりと担保されていると宣言している。さらに加えて、「問題はむしろ、西洋型普遍主義、中国型中心主義、日本型鎖国主義といったような、さまざまな『単一』を、越えているかどうか、ということではないだろうか」とも記している。

「あなたは…」も、インテーク面接も、アイデンティティーの問いも、実のところ目指しているのは、固定した「単一」の答えがないことの自覚であり、私の私に対する問いかけが、複数性をもって展開しはじめるところにある。

この複数の私というテーマは、ともすると、解離的な病理や私という主体の茫洋とした状態と混同されてしまう。だが、たとえ解体や解離を内側に含んでいたとして、それはばらばらに瓦解してしまうような複数性ではないだろう。そのことは、晩年の河合隼雄が言っていた「私は、私の人生を、私の物語として生きる」という一文に端的に示されている、と私は考えている。この一文は、当たり前のことしか言っていないのだが、あえてパラフレーズしてみると、わかることがある。

当面の主体であり、いま主語になっている「私」が、「私の人生」という私の日々の生活を対象化して見つめながら、それを理解しようと努め、同時に、それに入り込んで生きてみようとする。その作業から、この一文は始まっている。それが、「私が、私の人生を生きている「私の人生を」というフレーズである。「私は、私の人生を生きている」。しかも、この私が生きている「私の人生」とは、現在という時間の中にだけ収まるものではなく、現在から始まってはいるが、私が過去を振り返り、過去を自分の人生として受け入れ、そのうえで、未来にいたろうとする人生のさまざまな作業を含み持っている。私が私の人生を生きることは、おそらく地道な学究的な作業にもたとえられ、「私」は無自覚に現在から未来に向けて、ただ先を急いで進んでいくのではなく、過去に対して真摯な態度を取り、自分の現在から過去を省みて、自分の人生をこれまでの経験という当たり前の地平の上で意識し、そのうえで、未来を目指して歩んでいくのである。

これは、心理学的には「大人になる」というイニシエーションを通過して初めて可能になるあり方だと言える。子どもは、前方に進んでいく一方向の時間の流れの中にいて、それに身をまかせている。もちろん子どもも、自分のファンタジーの世界を心の中に抱えているため、一見すると、素朴な時間の流れの中にだけ存在するわけではないように見えるが、現実の時間軸の上を前方に流れていく時間を、「私」を中心にして断ち切ることはしない。また、子どものファンタジーの世界は、多くの場合、まだ現実の世界と対決する形を取っておらず、総じて現実世界の影に隠れている。しかし、大人になった「私」は、この私という存在を現実とファンタジーを繋ぐ結節点として定立して、時間の流れを断つ。それを、心理学ではイニシエーションと呼ぶのである。ユング派分析家であるギーゲリッヒは、「大人になることは、経験的-事実的に途切れることのない流れの中に、時間の創造的断絶を意味する一つの点を定めることである」[3]と述べている。この一つの点を分かれ目として、左に向かって時間は遡って流れ、過去へと向かい、ファンタジーの世界や神話的な世界にまで流れ込んでいく。そして、同時に、その分かれ目から右に向かって流れる時間は、私によって定められた新たな出発点として、つまり、私の現在地点として確固としたものとなり、そこから私は未来に向かって、自分の意図や企画や希望を投げかけていくのである。日常生活においては、現在の日々の生活のリアルな強度に翻弄されながらも、過去に経験した出来事に現在の自分が制約されながらも、「今日から、昨日を通って、明日に向かう」という道筋を意識して歩んでいく。それは、「今日という時点に立つ私が、過去やファンタジーの世界を左手に持ち、未来や希望を右手に持って、私の人生を生きる」姿なのである。そういう意味では、「私は、私の人生を生きている」。ここのところまでは、河合の文はとても実存的な取り組みを指している、とも言える。

さらに、ここに「私の物語として」という言葉が入り込むことによって、「人生」という実存の次元は、急激に異次元へと開かれていくことになる。人生を物語として生きるとは、いったいどういうことなのだろうか。C・G・ユングは、患者たちの夢やファンタジーの世界を理解しようとしてその理解に向けて取り組んでいるときに、患者たちの心の中に世界のさまざまな歴史や神話の世界が広がっていることに気がついていく。彼らは、心の中でさまざまな神話や物語を生きていることがあり、つまり、「シンデレラ」を生きていたり、「三年寝太郎」を生きていることがあり、「スサノオ」を生きていたり、「イエス・キリスト」を生きていたり、「ヒルコ」を生きていたりするのである。そして、ユングは、自分はいったいどのような神話を生きているのだろうか、と自問することになる。[4] 河合隼雄の「私の物語として」生きるというフレーズは、このユングの言葉から着想を得ている。私というものを巡って私たちは、私の人生を生きるだけではなく、私がどのような物語や神話を生きているのかを、問いかけてみる必要があるのである。「あなたはいったい誰ですか？」と問いかけられたときに、その問いが私の生きている物語や神話にまで向けられていることに気がついたとき、私たちは、それに簡単には答えられないだろう。それが心理療法の始まる契機となる。私自身も、私の生きている物語の一端をここに記すことで、「私の姿」を問うている本論に答えてみたいと思う。

山師としての私、あるいは心理療法家

こんなことを言ってしまうと、心理臨床家の倫理違反を問われてしまいそうだが、私は心理臨床家を山師とすれすれの表裏を為している存在だと思っている。そういう意味では、「山師としての私」を一つの物語としていると言ってもいい。もちろん心理臨床という仕事は、現代においては、国家資格である公認心理師として認められ、その職責も定められ、要支援者に対してアセスメントを行い、心理的な援助を行い、その関係者に対して助言を行い、心の健康に関する知識の普及に寄与する、ということになっている。その職責には、もちろん山師的なものは何もな

い。客観的な職業として見た場合には、それに何の異論もないのだが、いまここで問題となっている「私の物語」として、この活動を振り返ってみた場合、私にはそれが山師的に見えるということである。

さて、ではなぜ山師なのかと言えば、まず率直に、私という心理臨床家は、相談に来られた人たちに与える答えをもっていないにもかかわらず、なぜか専門家として人々の相談に乗っているからである。本来、専門家と呼ばれるものは、専門的知識と技能によって、答えを導き出せるものだと考えられている。しかし、心理臨床に関する限り、そうはなっていない。私は答えを知らない。だが、もちろんこれは知識不足や技能不足によるものではない。心理臨床において課題となっているものは、それが精神病的な水準にあろうと神経症的な水準にあろうと、あるいは発達的な課題や偏りに関わるものであろうと、それが心理臨床で取り組む課題であるならば、意識的に答えを導き出せる水準にはないからである。意識においてさまざまな操作や取り組みを行っても、それだけでは如何ともし難く、もはや完全にお手上げ状態になった課題が、心理臨床の課題である。

だからこそユングは、「私は答えを知らない」[5]という臨床家の無能の告白を、臨床実践の始まりに置く。そうして自分の主体性をその中心から投げ出す行為が、臨床には不可欠だと言っている。ユングの心理臨床では、夢に取り組み、夢と作業することが中心に置かれているが、その理由のひとつがここにある。つまり、この現実の世界では私はある程度の知識をもち、この世の中の決まりを知り、私の視点を中心に据えてこの世界を生きていくことができるのに対して、夢の世界では、実は私はそのときの夢の世界のあり方を何ひとつ知らず、完全に未知の世界を経験することになるからである。夢の世界は、一見この世界と同じものに見えたとしても、そのルールも自然法則も、私の予想がつかないものである。夢の世界では何が起こってもおかしくない。空を飛べることもあれば、水の中で生きていくことができたりもする。足がまったく動かないこともあれば、超人的な速度で走れることもある。鳩が人に変身することもあれば、死んだ人が生き返ることもある。こちらの世界の法則は、まったく通用しない。そのため、夢を記録し、解釈するとき、私たちは、こちら側の世界の決まり事をすべて投げ捨てて、夢という世界を歩いてみなくてはならない。もちろんそこでは迷子になる可能性も多々あるのだが、夢という街で迷子になることを、ある程度は楽しみながら、あるいは苦しみながら、その世界を冒険してみれば、少しずつ夢の世界のことがわかってくるかもしれない。そのとき、夢の世界を通じて、私の姿が、意識ではとらえられていなかった私の総体が、浮き彫りにされてくる。なぜなら、それほど未知の世界でありながらも、夢の世界は決定的に私というものに固有の世界だからである。たとえば、この世で見る月は、誰もが見ることのできる共有の月であり、その共有性がこの世の大きな特徴であるが、夢の中の月は、決定的に夢を見ている人の月である。他の誰も、それを共有することはできない。場合によっては、夢を見たその人でさえも、二度と同じ月を目にすることはできないかもしれない。それが夢の世界の大きな特徴である。だからこそ、この世の私を投げ出して、夢という未知の世界を歩いて行くと、道に迷いながらも、私の知らない私の新たな姿に出会うことになるわけである。私は私を投げ出して、その世界を探索してみなくてはならない。

このことを、もう少し物語的に考えてみたいのだが、私が中心から投げ出されている物語を考えてみると、さまざまな例が思い浮かぶが、いずれもどこか山師的だったり、だまし絵的だったり、嘘を含んでいるようなものばかりに見えてくる。たとえば、私は関西圏に暮らしているため、その身近なところで例をとると、西宮には西宮恵比寿という社があり、商売繁盛の福の神として有名である。商売繁盛のいわれをたどると、なんとも不思議な感覚になってくる縁起がある。日本神話においてアマテラスとツクヨミの次に生まれた第三子であるヒルコは、障碍を持って生まれ、三歳になっても足が立たなかった。そのため、海に流され捨てられた。しかし、その流されたヒルコが、海の向こうで生まれ変わり、彼岸の世界からたくさんの宝物を持って帰ってきて、それが恵比寿として迎え入れられるのである。蛭子と書いてヒルコではなくエビスと読ませることもあり、地域の小学校校歌では「ヒルコの神の西宮」が高らかに歌われていたりする。障碍を持っているから遺棄したはずの子が、なぜか宝物を持って帰ってきて、自分を捨てたはずのこの世を豊かにしてくれるとは、なんとも都合のいい話だとも言える。だが、恵比寿信仰は、災いを転じて福となす物語の典型として、多くの人々に長く受け入れられている。またそれは、子どもたちを病や事故から守るために、身代わりとなって海に流される流し雛の風習にも重ね合わされて、捨てられた人形たちが悪いものを海の向こうに持って行ってくれて、子どもを守ってくれるという話にも連なる。さらに言えば日本全国に広がっているさまざまな貴種流離譚でも、本来は忌み嫌われて追い出された者たちが、そのはじめの意図からは想像もできないものに変容しながら、私たちに福をもたらすものになる。いずれも、私というものが捨てられ投げ出されると、それが転じて、人々に福を為すという話になるとも言える。あまり美化すると、犠牲を美化することにもなってしまうのだが、私が中心から捨てられ投げ出されると、まるで宝くじに当たるように、商売が繁盛するという不可思議を信じる思いが、ここには残っている。

もう一つ、日本からは遠く離れるが、ヨーロッパの物語を取り上げてみたい。それはカリオストロと呼ばれる人物の物語だが、これは史実なのか、作り話なのか判然としない部分を多く含んだ不思議な語り物であるが、私には、どこか心理療法家の姿と重ね合わされるものだと思える。その内容を次に紹介しよう。

まず、カリオストロと言えば、宮崎駿監督の初の劇場映画作品である『ルパン三世　カリオストロの城』（東宝、一九七九年）というアニメ映画を思い起こされる方も多いかもしれない。それはヨーロッパの仮想の小国・カリオストロ公国を舞台に、指輪に秘められた宝と偽札の謎にルパン三世たちが挑み、その国を摂政として治めていた悪漢であるカリオストロ伯爵を倒して、公国の姫であったクラリスを助けるという冒険譚である。泥棒であるはずのルパンたちが、結局は何も手に入れられず人助けをした物語であるのだが、映画の最後に、ルパンを追う銭形警部がクラリスに対して、「ヤツはとんでもないものを盗んでいきました。あなたの心です」と言って終わり、この物語が泥棒の面目躍如となる恋物語であったことも示されている。

それと、よく似ていて、またより複雑になったものが山師カリオストロの物語であり、それはこの映画のルパン三世の姿とカリオストロ伯爵の姿をひとりの人物にまとめたような物語である。カリオストロは、おそらくパレルモ生まれのジョゼッペ・バルサモと同一人物であろうと言われている。たとえば、それはアレクサンドル・デュマの四部作小説『ある医師の回想』の第一部となる『ジョゼフ・バルサモ』の中にも描かれている。そこでカリオストロは、マリー・アントワネットがパリに向かう途上で滞在したオーストリアのタヴェルネ城で、アントワネットに面会し、一杯の水を水晶に見立てて、そこから未来を語ったと言われている。はじめカリオストロは水の入ったデカンタを覗き込み、彼女の運命を目にしたのだが、自分が見たものを彼女に語ることを拒んだ。しかしアントワネットが強固に嘆願するため、カリオストロはついに折れて、自分の杖をデカンタの上で振り、アントワネットがそれをのぞく。そして、彼女は自分の処刑の場面をそこに見て、卒倒したと言われている。このようにカリオストロは、ヨーロッパを旅した占い師という側面を持ち、その知識は占いの基盤となる魔術や占星術に留まらず、アラビア医学や数学、異教の哲学にまで及んでいたとも言われている。そして、旅をしながら、各地で人々にその医術で治療を施し、さまざまな知識を使って相談に乗り、占いを駆使して未来を予言していたらしい。しかも彼は、裕福な者からは高額な謝礼を受け取り、貧困にあえぐ者からは謝礼を受け取らず、どこか高貴な側面も持ち合わせていたという。だが一方で、その治療はすべてまがい物で、実は人々の病気は治っておらず、単なる催眠や奇術であり、つまり詐欺師でしかなかったとも言われている。つまり、その評価には賛否があり、定まっていない。真相はいまでも良くはわからない。しかし、デュマが小説に取り上げ、ゲーテがイタリア紀行でわざわざパレルモにカリオストロを訪ねる。フルールノワはその主著『インドから火星へ』において、霊媒師へレーネに降霊するアントワネットがカリオストロと出会う物語を記し、ユングがその物語をわざわざ『近代心理学の歴史』の中に取り上げる。それほど、カリオストロの物語はなぜか人々の心を動かすものであったとも言える。

一言で言えば、彼は山師なのだが、面白いのは、彼の山師的な性質が単なる詐欺事件に終わらずに、人々の心を動かすところである。カリオストロは、王妃の首飾り事件に巻き込まれて、その首魁であるとされて投獄される。これは、アントワネットに高額の首飾りを売りつけようとして、その実、彼女を欺して金銭だけを奪い取った事件であるが、おそらく実際には、カリオストロはこの事件に関わってはいない。だが、常日頃からの彼の魔術的な活動や山師的な行為を良く思わない人々によって、この事件の影の首謀者とうわさされて、カリオストロは投獄されてしまう。しかし、彼が投獄されたあと、彼に無料で治療してもらっていたパリの平民たちが、カリオストロを釈放するように抗議デモを行い、カリオストロが収監されていたバスチーユ監獄前に集まる。市民からは奇跡の医師であり、慈善家であると思われていたのであるからこれも当然のことであった。しかも警察の早まった逮捕であることはすぐに明らかになり、大法廷でカリオストロは無罪判決を受け、釈放されることになる。そして、カリオストロの釈放を迎えに来た一万人もの民衆の熱気は、権威への反発を強く示し、そこから三年後にこの同じバスチーユ監獄の占拠から始まるフランス革命は、このカリオストロの事件によって準備されたとさえ言われている。実際、ゲーテははっきりと「王妃の首飾り事件は革命の幕開けであった」と書き記している。

だが、山師としてのカリオストロは実は何もしていない。ただそこにいただけである。カリオストロは、人々に「あなたは何ものか?」と尋ねられると、「私は見られるとおりの人間です」

と答えたという。つまり、彼には自分で自分を確定させるアイデンティティというものはなかった。また、首飾り事件の大法廷では次のような陳述もしている。「これが私である。私は貴人にして旅人である。私が語る。すると諸君の心は古代の言葉を聞いてざわめく。すなわち、諸君の胸のうちにあって、久しい以前から沈黙していた声が、私の呼び声に応えるのだ。［中略］私がひとえにお願いするのは諸君の国における歓待のみであり、それが私に叶えられるならば、そのときは可能な限りの善行を身辺に施しつつ私は通りすぎる。まことに私は通過するだけなのだ。私は高貴な旅人《ノーブル・ヴォワイアジュール》ではないだろうか」[6]。いかにも詐欺師らしい言葉だが、この言葉の中に真実がないとも言えない。それが、面白いところである。カリオストロは、何もしていない。何ものでもない。ただ通り過ぎていく旅人でしかない。基本的には、詐欺師であり、悪漢であり、山師であり、何をしでかすかわからないものである。安定した人格を持ち、明確な指針を与えてくれる本物の医師や教師ではない。多くの人が彼に自分が見たいものを見ることができるほどに、彼は揺らめいて存在する者である。彼は、デカンタの中の水を読み取るものではなく、彼自身がデカンタの中の水なのである。そして、そのように何ものでもなく、あるいは、山師でしかないものが、時には人の内的な言葉を呼び覚ます役目を果たすことがある。ゲオルク・ジンメルは言う。「必ずしもいつもというわけではないが主として、行きずりの旅行者に聴罪師の役割が与えられることがある。つまり、近しいものや親しいものには用心深く隠している事柄を、通りすがりの旅行者に対しては驚くほど開放的に告白することがしばしばあるのである」[7]。つまり、旅人／よそ者は、その内に「遠近を共存」させることができ、彼らは詐欺師であると同時に、人の心に真実を呼び覚ますことのできる芸術家になる可能性を隠し持っている。もちろん、芸術家と異なり、本物の作品を提示することはないのだが、本人が思いもしないときに、人が彼の姿を通じて自分にたどり着くことがあるというわけである。

物語としての私、裏の世界

山師という人の姿を媒介すると、人生が「物語」である様子がよりリアルに感じられてくる。私の生きる私の人生が、物語の次元において「私の物語」として成立するならば、それはこの世的に認められたものである必要はなく、この世から見ると嘘や虚偽を内包していても構わず、その人の世界において、その人の夢において、その人の深層において真実であるかどうかだけが重要である。つまり、物語は単一の共通世界からの決定的な離脱を可能にする。ここで、あらためて河合隼雄によって選ばれた「物語」という概念に立ち戻りたい。

「私は、私の人生を、私の物語として生きる」とは、つまり、人々との共通世界である意識的な表の世界を生きながらも、他の誰でもない私一人の物語である裏の世界を同時に生きることを示している。それは、たとえば、目を覚ましている昼間の世界を生きることと、眠っているあいだの夜の夢の世界を生きることとの同時成立にもたとえられる。昼間の世界だけではなく、夜の夢の世界を私たちは生きている。これを自覚したとき、私の複数性は、夜の世界や異界にまで扉を開くことになる。

　ユング心理学には「大文字の自己」という概念があるが、実存的な意味での「私の人生」が「私」という主体の次元にあるものだとすると、「大文字の自己」は、物語の次元にあり、夜の世界にあるものである。つまり、人々が見ていて私も見ている表側の共通世界に関わるのが通常の私であり、同時に、私が見ている裏側の世界に関わる私が自己であると言うことができる。あるいは、この表の世界と裏の世界の両方を同時に射程に入れた私の多層的で多様なあり方を、大文字の自己と呼ぶといった方が正確かもしれない。

　このような夢という裏の世界を巻き込んだ体験をユング自身が解説している箇所が、彼の自伝『思い出、思索、夢』に記されている。あるときユングは夢を見る。そこで彼は見知らぬ土地にいて、遠くに小さなチャペルが建っているのを目にし、そこに近づいていく。その建物の中に入ると、中はがらんどうで、何もない。だが、通常ならば祭壇が置かれているような場所で、チベット仏僧の袈裟を着たヨーガ行者が、結跏趺坐して瞑想をしている。ユングは、挨拶をしようと思い、その人に近付き、彼の顔をのぞく。すると、そのヨーガ行者が、まさしくユング自身と同じ顔をしていて、そこにもう一人の自分を発見して、ユングは驚いて目を覚ます。この夢を見たあと、ユングは、それをみずから解釈して、〈あのヨーガ行者があの世界で瞑想をしているからこそ、その瞑想によって、私が成立している。そして、私がこの世界で夢を見て、あのヨーガ行者を見ているからこそ、彼はあの世界に存在している。私の存在とヨーガ行者の存在は、互いが互いを表と裏として、それぞれの基盤になっている〉と理解する。ユングはこのように考え、私というものの不確かさと多層性を歓迎するように受け入れる。私への問いかけは、複数の私の扉を開き、複数の世界の扉を開き、異界の扉まで開いてくれる。

そんなことを考えていると思い出すもうひとつの体験がある。

二〇二二年沖縄復帰五十年の年に、私は沖縄を訪問した。六月二十三日の慰霊の日にどうしても一度沖縄にいたかった。その日に、沖縄の平和記念公園の「平和の礎」のモニュメントの前にいようと思ったのである。市民を巻き込んだ壮絶な市街戦があった沖縄の戦争において、そこに暮らしていた人々は米軍と日本軍に追われて、南へと逃げ惑った。そして、最後にたどり着いたのが、最南端の摩文仁の丘であり、多くの人たちがそこで人生を終えた。いまそこに平和記念公園が作られ、平和の礎が作られている。海辺の最果ての地、たくさんの人たちが追い詰められた最後の地が、この礎によって、ここからあらたに始まる場所として定められている。寄せては返す波に見立てた平和の礎というモニュメントには、戦没者たちの名前が刻まれ、日本兵として戦った人の名前も、アメリカ兵として戦った人の名前も、戦火に追われて亡くなったたくさんの民間人の名前も、すべてが刻まれている。二十四万人余りの人々の姿が、そこには名前として刻まれている。

この礎というモニュメントの波は、波として海の向こうから届いてくるようにも思えるが、ここから海の向こうに向かっていくようにも見える。亡くなった人も、いま生きている人も、これから生まれてくる人も、もしかすると生まれてこなかった人も、この波の中にいて、誰もがこの波の中で対話をしているようにも思える。この礎という波のモニュメントは、いまという現在に、何かが深みから立ち上がってくる基礎になり、人がもう一度歩み出す基礎になっている。

私は、二十二日夜に、たくさんのろうそくに照らされた平和の礎を歩き、こんなことを感じていた。その後、二十三日の早朝、「沖縄『平和の礎』名前を読み上げる集い」に参加した。それは、その名の通り、礎に刻まれている人々の名前を読み上げるイベントであり、友人が主催者の一人であったため、私はあまり深く考えずに、素朴にそれに参加してみただけだった。四十人ほどの方のお名前を、声に出して読み上げさせてもらった。一人ひとりの名前を読み上げただけなのだが、途中から声が詰まって、うまく読み上げられなくなった。なぜ涙のようなものが込み上げて来るのか、私にはまったく理解はできなかった。でも、それは悲しいとか、苦しいとか、そういった類の感情でないのは確かだった。ただ何かが、自分の身体を通してこみ上げてくる。礎に刻まれた名前をできるだけ丁寧に読み上げようとしていると、私の中でその名前が響き渡る。そして、自然と、誰かにその響きが届くことを願うようになる。それでも、名前を読むというそれだけの作業である。だが、まるで名前の中に、一人ひとりの方が生きているかのように、その方たちが何かを伝えてきているかのように、私は心身の底から揺れ動かされた。その方たちの声が、内側から込み上げてきたのかもしれない。そして、そのこみ上げが、私の身体を通すと、嗚咽のようになったということなのかもしれない。言葉にはうまくならない。特に、その名前の中に、某の「子」という名前があり、つまり、名字の次に「子」とだけ記されている名前があり、それが、名付けられる前に亡くなった人の名前であることに気がつくと、さらに、こみ上げて来るものの質が変わった。自分でもどうしたら良いのかわからなくなった。ただ、こみ上げてくるものを、人と共有できるところまで整えて、この体験をさせってもらった一人として、表現したい。その責任を自分が負っている気がしていた。

沖縄からは少し離れたところの話だが、「私の両親は、罪を犯した人が流されてくる島の生まれなんです。水俣の向こう側にございますが、天草と言います。流されてきた人たちは、元の故郷に帰ることができませんので、そこで死ぬわけです。〔中略〕そういう人たちが過去にどんなことをして罪人になったのか、島の人たちは一切お尋ねしない。〔中略〕かしずいて大事にするのではないけれども、それとなく大事に思う。亡くなると、名前はわからないので『ひと様の墓』と言って、とても大事にする。墓石もない、土饅頭があるだけの墓です。そこの前を通るときは慎んで通るようにと、私の両親は言っておりました。なぜなら『ひと様の墓だから』と。それで子供心に『ひと様』と言われる人は、よほど何かの事情がある方に違いないと思っておりました」[8]と石牟礼道子は言う。

「某の子」も「ひと様」も、名のない存在であるからこそ、おそらく、最も深い存在と非在の層へと開かれている。その開かれによって私は動揺し、自分を保てなくなりながら打ち震え、しかし、そこからこそ、新たに私への呼びかけが生まれるように感じていた。私は心理療法家として人の話を聞くことを生業にしているが、いつもどこかで、目の前にいる人の言葉だけでなく、その人の背景に生きている亡くなった人の声を聞き届けたいと思っている。だが、平和の礎での名前の読み上げほど、それを強く実感させられた体験は他にないとも思う。

理解し難いものを前にして決して屈服せず、理解してしまうことでその本質を無に帰することもなく、それをあくまで還元不能なものとして、なお理解しようと試みる〔中略〕。理解とは、理解を逃れるものをこそ追い求めるものであり、理解することがもはや不可能となる瞬間、事態がそれ固有の絶対的に具体的かつ個別的な現実の中で、判明し難いもの、浸透し難いものとなるその瞬間に向かって、弛みなく誠実に歩みを進めていくことである。しかしこの果てなる限界は、ただ単に理解の尽きる時点、理解がおのれの輪を閉じる時点であるにとどまらない。それはまた理解が身を開くとき、そのときから、みずから「明るみ」に出した闇を背景に理解それ自身が照らし出される時点でもある。[9]

（モーリス・ブランショ「精神医学と芸術　比類なき狂気」）

モーリス・ブランショのこのような言葉を思い出しながら、私は台湾と満州と沖縄を振り返り、さまざまな物語世界に没入し、理解しがたいものたちと共にいるたいと思っている。

孤児としての私

さて、名前の重要性を意識したときに思い起こすグリム童話がある。邦訳では「ガタガタの竹馬小僧」と呼ばれ、原題をカタカナ表記すると「ルンペルスティルツヒェン」と呼ばれる物語である。これは名前を問いかける物語であるのだが、私の複数性を思い起こさせる物語でもある。

そのあらすじは、簡単にまとめると次のようになる。

母が他界した後に父と二人で暮らしている娘がいる。その親子の家の前に、国王の旅の行列が通りかかり、それを機に娘をお城で雇って欲しいと父が王様に願い出る。娘に何ができるか問われたときに、金の糸を紡ぐことができると答えると、王様はそれならば雇ってやろうと、娘を城に連れ帰る。しかし、実は娘は金の糸など紡ぐことができないばかりか、そもそも糸を縫うことも裁縫もできなかった。それにもかかわらず、綿花がたくさん積み上げられた部屋に入れられ、次の日までにすべてを金色に紡ぐように言いつけられ、それができなければ打ち首だと言われる。何もできなくてしくしく泣いている娘のところに小人が現れて、優しく声をかける。泣いている理由を伝えると、大切なものを一つくれるなら金色の糸を紡いでくれるという。母の形見を一つあげると、あっという間に金色の糸を紡いでくれて、王様に感謝される。しかし、同じような金の糸紡ぎを続けて三回言いつけられて、二回目も母の形見を差し出すものの、三回目は何も渡すものがなく、「それじゃあ、将来子どもができたら、その子をおいらにおくれ」と言われて、子どもをあげる約束をしてしまう。三回目も小人はきれいに金の糸を紡ぎ、三回の試練を乗り越えた娘は王様にお妃として迎えられて幸せに暮らし始める。しかし、数年して子どもができたとき、約束などすっかり忘れていたところに小人が現れ、約束だから子どもをおくれといってくる。お妃は、さまざまな金銀財宝を差し出して許してもらおうとするが、小人は耳を貸さない。しかし、あまりにも強く懇願されたため、「三日以内においらの名前が当てられたら、子どもはもらわずにおいてあげる」と約束する。それからお妃は、すべての召使いに命じて世界中の名前を収集させる。しかし、どの名前も小人の名前ではなかった。期限となる三日目の夜を迎えようとしたとき、一人の年老いた召使いが、近くの裏庭から聞こえてきた声を耳にする。「もうすぐおきさきは子どもを取られてしまうな。あいつの名前が、ルンペルスティルツヒェンなんてことがわかりっこないもの」とささやかれていた。老いた召使いはそれを聴き伝えて、三日目のタイムリミットが来たときに、お妃は小人にこの名前を伝える。すると、小人は真っ赤になって大きく膨れあがって、巨人のようになったかと思うと、地団駄を踏んで、みずからを真っ二つに切り裂いて、地の底に落ちていく。

この物語には、母親がいない娘を魔法のような力で救ってくれる小人が登場する。しかし、娘が大人になり、母親として子どもを育てる際には、その人が大きな妨害となり、子どもを連れて行こうとする悪者になる。そして、その恩人でもあり悪者でもある小人の名前を見つけ出すことによって、女性が魔法のような力から解放されて、子どもを育てられる普通の母親になることができる。これは、このようにひとつの女性の成長の物語であると解釈されることの多い昔話である。ハインツェルメンヒェンという小人が靴屋のお爺さんとお婆さんの靴作りを手伝ってくれる美しい物語があるが、このルンペルスティルツヒェンは、その小人が崩壊する段階が含まれた物語だとも言えるだろう。あるいは、別の見方をしてみると、母親も父親もいなくなった孤児のような状態の娘が、危機を乗り越えるために、自分で自分にアナグラムのような幼名を付けて、それによって特殊な能力を発揮するようになり、幼年期の危機を乗り越えたのだが、その幼年期の私とは何ものであるのかを見抜かなくては、大人としての私自身にはなれず、どうしても幼名であるルンペルスティルツヒェンという名前を見つけ出し、子どもの頃の私の姿を明確にしなくてはならなかった、とも言えるだろう。ちなみに、ユング心理学では、この物語が幼少期からのコンプレックスの解消の物語として解説されることも多い。

たとえば、石牟礼道子と対談をしている韓国の詩人・高銀はこう言う。「作家というものは、過去の自分に対して常に新しい自分が生まれてこなければならないと思います。以前の作家のままではなく、今のこの作品を書くことによって生まれ変わる。〔中略〕そういう意味で、作家は、複数の体で生まれる運命をもっています。〔中略〕作家は、世の中のすべてのものから影響を受けますが、その影響をそのまま受けいれることは警戒しなければならない。その点で、作家は孤児だと言えます」[10]。孤児であるということは、つまり、みずからをみずからの手で生み出し、みずからを表現することを通じて、みずからを乗り越えていかなくてはならないものだという。そして、これはまさしくルンペルスティルツヒェンの主人公が行っている取り組みであり、私たちが、私を生みだし、その私を解体し、そしてまた新たに生み出していく取り組みそのものを表している。

グノーシス主義の創造主に、デミウルゴスと呼ばれる神がいるが、はじめデミウルゴスは、この世界は自分が生み出したものだと思っている。だが、ある日、頭上を見上げ、そこに自分が作り出したのではない光を発見する。驚いたデミウルゴスは、その光に達するまで旅をすることに決める。光は常に自分の頭のはるか上にあり、それに向かってただ旅をし続ける。そうしていく内に、デミウルゴスは異世界に入り込み、突然、自分が生み出した世界以外にも、たくさんの世界があることに気がつき、いままで気がついていなかっただけで、これまでにもたくさんの世界があったのだと理解することになる。はじめは自分がこの世界を作った創造主だと想像していたデミウルゴスが、最後には世界は単一ではなく、多様であり多層であることを知り、自分は自分を生み出したものであると同時に、多くの他の世界ではよそ者であることを知る。私は私であると同時によそ者である。ここには孤児のひとつの姿が描かれている。

孤児と言えば、十九世紀初頭、ドイツ南部においてカスパール・ハウザーという一つの物語が生まれている[11]。その物語の主人公である未知の孤児は、忽然とニュルンベルクの街に現れ、アンスバッハの王立公園において何者かに襲われ絶命するまで、五年ものあいだ、同時代の人々の興味をかき立て続けた。しかも、その死後、さらにその影響力を強め、二百年以上の歳月を経た現代にまで強くその痕跡を残し、ミステリー小説として、歴史小説として、心理学的家族小説として、また、幼児の発達の研究対象として、言語以前の世界への憧れの対象として、数多くの人々の関心の的となり続けている。しかし、一体なぜ一人の青年の人生がここまで人々の関心を惹いているのだろうか。なぜドイツでのカスパール・ハウザーに関する文献は、ナポレオンとゲーテに次いで多いといわれ、一九二七年時点の調査ですでに九百九十一点にまで達しているほどなのだろうか。

彼、カスパール・ハウザーの登場時の一見した齢は十七、八歳。ずんぐりむっくりした「とても変竹林な」様子の少年で、足を引きずりながら一枚の差出人不明の封書を携えてドイツの寂れた商工都市に現れている。その時点では彼ははっきりとした言葉を発することはなく、ただ名前だけをしっかりとした書き方で記すことができただけだという。わかっていることは、手紙の文面から、彼が捨て子であり、いままで彼を育ててきた養父がふたたび彼を捨て、ニュルンベルクの騎兵隊に預けたいと願っているらしいということだけだった。そして、誰一人としてニュルンベルクの街に登場する以前の彼について正確に知る者はなく、これ以後、カスパール・ハウザーとは誰かという問いが、各人ごとに異なる答えを呼び起こし、人々はこの少年の中に各自の見たいと思ったものを目にする。人々はただみずから科学的だと信ずる方法で調査研究を進め、彼の前史に関して多くの憶測を残していく。しかし、誰も彼の出生や幼年期について正確に語り得る者はない。そのことは確かに彼がほとんど言葉というものを話すことができず、まったく粗野な野生児のような容貌を備えていたことに起因するのかもしれない。しかし、野生児に対するのとは別の興味がかき立てられる由縁は、何よりも、その出生の不明性であり、それでいてなおかつ、彼が文明人の諸特性を備えていたためである。たとえば、アヴェロンの野生児は素裸で発見されているし、ザルツブルグの豚娘はその両親の身元まではっきり特定されている。カスパールはしっかり服を着て登場していて、肉体的にも退化していたわけではない。彼は野生児や長期幽閉者とは完全に一線を画した存在であり、そのうえで、みずからのその背後にロマン的な過去を窺い見る手がかりを残している。

人々は、彼の幼年期について多大な関心を払い、ある者は歴史的な資料を調査してバーデン大公家の隠された王子であると推定し、また別の者はナポレオンの遺児だと主張する。単なるほら吹きだと決めつける者もあれば、彼の夢や幻視を収集して、彼の心の内に向かうことで彼の幼年期の秘密を解き明かそうとする者もいる。カスパール・ハウザーはある日やってきて、そこにいた。それからまた、消えた。それでも、カスパール・ハウザーに関心を持った人々は、そのたびに彼を、御者の助手と見て、浮浪者と見て、無神論者、キリスト教徒、同性愛者、詐欺師、野蛮人、フランスの、バーデンの、スペインの、ハンガリーの盗まれた王子として見た。しかし、そのどれ一つとして彼の幼年期の確固たる存在証明とはなり得ていない。人々が彼の幼年期に求めたものは、ノスタルジックに探し求められた自分自身のアイデンティティだったのかもしれない。カスパール・ハウザーは登場時からアイデンティティが不確かで、アイデンティティが不確かであることが明言できるという点に、その最大の特徴を持っていた。そのため、カスパールに目を向けることは、とりもなおさずみずからの不確かさを直視することに繋がるのである。「私はカスパール・ハウザーのように孤独だ」と言ったのはカフカであり、まさしく、彼はそのことを最も強く感じていたのであろう。

ルンペルスティルツヒェンも、高銀も、デミウルゴスも、カスパール・ハウザーも、いずれも孤児として自分を知り、孤児として自分を生みだし、孤児としての自分を生きていくうえでのヒントをたくさん教えてくれているが、もう一人、言葉の狭間に落ちながら言葉を生み出し続けている作家・多和田葉子が語るヒントにも耳を傾けてみたい。

彼女は、オーストリアの詩人エルンスト・ヤンデルの放送劇「ヒューマニストたち」をラジオで聞いて、その言葉遊びの面白さを解釈している。『ヒューマニストたち』では、いわゆる出稼ぎ労働者のドイツ語を思わせる構文をわざと並べていって、その表現力の可能性と、それを「わるいドイツ語」として抑圧しようとする側のぎょっとするような言語のファシズムを浮き彫りにしてみせる。移民労働者の言葉が良いといっているのではなく、言葉は壊れていくことでしか新しい命を得ることができないということ、そしてその壊れ方を歴史の偶然にまかせておいてはいけないのだということ、芸術は芸術的に壊すのだということを、この放送劇は教えてくれる。言葉遊びは閑人の時間潰しだと思っている人がいるようだが、言葉遊びこそ、追い詰められた者、迫害された者が積極的に摑む表現の可能性なのだ」[12]という。さらに多和田は、この壊れていくあり方を、ドイツ語の「書く」Schreiben と、その中に含まれる「叫び」Schrei に注目して次のようにも表現している。「音的に見ても、意味的に見ても、書くことは叫ぶことと複雑な関係にある。でも、実際に叫びを文字にできるのは、少しは恵まれた環境にある者だけである。［中略］多くの者は、叫びたくても声を持たないので、眼ばかり大きく見開いて、人間たちが壊れていく様子をまのあたりにしながら、聞こえない叫びの中で死んでいくしかない。又、書く代わりに本当に叫び始めてしまったら、精神病者ということにされてしまう。書くことは叫ぶことではない。しかし、［中略］叫ぶことと書くことは、切っても切り離せない関係にある。この二つの単語は、言語学的にみて語源が同じなのではなく、一人の人間が生きてきた過程でもう離れられないくらいに密接に結びついたものなのである」。

私を生み出し私を破壊する孤児としての私を生きていくことは、このように壊れていくことを通じて生み出すことであり、叫びという表現と書くという表現の接続形態を知ったうえで、私を巡って作業し続けていくことであるとも言えるだろう。

確信の崩壊、そして漂泊の中に現出する私

同じことを、確信という素朴な実感の喪失として理解することもできる。私たちは、普段、さまざまなことを確信を持って、自明なこととして生活している。朝起きて学校や職場に出かけていくことも、食事をしたり服を着替えたりすることも、会話をしてコミュニケーションすることも、時間が一定のスピードで刻まれていくことも、人が生まれたり死んだりすることも、私が私であることも、当たり前のことであると確信している。しかし、私を巡る旅をしていると、まさしく、この確信が崩壊していく。

「人がどのような場で『私』と発話したとしても、その私というものは常に自己矛盾である。すなわちそれは、『私は』と『私を』との結合と分離を一つにしたものであり、私自身と「私自身にとって未知のもの」との結合と分離を一つにしたものである[13]」と言ったのはユング派の心理学者ヴォルフガング・ギーゲリッヒである。「人間は人間自身に対する客観性を獲得する必要がある、というユングの提言によって示されているのは、私というものの自己理解の内側で、自己と『確信』との統一を引き裂くことにほかならない。すなわち、それは自分自身との素朴な同一性を解体することである。〔中略〕そうすると、私たちの同一性や、私たちの最深の確信や信仰

や、私たちの真実を、内容として構成しているものは、すべて、単なる現象的で経験的で事実的なデータに、意識の対象というステイタスに格下げされる。〔中略〕このような事態が生じると、あるがままの「私」としての私が、主体としての私自身に対する「他者」になる。そして、私が〔中略〕石や家や車や野生動物に対峙し、降りかかってくる運命に対峙するのと同様に、私というものは〈非－私〉としての私自身に対峙する。唯一の違いは、その未知性にもかかわらず、この「他者」は「良くも悪くも」「私」と同一であるという点である」。

そして、この「確信」は、そのまま失われ続けるのではなく、このような私の解体と生成の作業のなかで、あらためて、その都度立ち上がってくる。「ああ、そうか」「そういうことだったのだ」「わかった」という体験として、その都度の現象的な体験として生み出されてくる。「確信」は私たちが作り出すものではなく、私たちが私というものに問いを投げかけて作業していく中で、その作業によって立ち上がり、そこで立ち上がる確信が、「私」を「作り出す」のである。私がその確信を選ぶのではなく、確信のほうが私を選んでおり、私は自分をその確信の中に見いだす。ユングもベンヤミンも好んだタルムードにおいて、天使は「毎瞬に新しく無数のむれをなして創出され、神の前で賛歌を歌い終えると、存在をやめて無の中にとけ込んでいく。そのようなアクチュアリイティこそ真実なのである」。確信も私も、このように境において創出されてくる。

この境目における創出をベンヤミンは翻訳にたとえて語っている。「翻訳は、原作の意味に自身を似せてゆくのではなく、むしろ愛をもってその細部にまで入り込んでゆき、原作の思い巡らせかたを、つまりその言いかたを、自身の言語の言いかたのなかに形成し、その結果として両者がひとつの容器の二つの破片、ひとつのより大きい言語の二つの破片として認識できるようにするのでなくてはならない。だからこそ翻訳は、何かを伝達するという意図を、意味を、極度に度外視せねばならない。そして、何かを伝達すべきだと考えるときの労苦と秩序立てを、翻訳者と翻訳作品から前もって免除している限りにおいて、原作は翻訳にとって本質的なものとなる」[14]。

意味を度外視した翻訳的な語りそのもののなかに、言葉そのものが、新しく生み出される可能性があると言われている。何かを理解して、別の言葉に置き換えることだけでは、現状の確信の中に留まり、現状の意味と文法の中にとらわれたままである。何か新たなものが、新たな言葉と交わることによって生まれるのだとしたら、つまり、私が新たな私と交わることにより、本当に変容して、私が創出されてくることがあるのだとしたら、それは、現行の意味が、現行の私が度外視されているときだけである。

あるいは、ベンヤミンは、同じことを「せむしの小人」という童歌を頼りに、次のように解説してもいる。

「人々は、死に瀕した者の目の前を、その「全生涯」が通り過ぎると語り合うけれど、そうした『全生涯』は、私たちみんなについて小人が持っているようなイメージからなりたっているのだ[15]」。「私が手に入れたものの全部から、忘却という半分を取り立てている」という「せむしの小人」は、童歌に唄われているようにいたるところで私たちを待ち受けている。そして、私たちからイメージを隠し、取りあげていく。だが、またその小人は、私たちから取りあげられたイメージそのものから成り立っていて、ときおり、私たちが目を凝らして覗いてみる地下室の天窓の向こうにたたずんでいる。昼間彼を見つけようとしても、いつも成功しないのに、夜になると地下室の風穴からじっとこちらをねらっていて、人はその眼差しに気がつく。そして、この小人は、妖精のような幻想的な郷愁を誘うような小人ではなく、背虫という醜悪さを背負ったものであり、背中をひどく苦しめられているものである。背中には、私たちが目にすることのできない荷物が背負わされ、もはやそれをおろすことはできない。彼は私たちが忘れたものを荷物として背に負っている。あるいは、私たちの理解できないものが、瘤のように異様な形で膨れ上がった背中そのものとして存在している。私たちが出会うせむしの小人は、「鍋を割ってしまい、ジャムをなめてしまい、薪を盗んでしまう」小人であり、忘却されたもの、見えなかったもの、見えないものから成り立っている。そして、悪戯ばかりをしていたせむしの小人は、童歌の最後で、こう唄う。

ぼくがベンチのところにひざまずき
しばらくお祈りをあげようとすると
せむしの小人が立っていて
すぐに話しはじめるのだ
かわいい子どもよ、お願いだ
せむしの小人のためにも祈っておくれ

翻訳も、せむしの小人も、実はいつも私と共にある。私が私に問いかけさえすれば、それはいつも私と共にあり、いまこの瞬間の不可解さの中に、「わからない」と「ああ、そうか」の狭間に現れてくる。確信が失われ、確信がふたたび現れる狭間において、私がその都度、成立するのであり、私とはそこにしかリアルに存在しないものである。

二つの物語の狭間において

さて、最後に、一つの西洋の物語と、一つの東洋の物語を、私を破壊しながら成立させる対立項として提示して、私というものへの私の問いかけの小論を終えたいと思う。いずれの物語も、私を問いかけながら、そのいたるところで確信によって私を生み出すと同時に、その確信を瞬く間に破壊していく物語である。まず一つ目は、西洋の物語であり、マルティン・ブーバーが語るハシディームの説教物語、『宝』と題される物語である。

クラカウに住むラビ・イェケルの息子、ラビ・アイシクはある夜、夢を見ました。夢では、プラハの王宮へと続く橋の下に宝があるのが分かります。はじめ彼はその夢を単なる夢だと思い捨て置きます。でも、その同じ夢が三度も繰り返され、三度目にその夢を見たとき、彼はプラハに向かって旅立ちます。そして、ようやくプラハにたどり着き、衛兵が番をする王宮へ続く橋のたもとに来てみたものの、なんとどこにもその他からは見当たりません。朝から晩までそこに立っていても何も起こりません。かといって彼はあえて土を掘り返そうとも思いませんでした。ただ毎日、その橋のたもとにやってきて、ぐるぐると橋のたもとをめぐりながら、夜までそこに留まるのでした。ある日ついに彼のその姿を見かねて、橋の警備に当たっていた衛兵長が彼に優しく話しかけます。『お前はいったいここで何をしているのかね。何かを探しているのかね。それとも誰かを待っているのかね』と。彼は素直に、夢を見て遠い国からここまでやって来たことを話します。すると衛兵長は笑って、『おお、兄弟、お前はなんてかわいそうな奴なんだ。靴底をそんなにすり減らしながら、夢に惚れ込んで、こんなところまで旅してくるとは。だが、私だって、お前のように足を棒にして歩かねばならなかったかもしれんな。私も一度夢に見たんだよ、クラカウに行って、イェケルというユダヤ人の息子のアイシクの部屋を訪ねて、そのかまどの下から宝物を見つけるという夢をな。イェケルの息子アイシクだって！　おいおい、いったいどうしたらいいんだい、ユダヤ人の半分はアイシクなんて名前だし、もう半分はイェケルなんて名前なのに、それをどうやって見つけろって言うんだい、そこら中の家全部に押し入れってことかい！』そういって彼は、また大笑いをしました。ラビ・アイシクは一人うなずいて、故郷に向かって歩き出します。ふたたびの旅路の後に、彼は家にたどり着き、そこから宝を掘り出し、教会を作り、そこはアイシクとイェケルの学校と名付けられました。この物語に心を留め、それが何を語っているのかに耳を澄ましなさい。世界中のどこであろうとも、お前が見つけることのできないものがある。だが、お前がそれを見つけることのできる一つの場所がある。[16]

ここにはいくつもの扉が開かれている。確信が生み出されるとともに、確信が破壊され、その狭間に入り込んでいくことを通じて、「私」が発見されている。夢を疑うことも、夢を信じることも、どちらかが重要なのではない。遠くに旅に出かけることも、足元に宝を発見することも、どちらかが重要なのではない。その時々で感じている問いを引き受けて生活をすれば、そのときにしか出ない応答がある。物語的に語れば、ものごとにはどうしても時間順序が生まれ、まるで継時的にすべてが順序だって起きてきたように思えるが、おそらくこの物語に現れているのは、〈私というもの〉のある一瞬であり、私が誕生する契機そのものである。ギーゲリッヒがその神経症論の結末に取り上げているように、カフカの小説『判決』で、主人公ゲオルグはサンクトペテルブルクに住む友人の窮地に、客観的に遠くから見て助言をする手紙を書く。しかし、父親との言い争いを経て、「お前に、そもそもサンクトペテルブルクに友人なんかいたのか？　いないんじゃないか」と乱暴なこと言われ、友人がいないなんて馬鹿なことがあるかと激高しながら、ゲオルグははじめて、友人の存在に心から気がつくことになる。「ペテルブルクの友人がこれまでになかったほどゲオルグの心をとらえた。遠いロシアで途方に暮れている彼〔友人〕を彼〔ゲオルグ〕は見たのである」[17]。ここには、私というものが否定と肯定を共に抱えて、生まれてくる様子が明確に描かれている。友人は、確かに存在したと同時に、彼の妄想の中にしか存在しなかった。この引き裂かれた思いの中で、はじめて「彼を彼は見る」のである。「いま『私』の心の目が開かれ、結果的に、いままで自分の向かい側にあったものに自分の内側から気がつくことができて、そこに同時に『私』を、すなわち自分自身を、見いだすのである。梵我一如。私に降りかかることのなかで、私は私自身と出会う。まさしく転移の心理学である[18]」とギーゲリッヒは、この様子を解説している。

では次に、東洋の物語を見てみよう。

神に隠された者が、ときおり風に乗って里を訪れるように、漂泊する民が突然定住民の共同体へと訪れてくることがある。柳田と並ぶ民俗学の巨星折口は、折口学とまで呼ばれるようになったその民俗学の骨子に据えた芸能論の中で、芸能の民の定住村落への訪れを、異郷からの「まれびと」の訪れとして定式化する。そして、このまれびとの訪れと漂泊する芸能民と定住する人々との関係は、折口が好んだ説教物語『小栗判官』に鮮明に現れてくる。それは、まず、説教という形態からして、彷徨する芸能民が諸国を訪れ、漂泊者が漂泊の物語を語るという意味で二重に異郷からの訪れであり、かつ、その物語の内容自体が、土車に乗った餓鬼阿弥の諸国遍歴を語り、異界からの訪れそのものを表現しているという意味で、多層の訪れである。それは、形式と内容において訪れそのものである。

この物語で主人公の小栗は、京という都に生まれ育つが、妻をめとることを嫌い、不調の者と呼ばれるようになり、遂には深泥が池に住む大蛇と契りを結び、都から常陸の国へと追放されてしまう。物語空間における常陸とは、もはや現世ではなく、その名の通り、常世としてのあの世を意味する。しかし、こうして異界に赴いた小栗は、相模の国にいる照手姫を知り、彼女に恋し、妻にめとろうとする。

都にいるあいだ、大蛇と契る以前は、妻をめとること嫌う者であった小栗が、現世から離れ、異界に入ることで急激に婚姻に近付いていく。都という土地との定住的な直接性を超えて、定住から漂泊の生活にいたり、はじめて男女の契りが可能になったように見える。

またそれは、照手姫に備わる巫女的性質に喚起されたものであるとも言えるだろう。折口は、『巫女と遊女と』の中でそのことを次のように解説している。「相手の女性が決まったらその人とすぐ結婚する、というのは昔の風習ではなく、その為には段階があった。男の為に女があり、女の為に男があったのに違いない。〔中略〕大抵、村の青年に結婚法を教える女があったのである。その女は宗教的な威力をもった人であって、適齢に達した男等に結婚の方法を教える」[19]。そこで教えられるのは生殖の行為そのものではない。宗教的な威力を持つ定住外の女性と交わることで、人が土地から離れ、同時に土地に定住することを可能ならしめる婚姻それ自体が、神秘的にかつ体験的に教えられたのである。そうした為事をしたのが、神社に使える巫女であり、旅をして村落に訪れ来る遊女であった。だからこそ、自分のルーツのある京都の深い泥を象徴する深泥が池の大蛇と交わった後、その都との直接性を離れ、小栗は巫女的性質を備えた照手にひかれ、結婚を試みるのである。

しかし、物語はそう簡単に成就には達しない。照手の家の三男三郎の策略により、その照手と小栗の婚姻は邪魔され、小栗は殺される。同時に、照手は海に流される。だが、小栗は死して、餓鬼阿弥としてこの世に再び生まれることになり、照手は遊女としてその身をやつすことになる。土葬されていた塚の中から、餓鬼阿弥として、再びこの世に現れ出てきた小栗は「髪は、ははとして、足手は、糸より細うして、腹は、ただ鞠を括ったような」姿で、「あなたこなたを、這い回る」。このグロテスクな姿が、土車に乗って諸国を彷徨する。小栗は「無縁のもの」として塚の中からまろび出て、その不完全な身体を癒やすために、土車に乗って、熊野本宮へ、湯治場・湯の峰へと向かう。「無縁のもの」として再生した小栗には、照手とも、都の父母とも、小栗を殺した横山家の三郎とも、もはや縁は認められない。何ものともつながりがないところから、小栗の新たな旅が始まる。餓鬼阿弥になった小栗の胸には、「この者を、一引き引いたは、千僧供養、二引き引いたは、万僧供養」と書かれた札がかけられている。無縁の者であり、歩くこともできない小栗が、土車に乗りながら、この言葉に見せられた、見知らぬ人々によって引かれて運ばれていく。小栗の乗った土車を引くものは、小栗の道を一歩先に進めるだけではなく、小栗と微かな縁を結び、小栗を通じて、なくなった何千何万もの人たちと縁を結び、供養する。こうしてはじめて、見知らぬ人々とのあらたな縁が結ばれていく。死して餓鬼阿弥という醜い姿になる事で、血縁を断ち切り、諸国を彷徨しながら、はじめの直接的な関係は止揚され、新たな媒介をはらんだ縁が結ばれていく。もちろん、その道行きにおいて、照手もその餓鬼阿弥を小栗とは知らずに土車引き、その縁を結ぶことになり、小栗を殺した横山家の人々さえも土車を引き、縁を結んでゆく。

幼少期に私が暮らしていた集落には熊野神社があった。夏祭りになると、いくつかの神輿が出るのだが、子ども神輿と呼ばれるものは担がれることはなく、それにはとても長い綱が結ばれており、それを子どもたちが曳いてまわっていた。そして、一〇〇メートルほど進むと休憩地があり、そこで止まって一つお菓子をもらう。お菓子を食べる子もいれば、持ってきた鞄に収める子もいて、十分ほど休憩をすると出発し、また一〇〇メートルほど進むと休憩し、そこで別のお菓子をもらったりジュースをもらったりする。子ども心には、たくさんのお菓子をもらえる神輿曳きが楽しかった思い出しかなく、自分が小栗の土車を曳いていたことに気がついたのは、二十代も半ばに差し掛かった頃である。その後、結婚というものをそもそも忌避していた私が、京都で出会った女性と結婚をすることになったとき、まずはじめに熊野本宮と湯の峰温泉を訪ねたのは、あまりにも単純と言えば単純な話だが、それでも私の姿を問う際には、振り返らずにはおれない出来事であり、小栗との縁を感じざるをえない物語である。

物語たちと共に

さて、定住民にとって地域共同体の外部から訪れる芸能民は、異界の住人であり、異質なものであり、時には拒絶され、時には迎え入れられ、決して真に交わることのないものだろう。それは、共同体に訪れては来はするものの、いつも心の中では対岸において、触れあわないように気をつけながら触れあうものである。それは、遠くからサンクトペテルブルクの友人に手紙を書いているゲオルグの状態で関わることかもしれない。しかし、漂泊する者は、定住共同体の血緑の直接性を、まるで婚姻を教える遊女のように破り破壊するだけでなく、新たな縁を結ぶことも教える。それは、カリオストロのような旅人であり、山師であり治療者でもある。漂泊する旅人は、通り過ぎるものだが、人は通り過ぎるものにこそ心が開けることがある。それはもしかすると、沖縄で他者の名前を呼び上げていただけの私に訪れたものかもしれないし、通り過ぎていくものたちこそが、私というものが生まれ出る契機を与えてくれたのかもしれない。私はこの世界に生きていながらも、自分の姿をルンペルスティルツヒェンのように、せむしの小人のように、正体不明のカスパール・ハウザーのように感じて、小さな小人世界に転がり落ちながら、小さな世界から大きな世界を見たりする。私は、父と共に故郷を訪ね、リービ英雄と共に故郷について考えていたが、そのときの私は土車に載せられた人を餓鬼阿弥の小栗のように曳いた定住民だったのかもしれない。小栗が、縁を切られ、縁を結ばれ、自分を失い、自分に出会い、漂泊と定住の狭間において、私というものをその都度成立させていくように、私はもう一度、そして繰り返し、この小論の冒頭にベルリンで体験した時間の狭間に落ちなくてはならないのだろう。

私はいま心理臨床家である。心理臨床を始めたばかりの頃、一つの夢を見ていたことを、小論の最後になって、いま思い起こす。〈夢の中で目を覚ますと、まだ夜中だった。窓辺から光が差し込んでいるので、窓辺に立つと月がとても明るい。そのとき、窓ガラスに自分の姿が映っているのに気がつく。私の身体の右半分はいつもの肌色をしているが、左半分が完全に黒くなっている。良く見ると、まだ左半分が完全に黒いわけではなく、左側の黒い部分はゆっくりと徐々に広がり続けている。黒い肌の部分が左目を越えて、鼻腔に差し掛かり、あと少しで、私の身体のちょうど半分が黒くなろうとしている。半身が黒くなる瞬間、私は恐怖で声を上げて目を覚ました〉。私が、私であり私でない、というあり方は、おそらくこうして心理臨床活動と共に、私に明確になってきたものである。私がこの小論に記したものは、残念ながら心理学的な私の姿ではなく、現象的な私の姿でしかない。いま、ここに明示されるべき私の姿はあまりにもあいまいなままである。月の光の下で分断した私の姿はいまでもあまり変わらずそのままだろう。この分裂を抱えた私の自覚が、かすかに心理臨床家としての私を成り立たせているにすぎない。

最後にプラハへの旅と、熊野への旅を、物語として紹介することを通じて、私は、プラハへの旅も熊野への旅も、喪失や孤児や崩壊や翻訳の地平へと開放してみたいと思っていたのだが、そもそも私はここに挙げたあらゆる物語の中に、あらためて落ち込む必要があるようだ。私の物語は、物語の数としての多層性を持つだけでなく、私自身が私を失いながら、私に出会うように、何重にも繰り返し物語世界を歩むことにあるようだ。多層性は、数としてあるだけでなく、その歩み方にもあるらしい。物語の中に入り込み、その瞬間の現象を、心からもてなし続けることが、タルムードの天使のように、私が生まれてくる契機なのかもしれない。私とは、そういうアクチュアルな確定不能性のなかにこそ、確かに立ち現れるように思う。

註

［1］リービ英雄『模範郷』集英社、二〇一六年、以下の引用も同書より。
［2］リービ英雄『日本語の勝利／アイデンティティーズ』講談社文芸文庫、二〇二三年

［3］W・ギーゲリッヒ（河合俊雄監訳）『ユングの神経症概念』創元社、二〇二一年
［4］C. G. Jung, *Erinnerungen, Träume, Gedanken*, S. 175, Walter Verlag, 1971.
［5］C. G. Jung, *GW8* § 543, Walter Verlag, 1971.
［6］種村季弘『山師カリオストロの大冒険』岩波現代文庫、二〇〇三年
［7］ゲオルク・ジンメル「よそものの社会学」（兵澤静也訳）「現代思想」一九七六年六月号、青土社
［8］石牟礼道子、高銀『詩魂』藤原書店、二〇一五年
［9］モーリス・ブランショ（西谷修訳）「精神医学と芸術　比類なき狂気」「現代思想」一九八三年十一月号、青土社
［10］註［8］と同じ
［11］以下を参照。種村季弘『謎のカスパール・ハウザー』河出書房新社、一九九一年、およびヴェルナー・ヘルツォーク監督「カスパール・ハウザーの謎」一九七四年、東北新社
［12］多和田葉子『エクソフォニー　母語の外へ出る旅』岩波現代文庫、二〇一二年
［13］W・ギーゲリッヒ『仏教的心理学と西洋的心理学』創元社、二〇二二年
［14］Walter Benjamin, *Die Aufgabe des Übersetzers*, Gesammelte Schriften Band IV-1, 1972, Suhrkamp. ヴァルター・ベンヤミン『暴力批判論』野村修訳、岩波文庫、一九九四年（日本語訳参照）
［15］Walter Benjamin, *Berliner Kindheit um Heurzelnhardert*, Gesammelte Schriften Band IV-1, 1972, Suhrkamp.
［16］以下を参照。Martin Buber, *Die Erzählunger der Chassidm*, S. 740-741, Manesse Verlag, 1949.
［17］Franz Kafka, *Sämtliche Erzählunger*, Fisher, 1970.『カフカ自作短篇集』長谷川四郎訳、福武文庫、一九八八年（日本語訳参照）
［18］註［3］と同じ
［19］折口信夫「巫女と遊女と」『折口信夫全集　第21巻』中央公論社、一九六六年

コラム

「異」なるものとの邂逅

フランシスコ・ザビエルの日本宣教から

北山　純

一五四九年八月、フランシスコ・ザビエルは長く危険な船旅の末に日本に辿りつき、その後二年三か月のあいだ、日本に滞在しています。鹿児島、平戸、堺、京都、大分など日本国内を移動したザビエルにとって、数か月間過ごした山口は、日本宣教の中で重要な意味を持つ場所のようです。彼がヨーロッパのイエズス会員に宛てた書簡の中には「思慮分別があり、自分の救霊にどの教えがよいかを知りたいと切望している日本人たちとともに苦しむ労苦は、内心に大きな喜悦をもたらすもので、山口ではまさにそのような体験をしました」（書簡九六）と書き記されています。

天高く晴れ渡った秋の一日、ザビエルの足跡を追って私は山口を訪ねました。サビエル記念聖堂（カトリック山口教会）の一階は、ザビエルやキリシタンに関する資料が置かれたキリスト教資料展示室になっており、ボランティアガイドの方の説明を聞きながら見学しました。ザビエルという異国の人が、キリスト教という異教を伝道するとき、それを日本人がどう受け止めたのか？ということが私の関心の一つでしたが、戦国時代に焼失されたために日本には史籍がほとんど残存せず、むしろイエズス会がローマで所持している書簡類が当時の日本について知り得る詳細な資料だということなど、現地に行って初めて知ることが多くありました。教会の隣地にはロレンソ図書館と呼ばれる宗教書図書館があり、大正十二年発行の「ザベリヨと山口」、昭和二十五年発行の「聖サビエルと山口」といった貴重な小冊子を目にすることができました。後者の冒頭にある「聖サビエルは、日本を愛した、心から愛した。」という一文には、当地とザビエルの深いつながりを感じずにはいられませんでした。

とはいえ、ザビエルの宣教の成否自体は議論のわかれるところのようです。冒頭の山口での体験についての述懐だけでなく、たとえば「この国の人びとは今までに発見された国民のなかで最高であり、日本人より優れている人びとは、異教徒のあいだでは見つけられないでしょう。彼らは親しみやすく、一般に善良で、悪意がありません」（書簡九〇）といったように、日本人に対する賛辞が折々に残っています。また、前述の古い二書にも記載されている有名なエピソードとして、次のようなものがあります。山口の街角でザビエルとともに説法をしていた修道士フェルナンデスに対して、聴衆の一人が罵って唾を吐きかけました。しかし彼は、動揺することなく静かに唾を拭いて説教を続け、その忍耐力に心打たれた人が洗礼を希望したというのです。おそらく、修道士の態度の根底にある信仰が、その場を共にした日本人のこころを動かしたのでしょう。

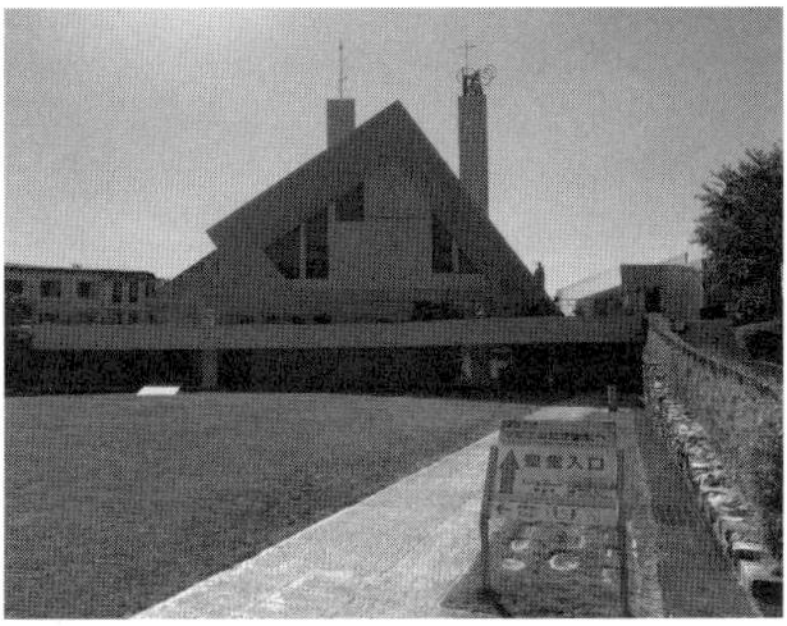

一方でフロイスによれば、この説法時のエピソードのみならず、宣教師たちがからかわれ、軽蔑され、暇つぶしの相手とみなされたこともしばしばあったようです。書簡の中でザビエルは、山口で五百人の信徒を得たと記していますが、その数の多さを疑問視する岩崎の見解や、山口の領主である大内義隆がザビエルを保護したのは、彼の信仰ではなく、異国趣味から来た浅い考えによるのではないかという樋口による指摘もみられます。ローマのイグナチオ・デ・ロヨラに宛てた書簡にザビエルは「日本に行く神父は考えも及ばないほど大きな迫害を受けなければなりません。〔中略〕日本人はほとんど問題のないような小さなことでもとくに外国人にうるさくつきまとって質問し、外国人たちを馬鹿にして、いつもあざ笑っています」(書簡九七)と記述しています。「異教」を語る「異人」を、自分とは異なる属性のものとして誹謗や排斥の対象とする者もあれば、その中の心性に個人として共感や理解を経験する者もおり、洗礼を受け信者になっていったものと考えられます。

ザビエルとその仲間たちは、あらゆるところで宣教をしていました。地球が丸いこと、太陽の軌道、流星、稲妻など、日本人は天体や科学に関する知識への関心が高く、それを伝授し学識を持つ人間だと認識されることが信仰への裏付けとなっていたようです。創造主、善と悪、

神と真理といったキリスト教の信仰についても説教をし、その後にたくさんの質問を受け、それに答弁することを繰り返しており、「説教においても、討論においても、もっとも激しく敵対した人たちがいちばん最初に信者になりました」（書簡九六）とあります。同様に仏僧とのあいだでも激しい宗教問答がたびたび行われ、仏僧との討論の勝ち負けについて「勝利を収めて満足した」といった記述が書簡にも出てきます。勝敗は別として、何らかの対立や対決があったことが伺われます。日本を離れたザビエルは、今後日本での宣教に必要な神父の条件として、学識があり、哲学がよくでき、弁証法に優れた人で、矛盾をすぐにとらえることができる人が必要だと意見していることからもわかるように、日本人への宣教には説論や議論をする知的能力が不可欠だとザビエルは考えていたようです。

山口への旅を終え、私の中に生まれた問いは「ザビエルの宣教において、信仰上の、思想上の、真の対立があったのだろうか」ということでした。ザビエルから半世紀後、日本はキリスト教を一掃する道に進みますが、異なる信仰を同置できなかったのはなぜなのでしょうか。ザビエルから百年も経たない時代の、隠れキリシタンについて描いた『沈黙』の中で、遠藤周作はキリスト教が根付かない日本を「沼」だと表現していますが、沼地の中で弁証法は成立するのでしょうか。ザビエルをきっかけに、そのような日本人のあり方について考え続けてゆきたいと思っています。

写真は、サビエル記念聖堂（カトリック山口教会）と井戸端で説教するフランシスコ・ザビエル。

（本稿は「令和五年度　学習院大学人文科学研究所共同研究プロジェクト」における研究成果の一部です。執筆にあたり、同プロジェクトの助成を受けましたことを記して感謝いたします。）

参考文献

ルイス・フロイス（松田毅一・川崎桃太訳）『完訳フロイス日本史6　大友宗麟篇Ⅰ　ザビエルの来日と初期の布教活動』中央公論新社、二〇〇〇年
樋口彰一「防長の切支丹」助野健太郎・山田野理夫編『キリシタン迫害と殉教の記録　中巻』フリープレス、二〇一〇年、一－三六頁
アウグスチノ岩崎太郎『山口の切支丹』山口カトリック教会、二〇〇一年
遠藤周作『沈黙』新潮社、一九八一年
河内山賢祐『聖サビエルと山口』サビエル遺蹟顯彰委員會、一九五〇年
河野純徳（訳）『聖フランシスコ・ザビエル全生涯』平凡社、一九八八年
河野純徳（訳）『聖フランシスコ・ザビエル全書簡3』平凡社、一九九四年
長富雅二（編）『ザベリヨと山口』山口フランシスコ會、一九二三年

第六章

「個人」と「集合」の対立——心理学の基本的欠陥

今日の魂のマグヌム・オプスについてのリフレクション[★1]

ヴォルフガング・ギーゲリッヒ
（猪股　剛　訳）

苦痛のすべてが真実というわけではない。しかし、真実が苦痛であることはとても多い。私は心理学や精神分析の仕事は、真実を明るみに出し語ろうとすることだと考えている。もちろん、今日、私が語ろうとしていることが本当に真実なのかどうかはわからない。しかし、少なくとも、それが痛みを伴うことだけは確かである。

まず、この講義シリーズのモットーである「自分の魂の救済は世界の救済にある」という文言から始めよう。この言葉を引き受けた著者の一人として、[★2]私は、これを自己批判的な省察にさらす権利を持っていると言えるだろう。そして、この文言が呼び起こす可能性のある、私の基本的立場に関する誤解や、これから始まる説明の一般的な思考方針に関わる期待を、最初に払拭しておくためにも、私はこの文章を批判的な省察にさらさなくてはならない。今日、この文章を目にして、私は「救済」という言葉とそれが表現しようとしている事柄に満足するわけにはいかない。科学やテクノロジーにおける実にエキサイティングな新展開が見られるにもかかわらず、世界にはまちがいなく、テロリズム、数百万人の飢餓、世界各地における残忍な社会的不正義と政治的弾圧、戦争、数百万人の難民、失業、伝染病、テレビ・エンターテイメントの愚かさなど、耐え難い悩みが数限りなく存在し、私たちに世界の救済を望むよう促すものが十分にある。それにもかかわらず、私が思うところでは、救済しようとする志向には二つの問題点がある。第一に、このアイデアは壮大である。世界を救うという願望的なアイデアをもてあそぶこと自体が不遜ではないだろうか。世界はおろか、何かを救済しうると期待している私たちは、いったい何者なのだろうか？　救済、ソーテーリア *sôtêria*、救いは、あまりにも大きな次元のプログラムである。それは、唯一、ソーター *sôtêr* に、救世主にのみふさわしいプログラムである。

第二に、救済のプロジェクトは、精神分析の衝動そのものとも矛盾しているように思える。ユングの被分析者の一人が次のような夢を見たという。その女性は熱い物質で満たされた穴に降りて、その中に身を沈めるように言われた。彼女はそれに従ったのだが、片方の肩だけがその穴から突き出たままだった。すると、ユングがやってきて、「出るのではなく、通り抜けなさい」と言いながら、彼女全体をその熱い物質の中に押し込んだという。アニエラ・ヤッフェは、ユングがあるセミナーでこの夢を報告したとき、彼は明らかに嬉しそうだったと報告している。[★3]

――これは深層心理学的な衝動のとても素朴で明快な実例である。苦境、病理、症状に向き合う心理学的な本能は、それが真に心理学的な本能である限り、そこから抜け出そうとすることはなく、それを「正したい」と願うこともない。魂が切望しているのは、意識がこの苦境により深く入り込んでいくことであり、事態の核心へと入り込むことである。それは病的なマゾヒズムによるものではない。そもそも私たちが陥っているこの混乱こそが、プリマ・マテリア〔第一質料〕であり、それに心理学的なエロスと心理学的な作業全体が捧げられるのである。混乱に陥ることが、その錬金術的な洞察に従うことである。この意味で、苦境から救い出される必要があるのは、世界でも私たちでもない、と言ってもよいだろう。救済され救い出される必要があるのは、この苦境や病理そのものであり、ソーゼイン・タ・ファイノメナ *sôzein ta phainomena*「現象を救う」というプラトン的な要求において、このように言うことができる。

分析家の第一の忠誠はオプス *opus*〔作業〕にあるのであって、経験的な人の願いにあるのではない。そのことを、このユングの被分析者の夢は示している。経験的な人として、あるいは自我人格として、夢見手の思いは、この穴から抜け出すことにあり、それが私たちにはわかる。しかし、この夢のユングは彼女に救いの手を差し伸べはしない。この夢と、この夢に関するユングの喜びの根底にあって隠れている心理療法の理念は、心理療法とは通常の意味での援助の仕事ではないというものである。心理療法の意図は、世界であれ個々の人間であれ、それを正すことでも、治すことでも、より良くすることでもない。そのような意図は、自我人格としての自分自身から生じる主観的な願いである。もちろん、そのような目標に問題があるわけではない。それはごく自然なことであり、人間らしいことである。実際、心理療法が治癒という効果をもたらすことは多い。しかし、フロイトがすでに気づいていたように、治療効果は〔望まれたものではあっても〕分析作業の単なる副産物であって、その直接的な目的ではない。心理療法の直接の目的は「分析」であり、すなわち、心理学的な現象に対する認知を獲得して、その心理学的な現象の最も奥深い核心にまで入り込み、それを理解することを通じて、心理学的な現象を正当に評価することである。治りたい、症状から解放されたい、改善したい、成長したいという願いは、私たちの正当な関心事ではあるが、心理学や心理療法と呼ばれるプロジェクトに与えられた目標ではない。本のタイトルにもなるようなことだが、心理療法が百年も続いていて、それでも世界が悪くなっているのだとしたら、世界が良くなると期待することなど、私たちにできるのだろうか？　そして、さらに重要な問いになるが、そのような期待は心理学的なものなのだろうか？いや、心理学は、世界をより良く変えることにも、希望にも絶望にも、何の関係もない。心理学にはやるべき仕事がある。ここではそれに取り組みコミットしたい。心理学の分野に入ろうとする者は、ひとつの敷居を越えなければならない。この境界によって、私たちの感情、ニーズ、願望は、心理学独自の「客観的な」志向性とは区別されることになる。

実際のところ、数年前の私の文章にも使われていたこの「救済」という語をここで批判したのは、私の側の心変わりを示唆するものではない。[1]というのも、そのとき私は自分の言葉で話していたわけではなかったからである。むしろ、私はユングの文章を取り上げ、私の言葉ではなく、その文章自体に即して検討しようとしたのである。そして、私の論文が掲載されたときの時流であった『世界の救済』という言葉も、私から提出されたものではなく、編集者の判断によるものだった。そこで取り上げられた文章において、ユングは、世界の救済は自分の魂の救済によって成り立つと述べていた（CW10, §536）のであり、救済というファンタジーをもてあそんだのはユング自身だった。私が試みたのは、ユングの言う、世界の救済と自分自身の魂の救済との関係を、心によって精査にかけることだけだった。そして、この精査の結果は、ユングの格言を単純に正反対に覆すものではなかった。私の答えはもっと複雑だった。「世界の救済は、自分自身の魂の救済においてのみ成り立つのであり、その自分自身の魂の救済は世界の救済においてのみ成り立つのである」という形に再構成したときにのみ、ユングの言明は真実になりえることを、私はそこで示唆した。言い換えれば、私たちが救済というファンタジーの中で活動していることを考えてみれば、世界の救済も自分の魂の救済も、いずれも自らの優先権を主張することなどできないのである。自分の魂と世界との関係を支配する弁証法を、私はそこで表現しようとした。

　この「弁証法」というキーワードによって、さらに、私たち人間の「主観的な」志向性と、心理学と呼ばれるプロジェクトの「客観的な」志向性との違いに関するコメントによって、私は、私が知性的にどのような立場に立っているのかを、そして、「個人」と「集合」という単純な対立がなぜ心理学の基本的欠陥であると私が考えるのかを、まずここに示唆した。この私の立ち位置が表わすアイデアを理解してもらうために、もう一点触れておかなければならないことがある。すなわち心理学者としての私の仕事は、主に二つのコミットメントによって触発されている。伝統的には、私はユングにコミットメントしていて、体系的には、人生や、私たちの状況や、私たちの現実という応答すべきことに対して、私の応答を提示するという課題にコミットメントしている、と感じている。この二つのコミットメントのあいだに実際の葛藤は存在しない。なぜなら、私の見るところでは、ユング自身も、その二十世紀において条件づけられていた人生と現実に対して、彼自身の応答をするという同じ課題にコミットメントしていたからである。[★4] 彼の全著作は、近代の状況が魂にもたらした問題と、まさにその苦境と格闘した結果であった。だが、たとえ私の二つのコミットメントのあいだに現実的な葛藤がないとしても、ひとつ目のコミットメントの内側には緊張がある。つまり、ユングへのコミットメントとユングによってコミットメントされた私の感情の内側には緊張がある。それは、執筆された著作と、背後からユングの思考を動かしたヴィジョンとのあいだには緊張がある、ということである。顕在的な作品と潜在的なマグヌム・オプス *magnum opus*〔大いなる作業〕とのあいだの緊張であり、書かれた教義と生きられたプロジェクトとのあいだの緊張であるとも言える。私のユングに対する関係は、次のように言うことで、その特徴を表すことができる。つまり、私は、ユングの作業に反している彼の著作を精査し、彼のヴィジョンに反している彼の教義を精査し、必要であれば、そのヴィジョンの志向性を擁護し、そのいくつかに限定された定式化に抗するのである。このように、ユングに深謝しユングに忠実であることと、ユング独特の確信と対決する偉大な自由とは両立しうる、と私は思っている。

　ユングが個性化の過程について語ったとき、一面的な個人主義を推し進めようとしたのではないと同意するのに、長い議論は必要ない。個性化の目的が〔大文字の〕自己の発展であるとしても、ユングの〔大文字の〕自己は独我論的に捉えられてはならないし、人類や世界全体と矛盾するものであってもならない。「しかし、この自己は世界である」とユングはかつて述べている（*CW*9i §46, transl. modif.）。諸元型について彼は、それらは個人と同様に社会に属しているかのように振る舞う、と述べている（*CW*10, §660）。そして、ユングがそのシンクロニシティ理論によって、心理学と物理学のありうるかもしれない統合という自分のヴィジョンを表現したことを思い起こせば、それだけで、ユングの思考が、個人と集合としての世界、そして個人と自然や宇宙としての世界の両方を一度に包含しようとし、しかも、包含することができていたと理解することができる。

後世のユング派が〔大文字の〕自己と個性化に関するこのような包括的な理念を十分に理解できなかったのか、あるいはユングの着想が彼らにとって十分な説得力を持たなかったのか、それとも第三の可能性として、ユングの理論と実践の発展の仕方が実際にはこの包括的な感覚を支持するものではなかったのか――いずれにせよ、ここ十年ほどのあいだに、ユング派の領域では個性化から世界へと強調点を移す必要を表明する声が数多く聞かれるようになった。ジェイムズ・ヒルマンがその講義のタイトルのひとつを「鏡から窓へ From Mirror to Window」とした[2]のは考えあってのことだった。これまで発展してきた心理療法は、鏡のイメージのもとに捉えられてきた。なぜなら、心理療法は相談室というテメノス〔聖域〕の中で、あるいは閉ざされた器の中で行われ、そして主として自己省察〔リフレクション・鏡写し〕によって稼働しているからである。ヒルマンが望んだのは、個人の視線を自分自身と、自分自身の内部で起こっていることに戻す鏡を壊し、相談室の窓を開いて、私たちを取り巻く現実の世界で起こっていることを、美しさと奇怪さとを備えた世界を知覚できるようにして、この世界を再び魂にあふれたものにしようとすることであった。こうして、心理療法はより広い視野を与えられるようになった。まず一方で、公共交通機関、地域社会の政治、ファッション、私たちの側にあり私たちが生活している建築物、そういった身近な現実に直接的に関心を向けるようになり、他方で、心理学はアニマ・ムンディに、つまり世界の魂という大きなスケールのアイデアに向けられるようになった。このアニマ・ムンディ〔世界魂〕の概念に即して、近代科学によるユニバース universe〔一つの宇宙〕という抽象的な理念とは対照的に、コスモス cosmos〔多様な宇宙〕の理念への回帰が求められた。言い換えれば、心理学は新しいコスモロジー cosmology〔宇宙論〕の発展という作業に取り組む課題を与えられたのである。

ここにごく短く、ひどく簡潔にスケッチしたこのアイデアは、直接的に魂に訴えかける。つまり、コスモス、アニマ・ムンディ〔世界魂〕、世界を魂に満ちたものにすることに、直接的に語りかける。それは単純に気持ちがいい。深い憧れを呼び起こし、素敵な約束を与えてくれる。私の思うところでは、これらの唯一の問題は、それらが心理学的に時代錯誤的であり、あるいは先祖返り的であり、数年前の世界教会協議会の「天地創造を守ろう」というアイデアと同じ程度に、退行的だということである。★5 そのため、それらは今日の心理学的なリアルな必然性を損ない、魂の現実の状況から私たちを遠ざけてさえいる。すでにキリスト教化の過程を経た意識が、魂の拠り所としての、神学的あるいは形而上学的な意義の拠り所としての、世界、大地、自然という理念に、果たして戻ることができるだろうか？　まさしくキリスト教の目的はこの世界を克服することであり、キリスト者の魂の最も深い憧れは、新しい世界に向けられている。キリスト教は西洋の魂の歴史において真に決定的な出来事である。それによって、神殿のベールは上から下まで二つに裂け、地は震え、岩は裂けた（マタイ 27:51）。これは意識の革命を暗示している。いや、意識の革命というよりも、リアルな変化、リアルな断絶が起こったのである。後ろに戻る道はない。それは、思春期から子ども時代の無邪気さに戻る道や、宗教改革やフランス革命から真に中世的な心《マインド》の構造に戻る道がないのと同じである。もちろん、起こったことを認めずに、その現実性を否定することはいつでもできる。起こったことは、実際のところ、地震ほどにはリアルな心理学的な出来事ではないというふりをして、それを私たち自身の誤った意見や妄信的な信念体系や、間違った人間的なものの見方や、地球という惑星に対する敬意の欠如にすぎなかった、とすることもできる。誤った意見や態度は、多かれ少なかれ、自分の意志で修正することができることになる。

しかし、そのような議論は言い訳である。そうした議論に従えば、退役軍人が第二次世界大戦の戦いを再現するかのように、「中世」を演じ、「異教」さえも演じることができる。これはいつでも可能だが、もしそれが娯楽以上のものであれば、すなわちそれは、逃避である。

二千年前、「山にもエルサレムにも、父を礼拝することのないときが来る」と言われていた（ヨハネ4:21）。自然界としての世界には、もはや神聖なものは何もない。私たちはこのことを嘆くかもしれないが、嘆きが心理学的状況を変えることはない。七二四年にボニファティウスがチュートン人〔古代ゲルマン人〕の聖なる樫《オーク》を切り倒したとき、異教からキリスト教への移行は文字通り切迫した出来事であり、後戻りできないことを客観的に示すイメージが、そうして私たちに示された。

このキリスト教への移行が、単に心の態度や信念の変化にとどまらず、自然のステイタスを、本当に、そして取り消し不能なまでに変化させた本格的な革命であったことは、十四世紀末に記されたチョーサーの『バースの妻物語』の一節から明らかである。

昔、アーサー王が治めていたころ、
（ブリトン人がこぞって賛美した王）
ここは妖精でいっぱいの土地だった。
エルフの女王とその廷臣たちが、出入りしていたのは
たくさんあった緑の酒場で、そこで催されていたのはエルフたちの踊りだった、
あるいは、そういう語りをかつて私は読んだことがある。
それは、あなた方の時代より何百年も昔のことだ。
しかし、今はもう誰も妖精を見ることはない。
なぜなら、いまや、聖なる慈愛と祈りが、
聖なる修道士たちのそれが、空気を浄化したように思えるからだ。
彼らは田舎の荒れた野原を探して叫び、
陽光に染みを付ける蟲のようにあつく叫び、
広間、寝室、台所、弓を祝福し、
都市、自治区、城、宮廷、塔を祝福し、
茨、納屋、厩舎、家畜小屋、酪農場を祝福する。

これが、妖精がいない理由である。
かつてはどこにでもエルフが歩いていた。
今日では聖なる修道士が歩いている。
夕暮れ時、あるいは日の光が差し込む時、
礼拝の言葉や聖なることを語りながら、
町から町へ、その範囲を歩いて回る。
女たちは今、安全に上り下りすることができる。
あらゆる茂み、あらゆる木の下を安全に行き来できる、
彼以外にはインキュバス〔淫夢の精〕はいない、
だから、あなたを傷つける者は誰もいない。
彼はあなたの貞節を奪う以上のことはしない。★6

コミカルに描かれてはいるが、それでもこの文章は、自然の論理的なステイタス〔3〕に起こった、あるいは自然の本質とでも言うべきものに起こった革命的で歴史的な変化の実体験を反映させたものである、と考えなければいけない。そこには、根源的な喪失のはっきりとした感覚がある。失われたのは（そして取り返しのつかないほど失われたのは）、さまざまな妖精やゴブリンや小人たちによって、魂が吹き込まれ、生気づけられ、霊的に鼓舞されていたかのような自然界である。自然の中では、もはやこうした精霊に出会うことはできない。自然はもはや、自律的な意味

を持つ場所ではなく、自然は擬人化されて現れることはなく、実際の姿を身にまとって現れることはない。自然はもはや語らない。チョーサーはこの根本的な変化を知る多くの証人の一人である。ちょうど逆に、キリスト教以前の人々や、キリスト教革命の影響をあまり受けていない人々によって、自然の中でエルフや妖精、精霊や死者に実際に出会ったという無数の報告がなされているが、チョーサーの一節は、この変化をキリスト教の影響によるものだとしており、事実、キリスト教は、世界の構成や論理的なステイタスを根本的に変えたのである。キリスト教は、異教の時代に体験されていたように自然を体験する可能性を人々から奪ったが、それは人々を盲目にすることによってではなく、自然そのものを形而上学的に枯渇させることによってであった。

このような変化を経た後で、どうすればアニマ・ムンディ〔世界魂〕というアイデアになお真剣に取り組もうとすることができるのか、私にはわからない。このアイデアは、間違いなく元型的な真理である。しかし、それは古代文化において正当な位置を占める真理である。それは歴史的な心理学の一部である。私たちの世界では、それは、願望思考であり、ノスタルジアの表現である。心理学にとってそれは——あえて挑発的な比較をすれば——メロドラマが大衆のために備えているような論理的なステイタス以上のものではない。それを私は懸念している。私たちがマグヌム・オプス *magnum opus*〔大いなる作業〕と呼ぶ心理学的な課題は、時代を超えて変わらないものなのかもしれない。しかし、明らかに変わらないのは、この課題が私たちに課す水準である。キリスト教は、心《サイキ》をまったく異なる水準に押し上げた。そして、私たちが私たちのマグヌム・オプス〔大いなる作業〕と向き合わなければならないのは、今日、心《サイキ》が実際に置かれている水準である。今日の、心《サイキ》は、もはや古代や異教の心理学の水準にはない。この変化はリアルであるだけで、それが良いか悪いかは関係ない。変化は実際に起きていて、状況は一変した。

もちろん、この観察に価値判断を結びつけてはならない。この変化はリアルであるだけで、それが良いか悪いかは関係ない。

そのため、直接的に世界を再び魂に満ちたものにしようとすることは、心理学的には間違った行動だと思われる。それは自然を再び神のように体験することや、それを期待することと同じだろう。それは、歴史的で心理学的な状況をノスタルジックに再現することだろう。どうやったら新しいコスモロジーや、自然の新たな再神話化を目指すことができるのか、私にはわからない。

そして、自然の新しい神話も自然の新しい心理学も、私たちは必要としてはいない。それはなぜだろうか？　私たちにはすでに自然の心理学があるからである。私たちの真の正当な自然の心理学は、物理学と呼ばれている。その際、この言葉の用法は、あらゆる自然科学〔フィシスphysisの科学〕を内包している。それは、自然や世界に対する私たちのリアルな心理療法が、テクノロジーと呼ばれるのと同様である。その広義の物理学が現代の自然の心理学として担っている心理学的な仕事は、自然には神的なものは何もなく、エルフもニンフも精霊もいないことを証明することである。自然は一種の機械にすぎず、抽象的で形式的な法則の一体系であり、数学的な公式のひとつの集合である。これが、自然に関するキリスト者の魂の真実である。したがって、魂に満ちたコスモス〔多様な宇宙〕を、物理学の抽象的ユニバース〔一つの宇宙〕と戦わせることは、魂を助けることにはならない。それは現代の状況に蔓延する神経症的な解離を助長することになる。心理学と心理療法を物理学とテクノロジーに対抗させることは、解離を生む行為である。

物理学とテクノロジーが、何が魂的で何が魂的でないのかという私たちの古いアイデアを満足させることはなく、そのアイデアは心《サイキ》がまだ非常に異なった水準にあったときに発達したものである。魂はコスモス〔多様な宇宙〕から移住し、ユニバース〔一つの宇宙〕へと移動した。しかも、それは単なる冗談や間違いではないようだ。自然界に関する限り、魂の情熱はすべて、物理学とテクノロジーに向かっているようである。これが、リアルな行動が存在する場である。そして、そのように魂の情熱に突き動かされているものに対して、心理学的、あるいは、魂に満ちたという述語を差し控えるのは、心理学的に重大な誤りであるように思われる。

もちろん、物理学が私たちに見せている世界が、昔と同じような意味で魂がこもっていると言いたいわけではない。そして、物理学の中に魂に満ちた古いあり方を発見したいわけでもない。それが物理学に見つけられないことに疑義は感じない。ここが重要である。つまり、魂と魂に満ちたあり方の意味そのものが変わったのである。魂はもはやかつての場所にはない。そして、苦しいことかもしれないが、魂そのもののリアルな運動から教えを受けることを通じて、私たちの思考をそれに沿わせ、今日において何が魂に満ちているのかという新たな定義を獲得することが、私たちの仕事である。最終的に、物理学とテクノロジーを私たちの魂の作業と不可分の一部として自分のものとし、それを認識することは、私たちの心理学的な仕事である。そのためには、私たちの意識がそのカテゴリーに関して革命を遂行し、最も予期せず、これまで見ることを嫌ってきたところに魂を見ることを学ぶ必要がある。それ以外に、この神経症的な解離をどうやって克服できるのだろうか？　長いあいだ、魂から切り離されたままだったものを、他にどうやってその家に帰すことができるのだろうか？　しかし、私たちは魂に満ちあふれたという古い理念に固執し、そのため必然的に、今日の魂の働きの正当な表現としての物理学の自然観を否定し、その代わりに、新しいコスモロジー〔多様な宇宙論〕を、すなわちアニマ・ムンディ〔世界魂〕の観点から見た自然の新しい着想を主張する。それによって解離が深まり、今日のマグヌム・オプス〔大いなる作業〕の本質的な部分を、私たちは自分のものであると認めることをしない。

私の考えでは、アニマ・ムンディ〔世界魂〕への道は閉ざされている。少なくとも心理学的、神学的、形而上学的な意味において、自然は「外側」にあり、自然が「外側」にあることこそが、自然の心理学である物理学が私たちに伝えているメッセージの要点である。自然を再神話化し、再び魂に満ちたものにしようとする試みが、ユングの強調する個性化から離れる動きである以上、私はいま、世界魂《アニマ・ムンディ》を批判することによって、世界を志向するユング派の同僚たちが立ち去ろうとした個性化の心理学そのものに立ち戻ることになるのだろうか？　残念ながら、個性化のプロセスというアイデアは、批判的に検討すれば、アニマ・ムンディ〔世界魂〕の心理学と同様に、歴史的な〔過去になった〕心理学に属するものであることが証明される。今日、心《サイキ》のリアルな生は個性化のプロセスにあるのではない。それは別のところにある。個性化の論理的なステイタスは、心理学的に時代遅れであり、まさに過去のものである。これは、個性化のプロセスがもう存在しない、起こらないということではない。たとえそれが意義深い充足の体験とともに起こることがあっても、またどこで起こるにしても、それは私たちの時代に心理学的に実際に起こっていることから切り離され自由になったものとして起こるのであり、私たちが個人心理学と呼んでいる自給自足的な泡の中に浮んだものとしてしか起こらないということである。

個性化は形而上学的な存在意義を失ったが、それはユングがかつて夢について尋ねたアフリカの年老いた酋長が経験したこととまったく同じである。ユングが尋ねたとき、酋長は目に涙を浮かべながら、昔は酋長が夢を見ており、それによって戦争や病が起こるかどうか、雨が降るかどうか、牛の群れをどこに追いたてればよいのかがわかっていた、と答えた。彼の祖父はいまでも夢を見ていた。しかし、白人がアフリカにやってきてからは、誰も夢を見なくなった。この話をユングは『思い出、夢、思索』で報告している（英語版 p.265）。もはや夢も必要なくなった。なぜなら、いまではイギリス人がすべてを知っているからである！　ユングは解説として、かつて神々や運命と交渉し、人々に助言を与えていたまじない師は、その存在意義を失ったと付け加えている。まじない師の権威は〔イギリスから派遣された〕地方長官の権威に取って代わられたのである。ユングは、この酋長という人物は決して堂々とした人格者ではなく、むしろ泣き言を言う老人だったと述べている。それにもかかわらず、あるいはそれゆえに、この人物は、時代遅れとなり永遠に取り消すことのできない世界の崩壊がひそかに広がっていく様子を、視覚的に印象深く表現していたわけである。

ここまで私は、個性化は、より深い心理学的、あるいは形而上学的な存在意義に関する限り、アニマ・ムンディ〔世界魂〕に戻ろうとする試みと同様に、「すでに終わっている」と主張してきたにすぎない。いま、私はそれが実際に時代遅れであることを示さなければならない。

現在、私たちがこの世界で目撃しているのは、産業革命が無害なものに見えるほど、巨大な革命である。経済全体において、リストラ、縮小、合理化という急進的で極めて強力なプロセスが進行している。それは、何十万、何百万という従業員を余剰人員とし、残された従業員に、集団操作可能な大衆という論理的なステイタスを割り当てるプロセスである。「ジャスト・イン・タイム」生産[4]と並行して、「ジャスト・イン・タイム」雇用（「マックジョブ」[5]）の傾向もある。ドイツでは、非常勤雇用の契約を結んでいる人々を「*Durchlaufmaterial*」と呼ぶことがあり、「通過していく素材」という意味を与えられている。この用語は、「*Durchlauferhitzer*」（連続通水式湯沸かし器）を連想させるもので、産業界におけるステイタスに関する限り、彼らが水と同じように無定形で継続的に交換可能な物質とみなされ、もはや、それぞれの個性と個人の尊厳を備えた人間とはみなされていないことを示唆している。

これはひとつのプロセスであり、経営者個人の悪行ではなく、誰かに責任があるものではない。これは、私たちをやむにやまれぬ必要性で包み込む展開であり、人間の意図的な行為というよりは、むしろ自然の基本的な力に喩えられなければならない。

もちろん、人々は、封建領主のための規定された労働者や、古代の奴隷や、エジプトでピラミッドを建設させられた大衆と同様に、いつも操作可能な大衆であり続けてきたとも言えるかもしれない。しかし、奴隷や農奴は、私たち現代人の感覚でいうところのリアルな人間ではなかった。彼らの自由と「形而上学的な」尊厳は、彼ら自身にはなかった。ファラオ、王、彼らの主が、多かれ少なかれ、彼らの尊厳（威厳）と自由を体現し、彼らのためにそれを担っていた。つまり、奴隷化は、実際には自己に対しては起こらず、つまり人間の「形而上学的な」核心に対しては起こってはいなかった。それは、このような社会形態において、人間存在に関する単なる「経験的」なものや「偶然的」なものを表現しながら人々を襲ったものにすぎなかった。しかし、今日において、操作可能な大衆以上のステイタスを与えないというプロセスは、人間に対して起きている。まさに、憲法上の人権としての「威厳」を、私たち現代人が言うところの人間の尊厳を、自分自身のなかに携えていると定義された人間に対して起こっている。これが今日、「形而上学的な」自己の中心を射ぬいている限りにおいて、このプロセスは単なる経験的な意味を持つのではなく、論理的な意味を持っていることになる。

経験的に言えば、このプロセスは、たとえ何百万にも及ぶ人の数が数えられるとしても、個々の人間にしか影響を与えはしない。しかし、心理学的に、あるいは論理的に、彼らがこのプロセスの影響を受けるということは、それは人間のステイタスそのものにおける、より深い、これ以外では目に見えない(表現されえない)根本的な変化の象徴的な表現であり、その具体的な視覚化であるとみなしうる。先ほど私は、このプロセスを巨大な革命とした。いま、その意味を解釈するなら、私はそれをコペルニクス的革命とより具体的に言うことができる。天文学において、コペルニクスが地球を宇宙(コスモス)の中心という世襲されてきた王位から退け、単なる太陽の衛星に変えたように、今日、人間は王位から退けられている。個々の人間だけが余剰として解雇されているのではない。それでは文字通りの真実にすぎない。経験的な現象は、私たち人間が形而上学的に余剰とされ解雇されたという事実の一端を物語っているにすぎない。だが、これは心理学的な真実である。生産プロセスと人間との関係は逆転している。人間という要素は、二次的になりつつある。理想的には、産業界は人間を完全に排除し、人間を福祉サービスに預けてその責任を委ね、ロボットと全自動化されたプロセスだけで作業ができるようにしたいのだろう。残念ながら、経験的な現実では、これは不可能である。ロボットを設計し、プログラムするためには、依然として人間が必要である。しかし、このような経験的な意味での人間の必要性は、状況に起因するものにすぎず、時代の真理の現われではない。ユングの語るアフリカの酋長がそうであったように、真実において、あるいは心理学的に、人間はすでにその存在理由を失っている。経済はもはや人間の幸福のためにあるのではなく、人間は生産プロセスの幸福のために存在する。人間は、この生産の進歩のために必要とされる程度にしか考えられていない。生産プロセスが要求するものに対応することが人々には期待され、人は最高度の流動性と新しい仕事に向けた再教育の準備態勢を示していかなくてはならない。このようにして、人間は今後、操作可能な大衆として、あるいは流通素材として、生産プロセスの客観的なニーズに従属しなければならない。そのことが明るみに出されている。この生産プロセスだけが存在理由を持っている。なぜならそれは、今日の最高の価値に、つまりグローバルな競争という文脈で最大化されるヽヽヽヽ利潤ヽヽという価値に、権威づけられ、もちろん逆に、それに従属しているからである。利潤の最大化とは、「利潤のための利潤」を意味し、まったく抽象的なものである。それは、増加を求めるマネーヽヽヽの絶対的な要求であり、財産を増やしたいという人々の単なる願いではない。この意味での利潤の最大化とは、人間がその周りを回るように命じられた太陽のことであり、その太陽は利潤から利潤を得ようとする人々の個人的な欲望のせいではなく、コペルニクス的革命が人間の役割を単なる衛星として再定義したために生まれたのである。マネー自身のために増え続けることがマネーの客観的なニーズとなり、それは富に対する人間の主観的な願望から切り離され、マネーによって社会的な文脈の中で（別荘、高級車、デザイナーズ服などといった）具体的な願望を満たすことができるという憧れからも完全に切り離され、人間は（今日の金融への主体的な当然の関心と相俟って）マネーに奉仕することを強いられている。しかし、しばしば人々は、この強いられている客観的な願望を、自分自身の個人的な願望と取り違えてしまう。一方、金融・産業部門に属さない理想主義的な人々は、利潤の最大化に向かう強力な引力を現代社会の唯物論的態度だと非難することによって、結局は同じ過ちを犯してしまう。

この太陽は、プラトンにとっての太陽が、アガトン *agathon* のための、最高の善、すなわちスムン・ボナム *summum bonum*〔最高善〕のためのものであったのと同様に、今日に通用している唯一の独占的な価値であり、その前にも横にも、その他の価値はなく、他の太陽はない。それはひとつの目的であり、いや、それ自体の目的そのものである。それは私たちのリアルな神であり、リアルな〔大文字の〕自己であり、またリアルな魂であり、現実の（あるいは現実のなかの）魂の導き手 *spiritus rector* である。このコペルニクス的革命は血なまぐさいものではないが、それにもかかわらず、起こっていることは途方もなく恐ろしい。その暴力は論理的、心理学的であり、形而上学的と言ってもよいかもしれない。それに比べれば、フランス革命もロシア革命も、ささやかで居心地の良いものだとさえ言えるだろう。

こうした状況下では、私たちのいるこのプロセスの目的地そのものが、人間という存在と、その個々のアイデンティティを、形而上学的・心理学的に余剰なものとして解雇することにある。ここに個性化のプロセスの場所はない。いまなおそれを擁護するのは誤った動きだろう。それは完全に的を外している。その個性化のプロセスは、実際に起こっていることからまったく切り離されている。個性化〔インディヴィデュエーション〕ではなく、グローバリゼーションが今日の魂のマグヌム・オプス〔大いなる作業〕である。グローバリゼーションとは、個人自身の資質としてのアイデンティティを排除し、利潤の最大化というひとつの大きな抽象的目標の下に、あらゆる個人を論理的に従属させることを意味する。つまり、利益は増大しなければならず、〈私というもの〉は減少しなければならない。利潤の最大化のプロセスは、〈企業や個人がグローバルな競争に打ち勝つ必要性とともに〉すべての生を、実に存在そのものを、マネーの論理の下に服従させる。

ここで、これらの発言によって私が自分のプログラムを示しているのではないことを、思い起こしてもらう必要があるだろう。私が良いと思うこと、正しいと思うこと、望ましいと思うこと、なすべきだと思うことを述べているのではない。私は、魂の力強い「自律的な」運動に内在するプログラムや論理を明確に示そうとしているにすぎない。

しかし、これは、激しい反論が私たちのなかに湧き上がるポイントでもあり、それはアニマ・ムンディ〔世界魂〕と自然が心理学的・論理的には「終わっている」という私のここまでの主張に対する反論でもある。その主たる反論は二つになるだろう。一つ目は、私たちの個人的な感覚や経験に基づいた証言である。私たちの個人的な感情は、非常に頻繁に私たちの分析結果と矛盾する。反論する人々は、夢や、深い分析過程で起こる内的経験や、自然によって私たちのなかに喚起される感情に言及するかもしれない。確かに私たちは、意義深い個性化のプロセスを経験したかもしれない。自然のなかで神聖な存在を感じたかもしれない。このような体験はいずれも、どのような合理的な議論によっても無効にはされず、紛れもない現実感と確信とともにもたらされたものかもしれない。

二つ目の反論は、より理論的なものである。この反論は、内と外の区別や、個人のプロセスと集合的な生活の区別などの、ある評価に基づく区別によって組み立てられている。それは、心理学は内面的な個人生活に味方し、客観的な社会発展や経済発展を軽視する傾向にある、というものである。心理学的に重要なあらゆるものは、私たちの元型的な内的経験や、私たちの夢や、イマジナルなものにあると仮定され、一方、世界全般で起こっていることは集合的な意識の一部とみなされ、それは心理学的には表層的な性質を持ち、そのため重要性も意味も低いことが暗示される。このような立場からすれば、私が述べたようなグローバリゼーションのプロセスが確かに存在することには同意できても、このプロセスが今日のマグヌム・オプス〔大いなる作業〕の形式であることは真っ向から否定することになる。それどころかそこに、個性化のプロセスというリアルなマグヌム・オプス〔大いなる作業〕に対する一種の防衛を見ることになり、私たちが、より深い魂の意味を欠いた単に物質主義的で外的な自我の関心事に、一面的にとらわれていると考えられてしまう。

これらの二つの反論は、どちらも強力であるがゆえに、心理学的に危険な罠であると見抜かれなければならない。だが、なぜそうなるのだろうか?

まず二つ目の反論を見てみよう。一般に理解され使用されているような、人の内的な生活と集合的な意識を対立させることには、二つのものを同じものとしてみるごまかしが含まれているか、あるいは、本来は分けて考えるべき二つの異なる対立の混成となっているか、そのいずれかである。ここに見出すべき二つの対立の一方は現象学的で実証的〔実証主義的〕である。そこでは、経験に二つの種類が、あるいは二つの領域がある。一方には、私たちの夢、感情、ヴィジョンがあり、それはたとえ本質的には元型的であったとしても、それにもかかわらず、厳密には個人的で私的なものである。確かに、私はそうしたものを他者と共有することができるが、他者にそれを知ってもらいたければ、明示的に共有しなければならない。なぜなら他者は、私が私の夢の中で経験したものを、私から教わる以外ないからである。そして、他方には、公に見えるプロセスや本当に公共的な知識がある。★7 つまり、この対立は、知識の源泉や経験の場所によって、経験の二つの領域を実に事務的に区別している。

第二の対立は、感情や評価の対立である。そのため、それは実証的〔実証主義的〕ではない。この対立にはある種の感受性が必要とされる。現象は、より深い意義があるのか、魂に満ちて意味に満ちているのか、さらには魂の真の神秘の一部であると感じられるのか、といったことによって区別される――あるいは、現象は、より表面的で実際的な仕事上の関心事であり、日々の現実における自分の志向や生存に関わり、〈人間的あまりに人間的なもの〉[6]に関わるのかどうか、によって区別される。ここで、魂のマグヌム・オプス〔大いなる作業〕は、私たちの自我の欲求や欲望に奉仕する通常の労働とは区別されなければならない。この違いに関する別の定式化として、経験の元型的でヌミノースな質と、生活上の現象というありふれていて、合理的で、経験主義的で世俗的な質との区別が挙げられる。この対立は、感情的価値や魂にとっての意義に応じて、現象に対して異なる論理的ステイタスを与える。非常に重大な政治的出来事は、もしかすると魂にとってほとんど重要でないかもしれず、深く元型的な出来事は、非常に目立たず、一般には気づかれずに進行するのかもしれない。

個人を通してのみアクセス可能であるとされる経験と、公的領域に属する経験とが区別される伝統的なユング心理学では、経験の実証性と客観性との対立が、私たちが経験に与えたり遠ざけたりする二種類のステイタスや感情的価値という、非実証的で非客観的な対立と、混同されてきた。マグヌム・オプス〔大いなる作業〕のステイタスや、魂の元型的な神秘というステイタスは、個人の内的な経験に与えられるために取って置かれ、同じ理由から、社会的・経済的・政治的発展という外側の世界で生じていることに対してこうした述語を使用することは否定された。そうしたものは、定義に従えば、魂がないとは言わないまでも、心理学的に重要でないものでなくてはならないことになった。

しかし、ヌミノースなものと個人の内的な体験との、このようなア・プリオリな同一視は、批判に耐えうるものだろうか。いや、そうではないだろう。なぜならそれは、一つひとつの新しい現象に向き合う私たちの本来の感情的評価に依存するため、実証化できないはずの区別であるにもかかわらず、それを実証化してしまっているからである。元型的なものや、マグヌム・オプス〔大いなる作業〕が、相談室の内密性の中やその他の錬金術的な器の中に現れなければならないア・プリオリな理由は存在せず、さらには、外側の世界や公共の領域に属するものの中ではそれが起こりえないとするア・プリオリな理由もない。ここで、ゲーテの造語をひとつ紹介したい。それは「*das offenbare Geheimnis*」であり、「明白な（あるいは明示的な、あからさまな）謎」という言葉である。ゲーテが念頭に置いていたのは、明らかにされた謎や秘密ではない。たとえ公共的に知られていることであっても、謎に留まってしまうもののことをゲーテは指し示していた。まさに脚光を浴びているからこそ、謎として認識されないと言っても良いだろう。家を建てる者によって捨てられた石が礎石となる。[7] その現象があまりに通俗的で、あまりに明白であるために、その神秘的な性格が見えなくなっている。通俗的なものは、魂の秘伝的な謎を隠す最良の隠れ家である。自我とは、伝え聞くところでは、また仮説としては、最もよく知られ、最も明白なものであるが、現実には底知れぬ暗黒体《ダークボディ》であるというユングの見解と、これは類似している（CW14, §129）。しかし、とりわけ私たちはここで、ヘラクレイトスが断片72（DK）で語っていることを思い浮かべることができるだろう。「彼らは、自分自身とそれを、つまりロゴスを離婚させる。ロゴスとは、とりわけ彼らが常に関わっているものであり、日々彼らが出会うものであるが、それが彼らには未知のものとして現れる」。

実際に、魂の歴史に根本的な変化があったと考えるには、十分な理由がある。私は、それを示している二つの物語を、つまりチョーサーの一節とユングのアフリカのまじない師についての報告とを、提示した。この変化は、革新的な断絶であるだけでなく、ひとつの回帰でもある。そのまじない師の先祖の時代には、マグヌム・オプス〔大いなる作業〕は内側から現れてきた。それは夢やヴィジョンや瞑想を通じて生じていた。魂の神秘に気づくためには、ある種の隠遁生活に入り、砂漠に行き、隠者や修道士になるのが最善であった。しかしいまや、七十年前のアフリカ人だけでなく、西洋世界の私たちも「地方長官」の新しい支配の下に生きている。地方長官は、まじない師の世界を時代遅れにして、取り返しのつかないものにした。そして、誰もが知るように、この地方長官は、夢や瞑想やその他の内的な経験によって自分の判断を左右されることはない。まじない師から地方長官への変化は、魂の場の変化である。それはインスピレーションの起源を内側からではなく外側から来るものへと逆転させる。今日、私たちが体験しているグローバリゼーション、合理化、自動化といった、とてつもなく大きな公共的な変化の中で、私たちを取り巻いて真のマグヌム・オプス〔大いなる作業〕が起こっている。これが魂の運動の新たな場であり、謎の現在の姿である。そして、それは本当に、絶対的な謎なのだ。というのも、これほどあからさまに、これほど世俗的に見えていても、それが高度にヌミノースで元型的なプロセスであることに、私たちはまったく気づかないのだから。

ここで、先に述べた最初の反論が再び登場する。特に、深く意味に満ちたものと心理学的に表層的なものとの違いは、それぞれの現象に向き合う私たちの感情的な評価に従うものであるという洞察に従えば、深く動かされるイマジナルな経験を伴った個性化のプロセスは、魂の最高の価値と深い確信の感覚を直接に伴うものであるのに対して、グローバリゼーションのプロセスは、魂のない、意味のない感情と結びついているのではないのか？　確かにそうである。しかし、これは罠でもある。なぜなら、私たちの夢やイマジナルな経験が、確信や豊かな感情を伴っているかどうかは、実はまったく問題にはならないからである。もちろん、個性化のプロセスの一部である経験は、深い感動と充実感をもたらす。それには否定できない現実感がある。しかし、私たちがここで問題にしているのは、衝撃的で厳密な洞察である。つまり、こうした体験はすべて、それらが呼び起こす力強い感情とともに、私たちのなかにあるアフリカのまじない師の世界に属するものであり、この世界は全体として、すなわちその現実性と充実した意味についての私たちの個人的な感情とともに、地方長官の出現によって容赦なく時代遅れになってしまっている。そして、この地方長官が私たちの場合には、利潤の最大化へと向かう圧倒的な牽引力なのである。

チョーサーの一節の語り手とユングのアフリカのまじない師は、エルフと夢の世界が彼らにとって深い感謝と意味の感情を呼び起こすものであったにもかかわらず、その時代錯誤を認めるほど、正直で謙虚であった。エルフや夢は、それが意義深く充実したものであったとしても、いまや「心理学的な骨董品」とでも言うべきもののステイタスしかもたないことを、彼らは認めたのである。骨董品もまた、多くの魂の価値を付与されている。しかし、骨董品として、それらは取り返しのつかないほど失われた世界のものであることが知られている。

私たちはそれほど正直で謙虚ではない。私たちが見たいのは自分の感情だけである。個性化のプロセスによって生み出されたイメージが、私たちのなかに意味と確信という深く満たされた個人的感情を喚起してくれることを望んでいる。私たちがそう感じるからこそ、それが真実でなければならないと主張する。私たちの経験が、それらが喚起するあらゆる感情とともに、実際にどのような論理的なステイタスに位置するのかを問うことを、私たちは拒否している。私たちは、現実の発展がそれらの経験の意味を上書きし、絶えず上書きし続けていることを認めようとはしない。個性化のプロセスは、全体として歴史的で、考古学的な心理学に属している。そのイメージは非現実的なものではなく、過去の現実を表現しており、かつては人生の最前線にあったが、いまや私たちのなかで歴史的なものとなっている現実を表現している。そのイメージは現在の現実を表してはいない。あらゆる意味の感情を伴った私たちの個人的な心理全体は、「沈んだ歴史」であり、それは崩壊し、あるいは凝縮し、そして内面化した、かつての時代の実際の生活状況である。個性化の経験によって呼び起こされた私たちの深い意味の感情を頑なに主張することで、私たち現代人は、いわば「昔のアフリカのまじない師」や「シャーマン」を演じているのである――しかし、そのような役割を演じているに過ぎないことを認めることなく、また、私たちの感情が、深い意味を求める自我の欲望によって燃料を供給された、明らかな自我の感情であることを理解することがない。いわば私たちは、民族舞踊のショーやシャーマンの降霊術のショーを見ている観光客のようなもので、個人的な感情においてそれに深く感動しているため、この感情を真実の印として受け取り、単なる観光客用の見世物に立ち会っているという事実に目をつぶっているのである。確かに、このショーはかつての真実の展示ではあるが、この展示そのものはもはや真実のステイタスを持ってはいない。ここで私は、カトリックのミサについて語ったユングの言葉を思い出す。「私はそれが真実であることを知っているが、それは私がもはや受け入れることができない形式の真実である。〔中略〕それはもはや私にとっての真実ではない。それは私の心理学的な状態を表現してはいない。［中略］私は新しい形式を必要としている」（CW18, §632）。

昔の本物のまじない師たちの夢は、群れをどこに追い立てなければならないか、戦争が起こるのか、疫病が流行るのか、雨が降るのか、干ばつになるのか、そういったことを取り扱っているものだった。ユングが言うように、彼らは民族全体の運命について、つまり現実の（政治的、経済的な）運命について「神々と交渉」していた。現代の個性化のプロセスには、これに匹敵するものはない。一般に、今日の個性化の過程における夢は、それが元型的であるとしても、個人的で私的な意義しか持たない。そのことは、夢が疑いもなく携えていた意義が停止しており、それはいまや働きを持たない意義であり、それによって、それが個人的な趣味が担っている意義に類似していることを、おのずから明らかにしている。それは、そこに存在するが、もはや真実ではない意義である。真実とは、現代社会で実際に起こっていることを包含し、それを正当に評価する意義を暗示するものだからである。

ユングは現代において、マグヌム・オプス〔大いなる作業〕あるいは象徴的な生という理念を復興させた（これについてユングは一九三九年に、本協会で語っている）[8]。彼は、錬金術の世界のような歴史的な魂のプロセスの研究を通じて、また被分析者の個人的な分析に類似したプロセスを見出すことを通じて、それを復興した。この形式的な類似性を見て、ユングは現代の個人の内部で進行している発展が同じマグヌム・オプス〔大いなる作業〕であると考えたのである。しかし私は、これは過ちであると考えており、それは規模の違いに関する過ちだったと思っている。マグヌム・オプス〔大いなる作業〕と呼ばれる現実に対してユングが新たに復興させた洞察は、貴重な理念であり、かけがえのない発見である。私たちはそれを保持すべきである――だが、ユングがマグヌム・オプス〔大いなる作業〕という述語を付与した個人の経験からは、それを取り除くべきである。今日の個性化のプロセスの個人的経験は、もはやこの称号に値しない。私たちの厳密な個人的な心理学の一部としては、それはいまでも、単なる自我の活動ではなく、〔大文字の〕作業でありオプス *opus* であるかもしれないが、間違いなく、偉大な作業に位置づけられる資格はない。それはオプス・パルヴム *opus parvum* であり、「小さな作業」である。それは私たちの個人的な心理学の一部であり、そのため、究極的には歴史的な心理学の一部である。そういうものとしてそれはそれ自身の威厳と重要性を持つ。私たちのなかにある過去を大切にすることは常に重要である。しかしそのステイタスは、もはや「マグヌム〔大いなる〕」と考えることができないようなものである。今日の真のオプス・マグヌム *opus magnum*〔大いなる作業〕は、私たち個人のなかではなく、まったく別の舞台で起こっている。それは、世界情勢やグローバルな競争という舞台において、心理学的な地方長官の舞台において起こっており、私たちの場合、すでに確認したように、利潤の最大化へ向けた圧倒的な牽引力がそれである。個人はオプス・マグヌム〔大いなる作業〕の影響を、盲目的な運命の影響として感じるだけである。しかし、何が自分に降りかかっているのか、なぜそうなっているのかについては、まったく狼狽し、無力で、呆然としたままである。

私たちは、ユング自身から、個人の経験をマグヌム・オプス〔大いなる作業〕とする見方に対する批判の裏付けを得ることができる。ユングが『思い出、夢、思索』の中で『ファウスト』をゲーテのマグヌム・オプスと明言するとき、また自身の作業を、『ファウスト』におけるゲーテや『ツァラトゥストラ』におけるニーチェが苦闘した心理学的な問題に関する作業の継続とみなすとき、ユング自身、マグヌム・オプスを非個人的で非人格的な作業とみなしている。ゲーテの戯曲が、彼の個人的な個性化のプロセスに関する報告でないことは明らかである。ゲーテの戯曲は、魂の問題に関わっており、それは全体として（ユングの見解においても）西洋の魂の問題である。同様のことが、ニーチェの『ツァラトゥストラ』にも該当する。そしてもちろん、中世の錬金術のオプス *opus*〔作業〕もまた、明らかに文化的な（ユングなら「集合的な」と言う）プロジェクトであって、個人的なものではなく、特定の個人としての錬金術師の個人的な成長に焦点を当てたものではない。だが、当然のことながら、この三つのケース（錬金術、ゲーテ、ニーチェ）すべてにおいて、作品がそれ自身を表す際に経由する人物は、その成果の特殊な「色付け」の中で姿を現すことになる。

心理学は、今日のマグヌム・オプス〔大いなる作業〕を、すなわち利潤の最大化というオプス〔作業〕を、今日の魂のマグヌム・オプス〔大いなる作業〕（というよりも、現在進行中のオプスのひとつの、すなわち現在の段階）として見ることができない。心理学は、それを間違った発展と見なし、魂におけるその起源を否定し、それが魂の象徴的な生の現在の形であることを否定しなければならないと感じている。なぜだろうか？　それは心理学が「個人」と「集合」という対立と共に（そしてその対立の中で）機能しているという心理学の基本的欠陥のためである。グローバルな競争の文脈における利潤の最大化という強力なダイナミズムは、個人的でも集合的でもない（この集合的という用語は、厳密に言えば、いずれにせよ「個人」の一種の複数形にほかならない。それはこの集まりや個の集合を表している）。[★8]〔9〕このダイナミズムは人間とは何の関係もない。それはまったく別の次元のものである。それは私たちの現実の論理であり、私たちが置かれている論理や真実である（私たちがこのプロセスに当惑した犠牲者でしかないのか、それとも産業界などの管理職として、このプロセスに積極的に参加しそれに貢献している者であるかどうかにかかわらず）。もちろん、それは、抽象的な形式論理学という意味での「論理」ではなく、正しい推論のための道具としての論理学という意味でもない。私が示唆しているのは、ひとつの具体的な論理であり、ひとつの現実であり、ひとつのダイナミズムである。すなわち、魂の論理〔psycho-logic〕である。それは魂のリアルな動きであり、むしろ、リアルなプロセスという魂であり、リアルなプロセスを展開している魂である。それが、魂の生であり、それが論理的な生なのである。[★9]

　私が利潤の最大化のダイナミズムについて述べたことは、そうした心理学的な現象にまで拡大しなければならない。それが心理学的なものである以上、それは個人的なものでも集合的なものでもない。それらは間違ったカテゴリーであり、そのカテゴリーに単純には当てはめられない。魂は、個人や集団の生活のなかに姿を現し、その生活を通じて活動することはあっても、それ自体、どちらか一方に当てはまるものではない。「個人」と「集団」の対立によって、心理学は依然として人類学的な誤謬に、すなわち、心《サイキ》は人間の一部であり、人間という「物質」あるいは「基質」の一種の「属性」であるという仮定に従うことになる。その結果、心理学は、魂に関わるものではなく、究極的には人間に関わるものになる。人間が何を感じ、考え、欲するのかに関わるものになり、人間のイマジナルな経験に関わるものになる――一般的に言えば、人間の内部で起こっていることに関わるものになる。心理学は人類学の一分野となってしまうであろう。

しかし、このような心理学の着想が方法論的に成り立たないという事実を別にしても、今日私たちが体験していることから考えると、心理学はやはり成り立たない。結局のところ、急進的に心理学の着想を不可能にすることが、利潤の最大化というプロセスの本来の目的であり、その要点なのである。このプロセスは、私たちを取り巻いており、私たちにとって絶対的なものである。それは私たちの存在の媒体であり、要素であり、大気のように、人間という有機体を存在させる要素であり、しかも、私たちが最も大切にしているものを犠牲に捧げる神なのである。

これまで見てきたように、利潤の最大化というオプス〔作業〕の目的と意味が、人間を余剰なものとして解雇することであるならば、象徴的な生のこの契機は、私が「心理学的差異」と呼ぶもの、つまり人間と魂の差異へのイニシエーションとして機能するのではないだろうか？　現在の意識を支配している人類学的あるいは存在論的な誤謬から抜け出し、新たな意識の形式へと案内してくれる魂の導き手〔psychopomp〕として、私たちはそれを認めなければならないのではないだろうか？　天文学におけるコペルニクス的革命から四百五十年以上が経ち、今日の利潤の最大化のプロセスは、心理学（あるいは意識そのもの）にようやくコペルニクス的革命を経験する機会を与えてくれている。心理学的な生が円を描いてその周りをまわらなければならないとされる中心の位置から人間が追い落とされるにつれて、心《サイキ》はようやく本当に、ユングが見ようとしたものとして認識される。すなわち客観的あるいは自律的な心《サイキ》として、あるいは私が言いたいのは、魂の論理的な生として、魂自身の目的である生（たとえそれが私たちを通して生きていて、私たちがそれを表現することを必要としているとしても）として、認識されるようになる。ユングは、私たちは心《サイキ》のなかにいるが、心《サイキ》は私たちのなかにはない、と言っていた。彼にとって人間の存在意義とは、象徴的な生を表現し再提示することであり、象徴的な生は人々の目的や関心に奉仕するためにあるのではない。これは、根本的に異なる水準にはあるにせよ、私が言及した巨大な革命の中で、今日も実際に起こっていることだと私には思える。

しかし、心理学が個人と集合という考え方にしがみついている限り、私たちはそれに気づかず、ユングの自律的な心《サイキ》という考え方に口先では同意を示しながらも、（結局のところ、現実には私たちが生きている真理なのだが）心《サイキ》を人間の付録のようなものに貶めてしまう。多かれ少なかれ、「個人」と「集合」という幻想の内側だけで活動することによって、心理学は必然的にあらゆる魂の現象をこの型に押し込めることになる。心理学は自らを無意味化し、自らの思考を存在論的であり続けるように強制する（存在する実体とそのステイタスに必然的に関心を持ち、心理学を体系的にその低い水準に保ち続けようとする）。そして、子どもの手に縛り付けられた風船のように、魂の理念と心理学的な生の理念は飛ぶことを許されない。この理念は根本的に、ア・プリオリな拘束下に置かれている。それは「人間」や「人々」という理念に縛られ、その基体として人間に従属させられている。魂の理念と心理学的な生の理念は、真に心理学的なものになる機会を与えられず、それ自身へと解放されえないのである。

グローバリゼーションと利潤の最大化のプロセスは、これまで魂のある人間存在の一部と考えられてきたものの多くを破壊するまったく残酷な出来事である。そのことは否定されえない。それは、私たちのあらゆる価値観や期待に反している。マネーの原理の下にすべての生活を完全に服従させ、かつて生活に意味を与えていたものを、すべてではないにせよ、無慈悲に一掃する。従って、なぜそれが間違った発展とみなされ、（それに真っ向から反対するのでないなら）心理学が個人的な個性化の経験などでそれを補償するよう求められるのか、そのことを理解するのは難しいことではない。間違いなく、この見解は尊重に値する反応である。しかし、二つの理由から、それは見当違いでもある。

第一に、この反応は道徳主義的な誤謬に屈しており、精神分析的な意味での「防衛」の性格を持っている。この反応は、むしろ私たちが意識的であり、いま問題となっているその現象との関係を知っているという時点において、道徳的な反応（非難）を導入している。したがって、分析を経験していない人々が「影」に関して一般的に陥りがちなことと、多かれ少なかれ同じことを、ここで心理学は犯していることになる。つまり、影は「悪いもの」であるため、それを排除しようとしたり、否定しようとしたり、抑圧しようとしたりするのである。しかし、「影」を余すところなく知るためには、価値判断に先立ち、まずは「影」をためらいなく認め、調査（「分析」）する必要がある。今日、私たちが直面しているグローバルなプロセスも、まずは同様の対応を必要としている。その結果、私たちがここで直面している現実がいったい何なのか、その規模の範囲と心理学的な意義とを知ることができるようになるのではないだろうか。早すぎる道徳的な非難は、公平な「分析」を妨げる。それは「影」にチャンスを与えていない。そのため、それが非難しているものの本質と現実を見逃してしまう。それは、リアルな「敵」と戦っているというよりも、みずからがそうありたいと考え望んでいるものに向かっている。敵と向き合い、敵を意識することから（そして敵を通じて意識的になることから）身を守っているのである。しかし、道徳的な点で、つまり道徳自身の分野で、この態度は必要なことを見逃していることになる。というのも、道徳的に必要とされる適切な反応とは、妥協のない認識と心理学的な理解の後にもたらされるものだからである。

しかし、道徳主義的な防衛が最終的に行きつくところは、私たちが話題にしたコペルニクス的革命を、つまり「自律した心《サイキ》」の完全な実現への移行を、空想的な形で阻止することである。その目的は、ある不愉快な展開に直面することから身を守ること以上に、はるかに根本的なものである。それはもっと大きな、もっと革新的なもののために戦っている。つまり、現代的な人間の自己理解を構成する原理そのものを保持するために戦い、現代的な意識を支配する論理と、その自我という形而上学を救い出すために戦い、しかも逆に、この自我という形而上学がすでに限度を越えてしまっているという事実を洞察することから遠ざかるために戦っているのである。私たちに賛否両論の立場を取るよう呼びかけることで、道徳的防衛は再び「責任ある自我」を呼び戻し、武装させ、まるでまだ手遅れではないかのように、それを中心に置こうとする。このようにして、すでにながらく廃れていた人類学的な誤謬に、（外見的な）力を与えようとしているのである。

さて、利潤の最大化というダイナミズムが「間違った発展」であるという見方が見当違いである第二の理由を述べよう。心理療法的な見地から、この疑問は私たちに突きつけられている。つまり、それは、私たちがこの発展を魂の本物の動きとして意識的に認めることを避けているために、まさに私たちこそが、無理矢理にこの展開を魂のないものに、意義のないものにしているのではないかという疑問である。それは、無自覚な心理学的な葛藤が、「魂のない」身体化という症状の形を取って現れざるをえないのと同じではないだろうか？ 起こっていることに耳を貸さず、その評価を差し控えることで、私たちはそれが意識とつながる可能性を奪っている。私たちはそれを文字通りのステイタスに押し込め、そこに留めおいている。

それが何であれ、私たちは起きていることから自分を切り離してはならない。それどころか、ユングが神について、神が意識的になるために神は私たちを必要としているのだと言ったように、このプロセスは私たちを必要としている。私たちの心情《ハート》、感情、想像的な注意力、そして厳密な思考の努力が必要であり、そうしてそれは、心に、感情に、魂に根付いていく機会を得るのである。それは、私たちの意識から切り離され、私たちの外で起こることとして放置されてはならない。それはいわば、魂を通して、魂のなかで、私たちのリアルな理解のなかで、すなわち「存在する〔大文字の〕概念」（ヘーゲル）としての私たちのなかで、生まれ変わらなければならない。

長年の頑なな拒絶のために、私たちは、このプロセスで私たちに何が起こっているのかを理解するところから、とても遠く離れてしまっている。目下のところ、リアルな理解を夢見ることさえできない。このプロセスが完全に意識に立ち戻るような状況を目指した作業は、おそらく何世代にもわたる課題になるだろう。つまり、今日の私たちにとって、「このプロセスに感謝の思いを向け、注意を向けて思考することをためらわない」ことが最も直接的に意味するのは、自分自身がこのプロセスの影響を受け、実際にそれで傷つくのを許すことであり、たとえそれが苦痛であっても、このプロセスに心を開き、自分自身の心情へとそれを受け入れることである。このプロセスが私たちに与える根本的な喪失を（情動的＝感傷的にではなく、真摯に、そして知的に）受け止め、私たちの膨張した自己中心性と主観主義を、[★10] 私たちの人格主義的な世界内存在の様式とそれに伴うひどい「人類学的な誤謬」を、単に主観的にではなく、客観的かつ事実的に削り取る一種のノミとして、それが私たちに作用するのを許すのである。「客観的な心《サイキ》」の意識、つまりそのリアルな「理念」は、苦痛に満ちた経験のゆっくりとすすむプロセスを通じて、現実的かつ客観的に獲得されなければならない。それは、私たちの心のなかにあって私たちが支持している「アイデア」や「表象」以上のものでなければならない。それは逆に、私たち自身に刻み込まれたものでなければならない。私たちは「苦労して学んだ」ことによってのみ、リアルな知識を得ることができる。主観的な理解や同意だけでは十分ではない。[★11] ゼウスの法令、（「苦難の道で学んだ」あるいは「苦難を通して意識する」と表現されるかもしれない）パテイ・マトス *pathei mathos* は、今日でも有効である。[★12]

付録

一九九八年十月四日から七日にかけて、「C・G・ユング・分析心理学および文化のウェブサイト」主催のもとで私が行った前掲の論文に関するオンライン・セミナーの準備のため、セミナーの司会者であるドロレス・ブライエン（Dolores Brien、ラウンド・テーブル・レビューの編集者）とドナルド・ウィリアムズ（Donald Williams）は、グレッグ・モーゲンソン（Greg Mogenson）に、私が表明したものに対する応答を書くよう依頼しており、私はそれにさらに返答をした。この第一回目のやりとりの後、第二回目のやりとりが行われ、すべての資料がセミナー参加者に公開された。以下に、私の二つの回答文章を紹介する（独立した文章として理解しやすいように、少し短縮して修正したものとなっている）のは、これが、「個人」の役割に関する私の見解について、貴重な差異と付加的な側面を紹介しているからである。モーゲンソンの洞察に満ちた批評的な指摘によって、この主題に新たに臨み、彼の提起した特定の問題に取り組む必要が生じたことに、私は心から感謝している。

I.

言うまでもなく、個人は不可欠であり、「人類の魂の天秤に（私たちの）微小な粒を乗せる」（CW16, §449）ことが極めて重要である。人類は個人という形で存在している。個人がいなければ、思想も芸術も社会生活も、夢もない。誕生と死、食事と睡眠、仕事と恋愛が不変であるように、個人の重要性も不変である。私はチームワークや自由放任主義を求め嘆願しているのではない。個人の責任をなくし、それによって「悪の凡庸さ」を是認しようとしているのでもない。個人というものが時代遅れになったという私の論説は、まったく異なる水準にあり、それは、私の論文の終わりに近い一節に、「（たとえ魂自身の目的である生が私たちを通して生きていて、私たちがそれを表現することを必要としているとしても）」という括弧付きのコメントが加えられていることからもわかるだろう。この括弧は、このコメントによって、私が心理学的な水準の言説から離れ、常識や日常的な意識といった心理学外の言説に移行したことを示すものである。

外側の現実や常識から見れば、シャーマンも、酋長も、ファラオも、偉大な芸術家も、錬金術師も、もちろん個人である。しかし心理学的には、彼らは、特異な個人として、夢を見て、考えて、創造しているのではなく、部族の魂として、「全体」として、「普遍」として、それを行ったのである。これこそが、夢を「大きな」夢とし、オプス〔作業〕をマグヌム・オプス〔大いなる作業〕とし、絵画を芸術作品たらしめている。錬金術師たちは、彼ら自身の自己展開に勤しんだのではなく、〔大文字の〕石そのものを求め、誰もの石を求め、人類のための「石」を求めたのである。そして、彼らの求めは（外部に物質として投影されていただけで）無意識のうちに彼ら自身の〔大文字の〕自己に向けられた関心であるというユングの主張は、許されざる心理主義であり、錬金術の不当な解釈である。

私の論題は、個人というものが論理的・心理学的に時代遅れだというものである。実証的な事実として時代遅れだと言っているのではない。この「個人」の心理学的な意味と通常の意識的な意味の違いは、本質的である。私の行った議論はすべて心理学的なものであり、普通の現実の観点から話しているのではない。つまり、私が問題としているのは、個人という実証的な現実ではなく、焦点と目的としての個人という心理学的なアイデアである。ある意味で、私は錬金術の真理に立ち戻ろうと（あるいは前進しようと?）している。つまり、重要なのは、私自身の変容ではなく、第一質料の変容である。私自身の個性化や変容のプロセスではなく、第一質料の個性化や変容のプロセスに身を捧げる限りにおいてのみ、私もまた、私の「救済」を経験することができる。ここでいう「私の」とは、自我人格という心理学的な理念を指しているのではなく、個々の人間としての私という心理学の外側の理念を指している。

ここで、心理学の設定において、二つの異なる立場のあいだで強調点が異なると私が考えるものについて論じたい。一方の立場は、基本的に主体－客体関係のなかで動いている。〔大文字の〕現実が一方にあり、心《サイキ》は主に「現実のトラウマ」に反応する人間の心《サイキ》である。「客観的な心《サイキ》は、現実をイメージする個人の能力にも現れている」と、この見解は言う。この文章が真実である可能性があるのは、この文章が心理学的な意味ではなく、実証主義的な意味である場合、つまり「個人」が事実的な人間、経験的な人間、人々を指す場合だけである。なぜなら、経験的な人間はシャーマンや本物のアーティストといったものかもしれないからである。しかし、個人が〔心理学的な意味で〕ファンタジーを形成する能力は、主観的な心《サイキ》の現れである。この個人の反応は、何もない灰色のコンクリートの壁という現実を見たくないがために、そこに自分のカラフルなデザインを吹き付けるスプレー工の作業に等しい。心理学的に言えば、私たちが個人としてではなく、論理的な「普遍的なもの」としてイメージし、神話的に言えば、魂として、非自我としてイメージすることを条件としてのみ、現実をイメージする能力に現れるのは客観的な心《サイキ》である。これは極めて重要な区別である。もちろん、現代の若者は夢を見続けるかもしれない。しかし、彼らの夢が彼らの個人的な夢であるならば、それは後にヤッピーとなったヒッピー世代の夢や薬物に誘発されたヴィジョンと同じステイタスにある。なぜ今日、かつてなかったような麻薬問題が起きているのだろうか？　人々が魂のマグヌム・オプス〔大いなる作業〕から切り離された自分の夢を見たいからである。若者の夢がその者の個人の夢でなく、その若者が今日の第一質料に隠され、私たちの時代に実際に進行しているメルクリウスの夢を見ているならば、それは客観的な心《サイキ》の夢である。あなたが言うように[10]、私たちは「〔大文字の〕自己の暗黒面」を「分化し、救済するために奮闘」しなければならない。外側から言えば、この私たちは、個人としてだけ存在している。しかし、心理学的に言えば、私たちは個人としてこれに取り組んではならない。なぜなら、厳密な意味での個人として、私たちは〔大文字の〕自己に近づくことさえできないからである。私たちはそこを通り過ぎてしまう。

私はあまりにも錬金術師の肩を持ちすぎているので、CW8, § 331, f. のユングの次の一節を評価することはできない。それは還元的で、ニヒリズム的にさえ感じられる。

心《サイキ》にイメージとして残るのは、（中略）嵐でも雷でも稲妻でもない。それらが呼び起こす影響によって引き起こされるファンタジーである。（中略）壊滅的な雷雨に対する人間の呪い、鎖につながれていない要素に対する恐怖――これらの影響は自然の情熱を擬人化し、純粋に物理的な要素は怒れる神となる。人間の環境の物理的条件と同様に、生理的条件や腺分泌物などもまた、情動を帯びたファンタジーを喚起する。セクシュアリティは豊穣の神として、（中略）あるいは犠牲者を絞り殺す恐ろしい大蛇として現れる。

ユングは、（まるでそうしたものがあるかのように）「純粋に物理的な要素」という架空の抽象から出発し、二次的なファンタジー活動を通じて、それが神に変えられたかのように話している。もしそうだとすれば、そのような神は真理を持たず、したがって本当の神ではないだろう。この神は顕現ではなく、主観的な投影であり、〔大文字の〕現実に貼りつけられたバンパーステッカーである。「どのような時代においても、そのマグヌム・オプス〔大いなる作業〕とは、［ユングならば補償的関係と言う］弁証法的関係にある現実のトラウマに対する独裁的な反応を通して、心《サイキ》が可能にする象徴的な生を理解し、意識的にそれに参加することである」というあなたのアイデアとは対照的に、神話的あるいは錬金術的な観点から見ると、神やメルクリウスは、現実に対する二次的な「独裁的な」(!)反応から生まれるのではなく、そもそも現実そのものに内包され、幽閉されているものである、と私は思う。この現実に対する「独裁的な」関係は、アニマに過ぎず、マーヤーに過ぎず、投影である。同様に、世界をアニマ・ムンディ〔世界魂〕と考えて、再び魂に満ちたものにしようとする努力は、私の目には、典型的な現代の自我の努力と映る。客観的な心《サイキ》という考えから出発すれば、どんなものも再び魂に満ちたものにする作業を必要とはしていない。なぜなら、魂はもともとそこにあり、たいていの場合、最も期待されておらず、最も望まれていないところにあるからである。だからこそ私は、客観的な現象(例えば、グローバリゼーションや利潤の最大化などの現象)に対して「ファンタジーを形成する」のではなく、魂を掘り起こしたいのである。心《サイキ》と現実のトラウマのあいだの補償的な関係で反応するのではなく、現実のプロセスが私に語っていることに耳を傾けたい。私がどのように考えなくてはならないのかを現実から教わりたいし、現実によって自分の場所が定められ、場合によっては、現実によって「洗礼」を受けたいとさえ言えるかもしれない。そうやって私は、「人類の魂の天秤に」私の「限りなく小さな粒」を乗せようとしている。

この文脈における補償というアイデアは、あまり参考にならないと思う。この場合に補償が意味することは、つまり、まずグローバリゼーションと利潤の最大化に基づく経済を発展させ、その次に、その結果を(心理学的に)受け止める代わりに、美しいファンタジーでそれを覆い隠そうとすることである。これは不正行為ではないだろうか？「あなたがたはその果実によって知るであろう」[11]。私たちの真実はこの果実にある。そうして、私たち自身の無意識的な集合的な行為の杯を、その残りかすまで飲みほそう。なぜなら、私たちの魂は、他のどこでもなく、その残りかすの中にあるからだ。しかし、私はグノーシス主義者のように、「罪」から贖われるために「罪」を犯せと言っているのではない。「罪」は（それが罪であるとすれば）すでに犯されている。私の言う「残りかすを飲む」とは、行動に参入して文字通りの行為に訴えることではない。それは、すでに行われた行為の核心と、現在進行中のものごとの核心が自分自身に到達してくることを認め、それを理解し、またそれによって理解されることを意味する。

ユングの考えをもってしても私が受け入れることのできない見解を、人々が支持できるのも確かだろう。しかし私は、このユングとは別のユングに、例えば神経症について、「それが何を意味するのか、何を教えようとしているのか、その目的は何なのかを経験する」ように試みるべきであり、「私たちが神経症を治すのではなく、神経症が私たちを治すのだ」（CW10, §361）と述べたユングに重点を置きたい。すべての症状がそうであるように、グローバリゼーションと利潤の最大化は、心《サイキ》の「独裁的な反応」を必要とするものではなく、それらが心《サイキ》の「独裁的な反応」なのである。私たちがそれらの心理学的メッセージを受け取り、理解し、それらに対する私たちの理解を通じて、私たちはそれらによって変容させられる。

「現実のトラウマ」と「それに対する独裁的な反応」の対立は、分裂を生み出しているように見える。心理学的なものは一方にのみ置かれるようになる。つまり、私たちが現実をイメージし、現実に対して魂が反応する側に置かれ、それに対して、現実そのものはまったく魂のないものとして解釈されるようになる[★13]（そもそも、アニマ・ムンディ〔世界魂〕というアイデアで世界を再び魂に満ちたものにしようとする欲望の原因はここにある。もし現実に魂がなく、私たちが個々に象徴化する必要があると解釈されていなければ、現実を再び魂にみちたものにする必要は感じられないだろう）。竜巻や地震の場合には、このような現実という着想は受け入れられるかもしれない。しかし、グローバリゼーションの場合はどうだろうか？　グローバリゼーションは人間の経済活動の内側における発展であり、自然災害のような意味での「現実のトラウマ」ではない。人為的なものである以上、グローバリゼーションはそれ自体、魂の象徴化活動の産物である。それは別の象徴化を必要としない。必要なのは、私たちの知的、感情的な理解であり、それに対する反応である。それは、私たちにそれが浸透し、私たちを変容させることを許すことから成り立ち、あるいはユングの言葉を借りれば、それが私たちを癒やすことを許すのである。

II.

私の論説では、今日、解離という用語を借りて言えば、それは誰かによって行われる行為ではなく、私たちの現代世界そのものの論理的特徴である。私たちは解離のなかにいる。分裂、破裂は私たちにア・プリオリなものであり、それは私たちの世界全体を貫くと同時に、「客観的な心《サイキ》」をも貫いている。だからこそ、客観的な心《サイキ》や集合的な無意識を単独で語ることはできない。いまや、それらが二つとも存在する。つまり、一方は「私たちの夢」に現れる個人的で、主観的で、私的な「客観的な心《サイキ》」（あるいは「集合的無意識」）であり、もう一方は、例えば経済やテクノロジーで進行していることに現れる公共的で、真に客観的な「客観的な心《サイキ》」である。同様に、錬金術的な作業を貫く裂け目が存在し、それが、私が言うところの、オプス・パルヴゥム *opus parvum*〔小さな作業〕、つまり（従来のユング派的な意味での）個人の分析と個性化のプロセスという作業と、私たちの文化的なプロセスのオプス・マグヌム *opus magnum*〔大いなる作業〕とを分けている。個人の小さな「大きな夢」と、私たちの文明の発展を無意識のうちに牽引している大きな「大きな夢」がある。あなたは、ユングの言葉を引用して、私たちの夢は「状況をありのままに提示する」と述べているが、その通りだと思う。しかし、それでは曖昧だとも思う。

問題は、いずれの状況にあるのか、という点だろう。あなたにとっては、「状況」が単数であるように思える。私にとっては、状況に二重性がある。「私たちの夢」は、各個人の個人的、私的な状況を表現しているに過ぎず、それは世界という大きな状況の中の泡（浮遊していて、相対的には自己閉鎖的な細胞）である。それともあなたは、「私たちの夢」や従来の分析心理学が全体として語っていることが、私たちの時代に実際に起こっていることと本当に関係しており、それに本当に触れ、それに本当に届くものだと信じているのだろうか？　それらは、この不気味なプロセスを理解することに貢献するものだろうか？　これらのプロセスは「私たちの夢」の参照枠なのだろうか？　夢はその答えとなるのだろうか、あるいはそれを理解するものなのだろうか？　もちろん、私はあらゆる個人のあらゆる夢を知っているわけではないが、夢の報告や事例検討に溢れる分析心理学の文献を読んだ限りでは、いわゆる「大きな」（元型的な）夢や美しい個性化のプロセスの描写も含め、それら全体が、「自我の小旅行」に属すると言ってもよいだろう。ユングのアフリカの酋長は自分が時代遅れであることを知っていた。彼はもう大きな夢を持っていると主張しないほどに正直であり、「意味」のようなものを提供することができると主張しないほどに正直だった。言い換えれば、彼は今後、自分が「酋長」として振る舞えるのは、たとえそれができるにしても、民族儀礼のショーの中だけであることを受け入れていたのである。「酋長」として、彼は博物館の展示品のひとつだった。

しかし、外の世界で起こっていることから、つまりイギリスによる支配から、「彼自身を切り離した」のは彼ではなかった。そうではなく、時代遅れの伝統文化と、押しつけがましい西洋の文明や政府とのあいだにある客観的な分裂の中に、彼はいたのである。そして、彼は、この分裂の片側に、より低い方に、止揚された側に、自分を発見したのである。彼は泡の中にいたのである。そして、実際に進行していることは、彼の頭上を越えて動いていた。このことは、私が考えている解離が、左手と右手を分けるような水平的な解離ではないことを示している。それは垂直的で、階層的な解離である。だからこそ、夢を拡充するためには、ギリシャ神話ではなく新聞に目を向けるべきだという提案は、二つの理由から現実的でないと私には感じられる。（1）この解離はそう簡単には克服できない。その提案では安直すぎる。（2）そうすることによって、夢や個人の心の生活が提供できるものさえも見逃してしまうことになるとも考えられる。というのも、個人の夢という文脈が、私の論文で述べられているような支配力を一般的に発揮するとしてしまうのは、真実ではないからである。今日の夢という文脈が表わしているのは、魂の歴史であり、古代の神話である。そして、相談室は心的な骨董品の博物館である。これこそが、個々の心理学的な作業が取り組んでいるすべてである。そしてこれこそが、ユング派のセラピーに威厳を与えている。

あなたが時代の現実的な問題に対応し、それに関係しているかのように見せかけた瞬間、それは詐欺となる。ユング派の心理療法家は、患者や被分析者と仕事をする際に、自分がしていることの本質が何であるのかを知っていなければならない。相談室で心理療法家は、いわば優れた美術館の館長であろうとすべきである。そうでなければ、彼はにせものになり、心理療法を膨張させ、体系的あるいは構造的な理由からそれが達成することのできないはずの仕事を、心理療法に負わせることになる。心理療法家がスプレー工になる（失礼！）。拡充という方法は、拡充として使用される個々の項目の意味をすでに知っている場合にのみ、納得がいくものである。拡充とは、「*quod semper et ubique et ab omnibus creditur*（いつも、どこでも、誰もが信じられること）」を指している。それは、意識を永遠の真理と結びつける目的を果たす。しかし、いったい現代の誰が、現代に何が起きているのかを、朧気ながらでもその深層で本当に理解し、新聞報道を拡充の材料として利用できると言うのだろうか？　すべては私たちの頭上にある。それはまったく新しく、前代未聞のことである。それはまさに、「*quod semper et ubique et ab omnibus creditur*（いつも、どこでも、誰もが信じられること）」には含まれていない。元型は、こうした巨大なプロセスの文脈では、その職を失っている。元型の居場所は個人の心《サイキ》の中であり、それは止揚された過去（文化史）である。今日には、まったく別のことが起こっている。

私の考えでは、「個人は、論理的な水準では普遍的なものである」と言うのは——そして、それと似たようなことを言うのは——欺瞞（希望的観測に基づく甘言）である。これは、現代人の魂の本当の苦境を否定するものである。そしてそれは、ひとつの原理主義であり、今日の生活状況からは何ら裏付けがえられない単なるドグマである。アフリカの元酋長のように、現代人は論理的に自分がもはや普遍的な存在になりえないことを深く知っている。それにはただ私たちのリアルな状況を見てみるだけで良い。意味の喪失感や孤独感、依存症、現代芸術の形態、通用している哲学や理論の特徴など、すべてが「個人」と「普遍」が一緒になれないという事実を証明している。少なくとも二百年ものあいだ、個人はずっと普遍的なものになりえなかったのであり、それは、それだけ長いあいだ、多くの偉大な頭脳が格闘してきた明確な問題なのである。なぜ心理学はこのことを無視しようとするのだろうか？　この不幸な世紀のあいだ、この個人と普遍の同一性があらかじめ与えられた現実ではなかったために、多くの政治家やイデオロギー研究者が、この普遍と個人の同一性を一方から他方へと、またその逆へと、なんとか強要しようとして、そして、破滅的な結果を招いたのである（ファシズム、社会主義などがそれである）。ユングもまた、この問題に苦しみ、苦闘していた。少なくとも、従来のユング解釈に見られるユングは、この問題を解決する論理的手段を持っていなかったと言っても良いだろう。もしも仮に、心理学が想像力（夢のイメージへの希望）を超えて、適切な思考へと、すなわち魂の論理へと歩を進めるならば、その場合にのみ、「普遍としての個人」に〔チャンス以上のものはないとしても〕チャンスが訪れるだろう。

「グローバリゼーションと同じように、心《サイキ》の様相である」とあなたは言う。その通りだと思う。つまり、存在するものはすべて私たちの現実の一部であり、客観的な心《サイキ》の表現である。これは「個性化のプロセス」にも、あなたの言う「Meジェネレーション〔自己中心性の世代〕」や「ナルシシズム文化」にも当てはまる。しかし、そうした「個人」という言葉も、ディズニーランド現象も、トークショーも、個人主義心理学も、その他のものも、グローバリゼーションといったものと同じ方法と感覚で、客観的な心《サイキ》の象徴的表現であるわけではない。私たちは、二つのまったく異なる論理的ステイタスを隔てる裂け目を無視してはならない。言及された現象は、解離した客観的な心《サイキ》の片割れの象徴的表現であり、客観的な心《サイキ》は、一方のビジネス、つまりオプス・マグヌム〔大いなる作業〕と、他方のエンターテインメント、つまりオプス・パルヴゥム〔小さな作業〕に分裂しているのである。一方には産業と大金融という現実があり、他方にはまったくどうでもよい娯楽部門といったものがあり、そのあいだに分裂が存在している。これに加えて、娯楽部門全体がそれ自体大きなビジネスの一部であるという洞察を加える必要があるが、しかしそれにもかかわらず、娯楽そのものが〔言葉の高次の意味での〕「意味」を持たず、分裂し、宙に浮かされ、止揚され、追放されているという事実が変わることはない。明示的に意味を提供しようとするタイプのエンターテインメント〔教会やニューエイジ運動など〕でさえ、意味と呼ばれる商品を提供するだけで、真に、つまり論理的に、私たちの現実を完全に包含するようなリアルな意味を供給することはない。

二〇一一年の追記

上記の論文で、私は「個人」というものが時代遅れになったという事実を、主に、何百万人もの人々を「余剰人員」にした経済生活における根本的変化のあり方に言及することによって、短く示し、立証した。このような個人の論理的なステイタスの変化は、「人的資本」あるいは「人的資源」という用語に最もよく現れているが、それは「個人」というものの一般的な廃位に関する多くの例の中の一例にすぎない。文字通り金融的な意味での資本が、まったく均一で区別のつかない価値単位（ドルやユーロなど）で構成されているように、「人的資本」という用語は、人間を個性のない交換可能な単位に貶め、国家の文字通りの資源が原材料の抽象的な総和の名称であるように、「人的資源」という人々を示す概念は、人間を人間という威厳を持たない目的のための手段に貶める。しかし、私が言いたかったことは、もちろん、現代社会におけるその他の多くの観察によっても裏付けられるだろう。

私たちは、人間「個人」という心理学的な理念（すなわち、人々の論理的な構成やステイタスとしての「個人」、存在の形態としての「個人」、自己認識や自己形成としての「個人」、卓越した意味での「個人の人格」として定義される人々という「個人」）と、人々が根本的に別個の存在としてあり、個々の生物として存在するという意味での「個人」という少々自然主義的で実証的・事実的な概念とを区別しなければならない。心理学的な「個人」の概念には、とりわけ次の四つの特徴がある。

1. 個人は、ひとつの自己完結した単位である。それは、明確な中心を核と源とする円としてイメージすることができる。それはひとつの自己である。

2. そのため個人に不可欠なのは、内側と外側の区別であり、プライバシーの感覚とその必要性である。ユングは各々の個人が「秘密」を持つことの重要性を強調してさえいる。

3. 個人は、その生涯の実存において、アイデンティティの途切れることのない連続性と、人格の有機的な発展によって決定され、それはしばしば、どんぐりが樫の木へと自己形成していく様子になぞらえてイメージされ、あるいはひとつの教養小説 *Bildungsroman* のパターンに従ってイメージされる。

4. 個人は、自律と自己決定の感覚を持ち、そのためにはいわば強いプライバシー意識が不可欠であり、相対的に外部からの影響に対して自由であり、他者による観察からも自由であることが不可欠である。

この四つの点すべてにおいて、この意味で考えられる個人の論理全体が、現代の世界では終わっていると理解することができる。そのための日常的な気取らないヒントをいくつか挙げよう。

最も示唆に富み、まさにその兆候を示しているのが、十九世紀以降の統計の台頭である。今日、人間についての考え方の主流は統計学である。統計学にとって、個人は重要ではない。個人は平均やパーセンテージのなかに、抽象的な数字のなかに消えてしまう。前近代では、例えば、ある村には七百人の魂があると言うのが常であった。[12] それがいまでは不可能になった。世論調査や統計は、個人の取り返しのつかない止揚性を証明するものである。このことが言ってみれば、そもそも、私たちが今日、個人精神療法という制度を持っている理由でもある。つまり、個人の論理的で心理学的な無関連性という現代の真実に対して、経験的で実践的な（心的な）補償と慰めとして、個人精神療法という制度は存在している。

私たちはいま、非中心化された自己を携えている。それは「塗りつぶされた自己」★14とさえ呼ばれている。個人は根本的にネットワーク化されている。ネットワークが先で、人々が後なのである。ネットワークが本当の現実であり、本当の実態であり、個人はそのなかにある単に偶発的なもので、単なる要素にすぎない。インターネット、ウェブ、携帯電話は、このネットワーク性の論理を技術的に客観化したものである。この点で最も顕著なのは、「クラウド」・コンピューティングの発展である。例えば、公園や都市で携帯電話を使っている人をよく見かけるが、彼らは避けがたく自分という現在のこの場にいるのではなく、自分の身体がある場所にいるのではなく、この場と同時にどこか別のところで別の人とも共にいるのであり、あるいはむしろ、ここにも向こうにもおらず、リアルな場にはいないのである。つまり、彼らはワイヤレスに非物質的なコミュニケーションの中にいる。これらの技術的現実は象徴的であり、つまり、今日の「個人」

に関する内なる真実を、私たちに明らかにしてくれる。

プライバシーは、（テレビにおける、あるいは、フェイスブックのようなソーシャル・ネットワーキング・サービスにおける）公共への自己顕示に取って代わられ、時には恥知らずな自己暴露にまで至っている。人々が公に悲しみ、涙を流し、感情を吐露する自助グループもある。外在化へ向けた強い傾向が存在する。つまり、タトゥー、ピアス、パンク・ファッションがあり、服飾会社のラベルやロゴを服にあしらった顕示があり、メッセージ入りのTシャツを身につけることがある。多くの人々が、携帯電話で自分たちの一つひとつの行動を瞬時に他人と共有している。

インスタント・メッセージやSNSによるコミュニケーションは、かつての手紙文化に取って代わりつつある。古典的な筆記文化は、考え、書き記し、投函し、受け取るまでのあいだに時間を要し、内省を促し、注意深く熟考し、自分についての明確な自己表現を可能にするものであったが、その文化は失われつつある。短いインスタント・メッセージは、その短さと瞬発性から、単なる情報に集中し、表面的なものに終始する。

生涯一人の配偶者を持ち、一つの家庭を築くという考え方は、あるパートナーとしばらく一緒に暮らし、それから人生の次の段階のために次のパートナーに乗り換えるという考え方やそうした現実に取って代わられ、その結果、現代の混合家族あるいはパッチワーク家族が形成されていく。そうして、子どもたちは、身近な人間的なバックグラウンドに関わって育まれるアイデンティティという同一の感覚を持つことができなくなる。アイデンティティは、社会一般に普及している一つの家族、一つの家庭、一人の母親と一人の父親、事実上のまさしく家族、母親そのものといった現実によって支えられてきた。子どもたちは、「家族」や「母親」や「父親」という理念そのものの分散を経験している。同様に大人にとっても、このような社会的発展は、有機的に発達するひとつの個性という統一の感覚を損なう傾向を持っている。さらに、フルタイムの仕事の時期と、パートタイムの仕事の時期と、失業の時期が移り変わるという感覚や、他の仕事のために定期的に再訓練を受けなければならないという感覚があり、仕事のキャリアの非連続性という経験がますます増加してきているという事実も、ここに付け加えられなくてはならない。多くの場合、人は概して定期的に自己改革をするものだとも思われている。ソーシャル・ネットワークの中で、人々はしばしば自分の本当のアイデンティティと並行して、追加的に架空のアイデンティティを楽しむことがある。このことは、「個人」という概念や、個人の本質に関する「どんぐり理論」や「個性化」というユングのアイデアによって暗示されているものや、あいまいでないアイデンティティの感覚や人格の必要な発達という感覚をも損なう。偶発性、開放性、多価性は、性格や職業に関する固定的な「規範」という理想主義的なアイデアよりも、重要になっている[★15]。

以前、教育は人格形成や、人が文化的になることと結びつけられており、そのために「心《ハート》で学ぶこと〔心臓で学ぶこと〕」が、その象徴であり徴候であった。教育は人間の内面に焦点を当てていた。人は教養を身につけ、自分の属する文化における伝統的な知識と知恵を自分の中に携え、情報という事実の断片の集積としてではなく、人格に統合された財産として、それを携えていくはずだった。記憶！　ペン字やマナーの訓練は、個人のスタイルを形成し、自分の個性を表現する〔外に出す〕のに役立っていた。いま、知識は主にインターネットという外部に保存されている。学生たちが学ぶのは技術的スキルであり、つまりインターネットのどこを検索し、どのように情報を収集し、それを論文にまとめあげるかであり、そして最も重要なのは、その成果物をいかに優れたパワーポイント・プレゼンテーションに仕上げるかである。これは、内部から外部への志向のリアルな逆転である。加えて私たちは、自分の心の活動を、かなりの程度ポケット計算機やコンピューターにアウトソーシングしている。天気予報、気候予測、経済予測は、非常に強力なコンピューターが実行する計算モデルに依存している。私たちはＧＰＳナビゲーション装置を使って方角を把握し、もはや自分の内側の地図と、自分が知覚した外側の目印とを比較するという生産的な行為を通じて、方角を把握することはない。すべては外で、向こう側で生じており、心の内で生じているのではない。私たちはナビゲーション機器から与えられた指示に機械的に従っている。

さらに、イタロ・カルヴィーノに倣って、知識や意識の新しいタイプに対応する形式そのものが、「粉砕され分散した知識 *conoscenza pulviscolare*」として理解されなければならない、と付け加えてもいいだろう。[★16] このことからもわかるように、私たちはここで、人々の偶発的な社会的行動の変化だけを問題にしているのではなく、現代人にとって現実がどのように構成されているのかという根本的で客観的な論理の変化を問題にしているのである。

このようなテクノロジー化された世界において、私たちは自分が使用している人の手になる機械を理解できていないのと同様に、私たちが自分自身の行動や決断の本質的な部分を理解せず、またおそらく理解できないということは、「個人」の概念にとって、また「自己決定する個人」という人間の自己構想にとって、いったいどういった意味を持つのだろうか？　私たちを取り巻くテクノロジーは非常に複雑であり（そしてますます複雑になっており）、コンピューターの助けなしにはもはやそれを制御することはできない。誰も世界中の資本の流れの複雑さを本当には理解することはできない。だからこそ、銀行家、アナリスト、格付け機関は、国や銀行の信用度を評価し、金融商品のリスクを評価するために、特殊なコンピューター・プログラムを必要としているのである。彼らは自分自身では実質的な洞察力を持たず、盲目的にコンピューター・プログラムが教えてくれることに基づいて評価や決定を下している。Windowsのようなコンピュータ・プログラムのソースコードを完全に把握できる人間は一人もいない。例えば、Windows Vistaは五千万行以上のプログラムコードで構成されていると言われている。このようなプログラムの全体とすべての詳細を見通せる者はいないだろう。実際、このようなプログラムは人間の「作者」によってプログラムされたものですらない。このような巨大なプログラムを作成する際、プログラマーはむしろ、プログラム全体の構造を俯瞰するための計画と管理プログラムに依存し、特定の箇所に挿入される特殊な既製ルーチンを含むプログラム・ライブラリーに依存し、さらに特定の目的のためのコードを自動的に生成するコード・ジェネレータに依存しているのであり、これらのコード・ジェネレータが実際に与えられた特定のタスクをどのように解決しているのか、人間のプログラマーはそれを知らない。

さらに、社会全体が「普通の」あるいは「自然な」時間の構造や時間のリズムを損なう方へとますます進んで行き、どこでもあらゆるものに無制限にアクセスできる（特に情報、ゲーム、音楽、ビデオ・エンターテインメントや消費財の注文サイトへオンラインやモバイルでアクセスできる）永遠の現在を好む方に向かうことは、具体的な個人であるという私たちの感覚や、「個人」という私たちの概念にとって何を意味するのだろうか？　それぞれの「いま、ここ」を決定する特別な限定という明確な感覚を失い、時間と場所という容赦ない秩序に包含されそれに従うという知識を喪失し——つまり自己をまとめ、自己を「内側」に保持する外的な境界線といったものを失っても、はたして「個人」は生き延びることができるのだろうか？

あるいは、現代生物学が私たちに教えていること、つまり私たちはいわば「歩く動物園」であり、人間の体細胞の十倍もの細菌から成り立っているビオトープであるということは、私たちの自己理解に何をもたらすのだろうか？　生物有機体の水準でさえ、私たちは個体ではなく、ひとつの共同体なのである。

さきほど「心《ハート》で学ぶこと」という言葉を使ったが、私たちは、現代医学が心臓移植を可能にしてきたという事実を思い起こす。そして、この事実が人間の自己理解やアイデンティティの感覚にとって何を意味するのか、私たちはそれを問わねばならない。人間の心臓そのもの——真正性と内なる真実の象徴——が、代用品として、他者から取り出したスペアパーツなのである！　心臓と内面性といったものの象徴的な意味の信頼性は損なわれている。医学の進歩はさらに進み、他の臓器の移植、組織の合成、人工授精や代理出産による子どもの生産、さらには遺伝子の操作さえも可能になっている。（まだ）実際の現実ではないにせよ、原理的には、異なる身体から取り出したり人工的に作り出したりしたパーツを人間につなぎ合わせることができる。さらに、私たちは、ファンタジーや願望として特定の人々の心をとらえているクローンという可能性も知っている。これらすべては、「個人」という概念の深い水準での変化に関する象徴的なきざしである。私自身の身体が私のアイデンティティの現実であり基盤であるという感覚は、疑わしいものになった。

チャーリー・チャップリンは映画『モダン・タイムス』の中で、人間が操作しなくてはならない人工の機械によって、個人が奴隷化される様子を描いている。産業革命がまだ始まったばかりの頃、すでにゲーテが理解していたのは、この変化が、個人を近代人によって発明された技術的手段や装置の単なる付属物へと還元する発展を含んでいることであり、しかもこの発展が自律的な勢いを持っていることであった。個人としての人間は、単に機械の自律的な発明者であり主人であるだけでなく、逆に機械のしもべとなった。メディア的現代という時代を生きる私たちは、例えば銀行でコンピュータが故障したり、自分がインターネットに接続できなかったりすると、コンピュータやインターネットに依存していることを痛感する。人々の心と行動は、主として広告、トレンド、流行、そしてもちろん、巨大な弛緩化装置であるテレビによって形作られている。

明らかに、個人の時代は終わっている。ミシェル・フーコーの著書『言葉と物』は、人間は海辺の砂に描かれた顔のように消えてしまう、というヴィジョンで締めくくられている。このヴィジョンは、文字通りの人間（人類、人々）ではなく、個人的な人格として人間を構成している特殊な人間の概念を指していると考えられる。

歴史的に言えば、内なる自己や教養小説的な有機的発達という意味での「個人」もまた、十八世紀後半の発明であり、人類の歴史におけるほんの短いエピソードであり、実際、思わぬ偶然にすぎない。歴史上いかなる時代においても、また世界のいかなる地域においても、人間がこのような特殊な意味での個人人格として定義されたことはなかった。歴史を通じてほとんどの社会では、社会集団が先にあり、それがより高い現実性を持っていた。

不思議なことに、心理学者としてのユングは、個人が時代遅れになっていくこの力強い展開に応じなかった。もちろん、いま挙げた現象のほとんどがユングにとってまだ未知のものであったという反論もあるだろう。ユングの時代には、コンピューター、インターネット、携帯電話、GPS装置はまだ存在していなかった。社会の中で損なわれていない家族の役割が（原理的には）脅かされてさえいなかった。旧来の教育的な考えや、多かれ少なかれ安定したキャリアと家庭を持ち、人格が継続して有機的に発展するという人の一生の理想が、まだ優勢だった。しかし、このような反論は通用しない。ここ数十年の最も顕著な展開のはるか以前から、個人が時代遅れであることは明らかだった。ユングの存命中に、チャップリンは上述の映画を製作し、時代の論理を見抜くことが可能であることを示した。ゲーテはユングより八十年も百年も前に、個人について自分の洞察を示していた。同様に、ユングよりもずっと以前に、マルクスは、近代の一般的な条件のもとでは、特に労働者は必然的に自分の人生と運命をコントロールできなくなることを示していた。そして、ユングより四半世紀も若いアドルノは、後期ブルジョア社会の状況下で、個人が自律性を失っていること、事態の方向性を決定するのはもはや個人ではなく、国家や独占企業や多国籍の大企業に権力が移っていること、そして何よりも、個人の直接的な影響力を超え、隠されたアノニマスな抽象的な構造に権力が移っていること、さらには、社会化の力が人々の本能的な生活を即座に掌握し、自律的な私というアイデア（それ自身の内部経済によって決定される〈私というもの〉に関するフロイトの理論の根底にあった「イドがあったところに、私があるであろう」というアイデア）が根拠を持たなくなったことを、ユングの存命中に明らかにしていた。明白な兆候や理論的分析は十分にあったのである。

ユングのような深層心理学者であれば、とりわけ「超心理学的な現象」の問題になると、心理学者にまったく求められていないにもかかわらず、物理学の最新の成果にさえ従順な人物であれば、「個人」が論理的に時代遅れになっていく心理学的なプロセスにも敏感であり、それを心理学的に評価しているだろうと期待されるのだが、この領域でユングは、こう言っても良ければ、逆に恐怖症的に反応しただけであった。この事実は、とりわけ晩年のエッセイ『未発見の自己』によって証言されている。ユングはそこで、時代の真理に逆らい、魂の揺るぎない排他的な拠り所としての「個人」を主張した。それは、個人が時代遅れになっていることに、ユングがまったく気づいていなかったことを示しているわけではない。つまり、ユングが見た大きな危険は、彼が *Vermassung* と呼んだもの、つまり、人類が大衆として再構築されつつあることであった（GW10, §501）。しかし、彼はこれを脅威としてしか捉えなかった。それゆえ、大衆社会に対して個人を防衛するために、私たちによって偉大な戦いが行われなければならないとされた——あたかも、この二つのものがしっかりとした非弁証法的な対立を形成しているかのようであり、あたかも現代の「大衆」構造が完全に個人の外部にあり、個人は依然として純粋な個人であり、厳密に外部の脅威に直面しているにすぎないかのようである。これは、ひとつの素朴な解離である。

ユングが、個人と集団の対立を究極的に還元不可能な二者択一として設定したうえで、個人の内面性を優先させたことは、もちろん非難されるべきことではない。彼は、そもそも心理学者であるが、彼がこの対立を心理学の基盤として設定したことは、この論文の本論で私が心理学の基本的欠陥と呼んだものの表れである。*Vermassung*〔大衆化〕に反対し個性を求めた戦いは、教育学の立派な仕事であったかもしれないが、心理学の仕事ではなかったという点が問題なのである。(心理学的な意味での)「個人」が時代遅れになった後も、現実に存在する個人(自然主義的あるいは文字通りの意味での「個人」)は、もちろん、行動的・態度的な水準では、社会の現代的な構造の中に自分の居場所を据えることを学ぶべきである。この個人は、食べたり寝たりする必要があるのと同様に、個人的な欲求や内面的な生活にも気を配らなければならない。この個人は、人生の各段階をその危機を経験しながら適切に通過し、自らそれを見届けなければならない。しかし、心理学は教育学的・社会学的なカテゴリーで考えられてはならない。心理学は人々とその行動に関わるものではない。心理学は、「個人」対「集合」(あるいは「大衆」)という対立が属する、文字通りの現実や日常的な現実という剝き出しの実証主義的な水準で作業を行ってはならず、魂の実際の次元に盲目のままであり続けることは許されていない。すなわち、触知不可能で表象不可能な

「二における第三のもの」[13]に、すなわち〔大文字の〕普遍的なものに、〔大文字の〕現実の内的な論理や統語性の水準に、盲目であり続けるわけにはいかない。心的現実がその内側に位置を占めるこの次元は、もしそれが個人の内的な存在であるとされるならば、根本的に決定されることはない。それを内的な存在とするのは、実に還元的な着想である。ユングがこの還元的で実証主義的な過小評価に屈したことについては、説明が必要である。

「物事が私にどのように起こるのか」（という点だけを見る私たちの通常は制限された能力）と、「私がどのようにそれを生み出すのか」（が観察可能な私たちの通常の失敗）とのあいだの重要な区別についての議論の文脈で、自分に与えられたものの創造者であると感じることに尻込みするのは、人間の動物的な本性であるとユングは説明する。実際には、すべての「与えられたもの」の「与え主」は私たちのなかに棲まっている。しかし、「私がどのようにそれらを作り出すかを観察するよりも、私に起こるすべての物事を見るほうが、はるかに直接的で、際立ち（あるいはわかりやすく）、印象的で、したがってはるかに説得力がある」（CW11, §841, transl. modif.）。――同じ意味で、私たちの身体的な存在を第一の現実としてそれにユングを固執させ、その結果、文字通りの個人を優先させ、そうした点で、心理学的差異を無視するようにさせたのは、私たちの動物的な本性に備わる魅惑的な力だと考えられる。動物的な身体の水準において、私たちは自分自身の感覚、情緒、イメージを備えた個々の分離した身体として存在しており、このことが、もちろん、「はるかに直接的で、際立ち（あるいはわかりやすく）、印象的で、したがってはるかに説得力がある」。そして、この際立った事実が、ユングを心理学的な個人の理念と、魂の基質となる人格としての個人という自然主義的な概念との混同へと誘惑し、さらに、個人のなかの魂を、身体的に存在する人間のなかの「内なるもの」・「無意識的なもの」として根拠づけるように誘惑したのである。

本質的なものは、個人の変容と個性化であり、その実証性において個人のなかにオプス・マグヌム〔大いなる作業〕を詰め込むことであると考えていたユングは、奇妙なことに身体の堅牢さと不透明さを、つまり人間という動物の身体を、魂の世界を見るために通過するレンズとして使ったのである。しかし、似たものだけが似たものを見ることができる。[14] 魂にアクセスするためには、動物の立場、自然の立場、明白な立場、日常的な立場を後にしなければならない。魂の領域、現実の統語性は、直接的ではなく、際立つものでも印象的なものでもない。ユングが、直接性と実証性の否定を自分の立脚点にすることを許さず、つまり、私たちの動物的な本性の自然主義を克服したところから出発しなかったからこそ、彼は、魂を、向こう側の他者として、論理的にアクセスできない他者として、すなわち「無意識」として、実証的に神秘化する必要があったのだろう。逃れられない否定に対して、ユングのヴィジョンは――合法的に――守られていたが、しかし、この否定は彼のヴィジョンの対象の中に、その「無-」として投影されて現れてきた。

ユングがどの程度まで個人に焦点を合わせていたのかは、経験的な人としての患者（そして広く現代人全体）に対する彼の助言を見るればわかるだろう。「自分自身のなかにある最も主観的なものに（*zu Ihrem Allersubjektivsten*）、自分の存在と実存の源に、自分でも気がつかないうちにあなたが世界の歴史を生み出している地点に、立ち返りなさい」（CW10, § 316, transl. modif.）。これはもはや、私が心理学の基本的欠陥〔実証主義的あるいは自然主義的な個人と集団の区別〕と呼んだものを単に表現しているのではない。それは、個人というものの壮大な膨張したアイデアという、さらなる欠点を示している。

ユングにとっての重要な心理学的課題のひとつは、「マナ人格の解消」であった（CW7, § 398）。しかし、現在の文脈では、ユングは単にマナ人格を、個々のトムやディックやハリーへと規模を縮小したにすぎないことがわかる。外見的には、自我人格や市井の人である彼らは、もちろんユングにとっても、通常の人で、相対的に見れば取るに足らない社会の一員である。ユングはそのことに幻想を抱いていたわけではない。しかし、自分自身のなかにある最も主観的なもの*Allersubjektivsten*の奥深くで、〔大文字の〕自己の奥深くで、それにもかかわらず、トムもディックもハリーも、世界の歴史を作っているのであり、ただし、彼らのなかで最も主観的なものに「立ち返る」ことがその条件なのである。

ユングがなぜ「人間の動物的な本性」の誘惑に屈し、そもそも基体として実証性の中にある文字通りの個人にしがみつかなければならなかったのかを、このことが説明してくれるのかもしれない。「人の壮大さ」、「マナ人格」、「自分自身の魂の救済」を通じた「世界の救済」、意味のコスモス〔宇宙〕（「集合的無意識」）というアイデアは、彼にとって非常に貴重なものであり、そのためそれは単に救済されなければならなかったのである。これらの時代遅れの関心事を安全に保管し、経験的な現実のなかにそのための秘密の隠し場所を何としてでも提供するというユングの反現代的なプロジェクトには、「個人」が必要だった。なぜなら、個人は自分自身のなかに〔普通の市井の人としての、自我人格としての実存のなかに〕「無意識」をかくまい、無意識のなかに「〔大文字の〕自己」をかくまっていると言うことができるからである。これによって、マナ人格の解消を、すみずみまで行わずに済ませることが可能になった。自我人格としての私がそれを完全に克服した後も、壮大さは自己のなかに、そして自己を通して残っていた。外見的には、自我や社会的な水準で、私はただの普通の人間であり、愛想も品位もないが、ひそかに、「無意識のなか」の深みにおいて、私は世界史的な規模の重要性を持っているのである。

これは人間の動物的な本性によるものではない。動物的な本性は、直接にわかりやすく与えられた印象によって簡単に誘惑されてしまう。むしろこれは、ユングが「無意識的なイメージの持つ暗示的な力」(CW7, §269) について語ったときに言及した、もうひとつの誘惑である。この二つのタイプの誘惑は、ユングが個人を「天秤を傾ける重り」と「万物の量り」(CW10, §586, 523) として設定する際にひとつになる。現代世界の深い論理と魂の歴史の展開のなかで継続できなくなったものは、何としても救い出されなくてはならないと主張したため、ユングは、魂にふさわしいコントラ・ナチュラム *contra naturam*〔自然に反する〕の立場から離れ、二次的に人間の動物的な本性の立場である自然主義に立ち戻らざるをえなかった。それは、救われるべきもののためのわかりやすく安全な入れ物を、つまり実証性のある個人を、彼に提供した。この個人は容器にすぎず、魂の現れや顕現ではない。なぜなら、そのなかに収納された魂は、それ自体が「無意識」の無意識性のなかに安全に封印されているからである。

私自身の立場は、心理学は個人の肩にオプス・マグヌム〔大いなる作業〕の責任と重圧を負わせるべきではなく、魂のリアルなオプス・マグヌム〔大いなる作業〕を優先して、まだ赤ん坊である個人というアイデアを風呂の水と一緒に捨てるべきでもない、というものである。そのようなオプス・マグヌム〔大いなる作業〕は、大地を揺るがすような科学とテクノロジーの進歩を伴ったメディア的な現代において、私たちのリアルな歴史的・文化的な発展の舞台において、展開されるものである。一方で、私は、「意味、責任、義務、天国と地獄という巨大な重荷を、愛、寛容、理解、赦しを与えられるにふさわしく、虚弱で誤りを犯しやすい人間の肩に背負わせることは、公平な立場からはもはやできない」(CW9i, § 172, transl.modif.)。私たちはそのような存在であり、そして私は、私自身にもあるその弱さや、誤りやすさや、困窮の下にいるそうした個々の人間に対して、まさに誠実であり続けたい。新しい技術や科学のあらゆる発展を私たちの念頭に置いておく必要はない。新しい技術的な可能性をすべて個人的に受け入れ、あたかも地上の天国が約束されているかのように、その魅力に心を奪われ、飲み込まれる必要はない。また、個人的に現代の論理と同一化し、その結果、自分が本当は何者なのか、人間として自分が本当に必要としているものは何なのかを忘れる必要もない。しかしその一方で、魂のオプス・マグヌム〔大いなる作業〕を常に意識し、それに接し、それを尊重し、それに感謝したいと思うのも確かである。私は、私的な個人として私にとって非常に重要であろうものが時代遅れであり、止揚されており、水没してしまっていることを知っている。これは心理学者としての私の仕事であるだけでなく、一人の人間存在としての、動物的な本性以上のひとつの存在としての、私の課題でもある、と私は感じている。しかしそれでももう一度、私はそこから距離を置き、今日の魂のある場所から、現代生活の新たな論理から、自分自身を区別し、解放し、自分の居場所を確保し、「ただそれだけ！」として地上にとどまり、私的な個人としてだけ自分の人生を生きる。私は、私という〈人間的あまりに人間的な〉自分を、人間としての私の個人的なニーズを、意識的に認めた上で、ここにいる。識別力。謙虚さ。「魂」や「マナ」や「意味」や「〔大文字の〕自己」や「救済」との同一化はなく、それを通じたインフレーションもなく、（ユング派的な）真の〔大文字の〕自己（「魂のなかの神イメージ」！）を自分のなかに見出そうとすることによってそれらを盗用するという意味もなく、メディア的な現代性の熱狂者として歴史的・文化的な次元における真のオプス・マグヌムに引き込まれるという意味もなく、私はここにいる。

原註

★1 本稿は、一九九六年五月二日にロンドンで開催された牧会心理学協会（Guild of Pastoral Psychology）での口頭発表を修正したものである。この講演は、「集団意識と個人——自分の魂の救済は世界の救済から成り立っている——」という連続講義の最終回にあたる。

★2 論文「もう一度：ユング、ヘーゲル、そして主観的宇宙」（一九八七年春、「世界の救済」と題して発表：ユング、ヘーゲル、そして主観的宇宙」（現在は『ユング、ヘーゲル、そして主観的宇宙』：W. G., *The Soul Always Thinks*, Collected English papers vol. 4, New Orleans LA [Spring Journal Books] 2010, pp.53-61）私は（p.60で）このフレーズを、GW10, §536のユングの発言に反応した、より長い複雑な発言の一部として使っていた。

★3 Aniela Jaffe, *Aus Leben undWerkstatt von C.G.Jung*, Zürich and Stuttgart (Rascher)1968, p. 111.

★4　次のユングの叙述を参照。「私の存在の意味は、私に向けられた問いをこの人生が備えているということにある。あるいは逆に、私自身が世界に向けられた問いであり、私は自分の答えを提供しなければならない。さもなければ、私が世界の答えに依存してしまうからである（*MDR*, p.318, transl. modif.）

★5　これは奇妙な考えである。というのも、私たちの守るべき対象である「創造」を、現在形式における地上の物理的な世界と無頓着に同一視しているように思えるからである。氷河期の世界も、恐竜のいた時代の世界も、ヒマラヤ山脈がまだ海だった時代の世界も、創造ではなかったのだろうか。その結果、このスローガンは、地球の歴史におけるある特定の瞬間を氷づけにしようとするプログラムに等しいということになるのではないだろうか？

★6　Geoffrey Chaucer, *The Canterbury Talese*, tr. Nevill Coghill, Penguin Books, 1981, pp. 私はハイノ・ゲールツ Heino Gehrts の論文でこの一節を知った。チョーサーの一節は私たちに次のユングの言葉を思い起こさせる。「結局のところ、私たちは——歴史の夜明け以来初めて——自然の原初的な生気全体を自分たちの中に飲み込むことに成功したのである。神々が惑星圏から降臨し（というより引きずり降ろされ）、地上の悪魔に変身しただけではない。（中略）パラケルススの時代にはまだ山や森、川や人間の住処で楽しく遊んでいた悪魔たちの宿主さえも、みじめな残骸になり、ついには完全に消えてしまった」（*CW*10, §431, transl. modified）。

★7　私はここで、真に共同的ないもの《ヽヽ》を脇に置く。すなわち、元型的な魂の真理として、それが意図的であれ非意図的であれ、ア・プリオリに共有される共同体的な知識は脇に置いておく。なぜなら、この知識はまさに経験に先立つもの《ヽヽ》だからである。

★8　「個人」も「集団」も、実証的事実的な水準に属する用語である。それらは前景の現実、あるいは自我世界の一部である。魂はそれらに関与していない。集合的現象は社会学の研究対象であり、心理学の研究対象ではない。集合的現象に関する記述は統計の言葉でなされ、たとえば世論調査に基づいている。「個人」と「集団」の両方に対する心理学的な他者は、「共同的なもの」または「普遍」である。ユングの「集合的無意識」という名称は誤用である。ユングが念頭に置いていたのは *communis opinion*〔通用している一般的な意見〕であり、彼が *quod semper et ubique et ab omnibus creditur*（いつも、どこでも、誰もが信じられること）と語ったとき、決して世論調査における統計的な最大値、つまり多数派の意見を考えていたわけではない。彼は、人々が何を言い、何を考えたか、何を信じたか信じなかったかに関係なく、それが支配的であるために、まったく数えようがないものを考えていたのである。それにもかかわらず、ユングは、魂の現実であり、個人対集団の対立と直交するものである論理的で絶対否定的な現実性であるものに、「集合」という言葉を使うという重大な間違いを犯したのである。

★9 私はこのアイデアを拙著 *Animus-Psychologie*, Frankfurt/M (Peter Lang) 1994. において詳述した。

★10 注目すべきは、私がここで語っているのは、個人的あるいは主観的な主観主義についてではない、ということである。私的な個人としての私やあなたが、個人的に膨張した自己中心性によって特徴づけられているかどうかにかかわらず、また、私たちが主観的にどう感じ、どう考えているかにかかわらず、この膨張した自己中心性と主観主義は、客観的には私たちの存在の論理的な特徴であり、私たちの時代の一般的な真理または論理なのである。

★11 共産主義について考えてみればいい。その成り立たなさはとうの昔に知的に見抜かれていたが、「そこにある」経済的現実において、また現実の経験的社会の組織形態として、客観的に崩壊したことは、それにもかかわらず、この洞察を真に根付かせるために必要だったのである。歴史の錬金術は、私たちが理性的な洞察を得ようとすることによってではなく、事実的な操作（calcinatio 焼成、putrefactio 腐敗、mortificatio 死、solutio 溶解／解決など）を通して、私たちにプリマ・マテリア〔第一質料〕を意識させる。それはリアルな概念をもたらすものであり、「そこにある状況について主観的に想像したり考えたりすること」とは同義ではない。それは、私たちが考えていることと、「そこにある」リアルな存在として明らかになったこととの統一である。

★12 アイスキュロス、『アガメムノン』、第一七七行。

★13 トラウマを植え付ける出来事の代表例は、文字通りの拷問であり、ソウル＝メイキングも精神《スピリット》もまったく欠いた苦痛を与えることである。そこには、救済される可能性のある「メルクリウス」さえ幽閉されていない。「トラウマティック〔心的外傷的〕なもの」は一方の極端であり、反対の極端は「エピファニック〔顕現的な〕もの」であり、錬金術的なマッサ＝コンフーサ *massa confusa*〔混乱の極みでありながら展開を含む状態〕はその中間である。

★14 参照 Charles Ess, "Brave New Worlds? The Once and Future of Information Ethics" in: *International Review of Information Ethics*, vol. 12, 2010.（チャールズ・エス「勇敢なる新世界？　情報倫理のかつてと未来」）。

★15 性格の「規範」や「どんぐり理論」については、James Hillman, *The Soul's Code. In Search of Character and Calling*, New York (Random House) 1996. を参照。

★16 私はこのことを、クラウス＝アルトゥール・シャイアー Claus-Artur Scheier の未発表の論文から学んだ。

訳註

[1] 参照 W. Giegerich, The Rescue of the World. Jung, Hegel, and the Subjective Universe, *Spring* 1987, p.107-114.

[2] 参照 James Hillman, From Mirror to Window: Curing Psychoanalysis of its Narcissism, *Spring* 1989.

[3]「ステイタス」とカタカナ表記で示されているものは、通常の体制や状態とは別に、その時代の魂のあり方そのものを示しており、唯一その場合にのみ使用される用語である。

[4] ジャスト・イン・タイム生産システムは、生産過程において、各工程に必要な物を、必要な時に、必要な量だけ供給することで在庫を徹底的に減らして生産活動を行う技術体系をいう。日本のトヨ

タ自動車において豊田喜一郎が合目的経営の観点から導入した生産方式としてよく知られている。
[5] マックジョブとは、ほとんどスキルを必要とせず、社内での昇進のチャンスがほとんどない、低賃金で将来性のない仕事を意味するスラングである。
[6] フリードリッヒ・ニーチェの概念。私たち人間の日常的・慣習的・歴史的なあり方を指す。
[7] 旧約聖書、詩編 118:22 を参照。
[8] つまり、著者はユングが「大いなる作業」や「象徴的な生」について語ったまさにその場所で、五十七年後に講演をしており、そこでユングが復興させた概念を時代に即して再検討しているのである。
[9] このなかの内容はユング心理学の理解に際して、極めて重要なものを含んでいる。それに従えば、「集合的無意識」とは、私たちの目に映らなくなるほど一般に通用しているものであり、つまり常識の水準に達しているものであり、そのために意識的な問いを発せられなくなっているものを指している。そしてそれは、目に移ることのない絶対否定の形式を取って、私たちを包み込んでいるものを指している。まさしくそれは魂とユングが呼ぶもののことであろう。
[10] この「付録」において「あなた」という人称で示されているのは、対話相手のグレッグ・モーゲンソンのことである。
[11] 新約聖書、マタイによる福音書 7:20 の引用。訳文は文脈に沿って修正している。
[12] すなわち、実証的に数えることのできる生きている人の数だけではなく、亡くなった人たちなど、その村に根付いているあらゆる魂を数えて七百と言っていたのである。
[13] これはユング心理学の重要概念であり、二つのものから三つ目のものが表われることを指しているのではなく、二つのものが二つのもののままでありながらも、その二に備わる第三のものを指している。二のままで第三のものに開かれることが心理学の作業である。
[14] 錬金術の公理のひとつ。

第七章　「日本における私の姿」を巡って

ギーゲリッヒとの対話

（猪股　剛　訳）

1．私の顕現とイニシエーション

まず、広く全般的な質問をさせてください。「私とは何か？」と問うことは、多くの心理療法において、ひとつのはじまりの問いとして、その作業に内在しているものだと思います。そしてそれは、心理療法の枠内に留まらず、私たちは一般的に、思春期から青年期において私の自律性や独自性や個別性を疑い、それを問い、その成立に苦心して取り組み、私らしい私を成立させようとします。この課題は現代では、多くの場合、社会のなかで現実的に取り組まれ、職業選択やパートナー選択などを契機として、その作業が行われているようです。

しかし、心理療法において私を問うことや、心理学の水準において「私とは何か？」と問うことは、このような社会的な現実の水準には収まらないでしょう。私たちは、私を疑うことを通じて、この社会や時代そのものさえも疑います。そして、目に見える現実を越えていて、それにもかかわらず、目に見える現実を支えているものとは何か、と問うことになります。私にとっては決定的な他者であり、それでいて、私と切り離すことができず、私を成立させているものとは何か、と問います。つまり、超越性や他者性や真実への問いが、私の成立には欠かせないのでしょう。

私たちは、このような作業を通常イニシエーションと呼んできました。生きながらにして死を体験し、死者を知り、神話や伝統を知り、自分と切り離すことのできない歴史を知ることで、さまざまな文化でイニシエーションが執り行われてきました。しかし、それが簡単には成り立たなくなった二十世紀という時代に成立してきたのが心理療法です。そういう意味では、心理療法の取り組みとは、イニシエーションが不可能になった時代に必要になったものであり、現代におけるイニシエーションの作業を担うものだとも言えるのでしょう。

しかし、超越性や真実への関心が希薄になっている現代において、「私とは何か?」という問いに、私たちはどのように取り組んだらよいのでしょうか。それは、共同体や社会のなかで成立しがたくなっただけではなく、この二十一世紀においては、心理学的にも成立しがたいのでしょうか、私の成立に関わる現代の心理学的イニシエーションについて、あなたはどのようにお考えでしょうか。(猪股)

心理療法が「私とは何か」という問いに関して、思い煩う必要があるとは私には思えない。少なくとも、現代的な（西洋的な）意味で「私」を意味するのであれば、それについて謎めいたことは何もない。私とは、（a）ある論理構造であり、（b）この論理構造を「もっている」人、すなわち、この構造によって心のあり方が構成されている人でもある（「彼あるいは彼女は、私である／私ではない」ということもあるだろう）。そして（c）ある歴史的時代において、私とは、ある社会で生きており、その社会における一般的な考え方や生活様式を決定している文化形態でもありうる（人のなかに「私」が出現すること、あるいは人が「私」に変貌することは、当然のことながら、「私」によってすでに形成されている社会に住んでいる人のほうが、そうでない社会に住んでいる人よりもはるかに容易である）。

（近代の）「私」とは、「自己」が（a）自分自身を、（b）まさにその中心として、（c）確立し、意識のすべての「内容」を（経験的にではなく）論理的に唯一の権威としてこの中心に服従させることである（中心としての「私」はゼロ・ポイントであり、絶対的に空であり、広がりはなく、内容も質もない。言い換えれば、「私」は意味論的なものではなく、それ自身において、すなわち意味をもつ言葉として、それにもかかわらず純粋に統語論的なのである。「ここ」と「これ」は類似している）。

この確立と創造として、「私」とは、心理学的な、心の内側における行為であり、一種の革命的な「権力の掌握」（「セルフ・エンパワーメント」、すなわち「私自身の」中心であり権威である私自身のエンパワーメント）の性質をもつ行為であることを、それ自身で明らかにする。行為ではあるが、行動ではない（「行為」は論理的なものであり、行動的なものではないからである）。論理的な行為であるため、自分自身を中心として確立することは一度限りの出来事ではなく、また、あたかも人格のなかに新たな恒久的な器官や実体があるかのように、「私」を一度きりで確立するものでもない。論理的な行為である以上、それはまったく「何らかのもの」ではない。むしろ、それは基本的にパフォーマティブであり、人が「私」として存在すると仮定される限り、それは継続的に遂行され、維持されなければならない（心理学の書籍のなかで、人格の内部構造やあり方を同心円で示し、そのなかに「私」を点で示したり、「私」を円錐の先端に見立てたりする図があるが、それが愚かで、誤解を招くものでさえあるのはこのためである）。

「何らかのもの」ではなく、「私」は人のなかにあるのではなく、その人全体の論理的構成の形式、あるいはひとつの可能態の形式なのである。しかし、「私」の構造は、「私」であるために「私」が遂行されることに依存しているので、「私」は常に「私」であるわけではない。「私」でないのが最も明らかなのは、たとえば眠っているときだろう。

　自分自身を自分自身にとってのまさしく中心であり権威であると論理的に宣言することによって、私は他の、外部の、あるいは社会的な中心や権威を（実践的にではなく心理学的に）認めることを拒否する。「私」として確立された人間は、自己決定され、自らの根拠となる。私自身の理解、理性、感情、評価、判断に従う。つまり、私の見解、私の感情、私の願い、私の好み、私の確信に従って進んでいく。繰り返すが、それは心理学的であって実践的ではない。私の判断に関して、私は私自身に対する私自身の権威であり、他人が何を考え、何を良しとし、何を正しいとし、何を美しいと言おうが、知ったことではない。私が私であるということは、父親や母親、仲間集団、流行、社会的圧力からの（心理学的または論理的な）独立宣言を意味する。「自分のために自分である人間[1]」なのである。

（しかし実際的には、社会的文脈において、あるいは他者との関係において、私としての私は、もちろん、他者もまた他者人自身の中心であり、その人自身にとっての権威であるかもしれないことを知り、受け入れている。私は、彼らもまた彼ら自身の中心として彼ら自身を確立していることを認める。他者との事実関係において、私は他者の感情、見解、立場をその他者自身のものとして尊重しなければならないが、それにもかかわらず、彼らに公然と反論し、彼らの立場に対して私の立場を擁護したり弁護したりして、彼らと強い議論を交わすことも自由にできる。自分のなかでは、たとえそれが他人と違っていても、常に自分の考えや感情をはっきりともっているが、対外的な関係においては、他人の感情を害する可能性があれば（それが重大な問題でない限り）、常にそれを公言するわけではない。普段は法律を守り、政府の統治に身を任せる。しかし、極端な場合には、政府に対する市民の反乱も必要となるだろう）。

近代の私として構成された人間が、傲慢になったり、自我を肥大化させたり（誇大性）、まったく利己的になったり、専制的になったりする場合、これは「私」の論理に内在するものではなく、その過剰な乱用であり、あるいは病的なものでさえあるだろう。「私」とは、無法で、完全に放縦で、「何でもあり」を意味するものではない。むしろ、カントの戒めに従っているにすぎない。すなわち「サペレ・アウデ！〔Sapere aude!〕自分の理性を使う勇気をもて！」である。自分の理性が与えてくれるルールと原則に導かれるのである。このように、通常の「私」は、自己決定的であると同時に従順であり、自分自身の中心であると同時に謙虚であり、つつましい。

この高らかな主張と謙虚さとの同時性の良い例が、ユングの『思い出、夢、思索〔ユング自伝〕』のプロローグに述べられている。

私は……『物語を語る』ことしかできない。その物語が『真実』かどうかは問題ではない。唯一の問いは、それらが私の寓話であるか、私の真実であるかどうかである。

ここで、ユングは、「私」は、自分自身にとっての真実として自分の見解を大胆に主張し、それによって、自分だけが自分自身にとっての権威であるという事実を、はっきりと使用している。そこには「私」であることの強い自覚があり、他人が同意しようがしまいが気にしないという強さがある。同時にユングは、自分の真実がもしかしたら現実離れしているかもしれないことや、他人にとってはまったく真実ではなく、単なる寓話、自分のフィクションにすぎないという可能性を問題にしていない。しかし、「私」としてのユングには選択肢がない。ユングには、「真実であろうと虚構であろうと」、これしかなく、自分の物語と共にあり、それを信頼するしかない。だが自分の真実が虚偽である可能性を受け入れることで、ユングは謙虚さを示し、〈人間的あまりに人間的〉である「私」の誤りやすさを示す。彼は他者がそれを真実と受け止めなければならないとは主張しない。彼は他者に他者の真実をもつままにさせる。それはまた、真実であるかもしれないし、寓話であるかもしれないし、むしろ寓話としてさえ彼らの真実なのである。

同様に、もし私が本当の「私」であるならば、私は（少なくとも自分自身に対して）自分の欠点、病理、倒錯性、あるいは何であれ、私のなかにそれらを見出すならば、それを認めることになるだろう。この場合、「私の寓話、私の真実」は、次のようになる。「たとえ私の欲望が倒錯的あるいは犯罪的であると判断されなければならないとしても、それでも私はこれを欲している。そうせずにはいられない。これが私なのだ！　この欲望は私の真実だ。それが私の真実であるならば、私は自分が倒錯的であることを容赦なく認めなければならないだろう。しかし、それでも私の真実は何も変わらない」。あるいは、「この人に対する私の差別的感情によって私が人種差別主義者とみなされるとしても、それでも私はこのように感じている。そうせずにはいられない。そう感じざるをえないのだ[★1]」。つまり「私」は、自分自身に対する冷酷なまでの正直さ（「自分自身に忠実であること」）とともにあり、そしてきわめて現実的な態度とともにあるのである。

「現代の私」の領域に関して言えば、そこには「イニシエーション」や「私にとっての明確な他者」（超越）[★2]は必要ないし、その余地すらない。まさに「私」の要点は、「私」自身がその根拠であるということだろう。西洋や近東やエジプトで宗教が勃興して以来、イニシエーションの時代は終わっており、つまり少なくとも、二、三千年前から、イニシエーションの代わりに宗教が教えを授けていた。イニシエーションが時代遅れになったのは近代以降のことだけではない（しかし、それが宗教の勃興ははるか昔に起こったこととはいえ、キリスト教が支配的な宗教となった後も、異教の神々が民衆の信仰や民間伝承の地下で長く生き延びていたように、イニシエーションが文化的主流の下で、あちらこちらで個別のケースとして依然として起こり続けていた可能性は否定できない）。

しかし、「私」の世界とその基盤においてありうることとして、「私」を超えようとする、ある種の「超越」へのアクセスを得ようとする、発展した「私」への憧れをもつ人がいるかもしれず、同様に、時折、ある特定の人が並外れた宗教的体験をすることはあり得る。ユングもまた、よく知られているように、彼が「個性化のプロセス」と呼ぶ「（大文字の）自己」の発達の可能性を夢見ていた。しかし、このようなことは、文化的には現代の世界とは関係がないように思われる。もしかしたら、それは単なる自我のトリップかもしれない。

「現代におけるイニシエーションの作業は心理療法が担っている」という考えには同意できない。まず第一に、これでは心理学や心理療法が、一般的なプログラムや具体的な目標をもつ事業になってしまう。しかし、私にとっては、心理療法はプログラムをもつべきものではなく、ただ問いを投げかけるものである。すなわち、（この患者やあの患者のなかであれ、あるいは、文化的な私たちの時代のなかであれ）魂が何を望んでいるのか、魂がどこに行こうとしているのかを問うのであり、そのプロセスに心理学的に付き添うだけである。ある特定の患者において、イニシエーションに向かう本物の傾向が実際に働いていることが明らかになれば、心理療法はもちろんそれをサポートすべきである。しかし、それ以外の患者においては、私は大多数の患者においてそうだと思うが、他の心的欲求（たとえば、神経症やその他の病理の治癒、「私」の発達、現実への適応など）があるのであれば、セラピーはそれらの問題に取り組むべきである。文化全体に関する限り、心理療法には何の責任もない。なぜなら、魂の文化的発展はもっぱら魂の責任だからである。私たちは魂のプロセスに干渉すべきではない。それ自身のことは、それ、に、それに任せるべきである。

2.「私」と「個人」について

これも広く概念的な問いになるのですが、「私」と「個人」という二つの概念の同一性と差異について、あなたのお考えをお聞かせいただけないでしょうか。

あなたのご著書『私の歴史的な顕現』[2]を読んでいると、超越性との私たちの関わりと、私たちのもつ視点や立脚点と、その対象との関わり方が、歴史的に変化しながら、私というものの顕現に大きな役割を果たしてきたことがわかります。また、今回、本書に掲載しているあなたの論文「『個人』と『集合』の対立」では、「個人と集合」を二項対立のように考えてしまうことの心理学的な問題が指摘され、二が備えた第三のものを思索することの重要性が私たちには理解されます。その第三のものが、この論文では、現代の経済的な志向や統計的な志向、さまざまなテクノロジーに内在している技術志向に姿を現していることを見ることができました。

しかし、そう考えてみると、「私」と呼ばれるもの自体が、「集合」と対になった「個人」というものとは異なり、この第三のものの領域にあるように思われます。もし「私」というものが、その時代に即しながら、第三のものの領域とともに顕現するのだとしたら、それは歴史的に現れてきた「個人」という概念とは異なるものなのでしょう。現代の「私」とは、「個人」とどのように異なり、どのように一致するものなのでしょうか。

また、「私」という概念が消滅することは考えにくいですが、現代における第三のもの領域の変遷を考えると、「個人」という概念は、もしかすると、心理学的には消滅しようとしているのでしょうか。（猪股）

「個人」という用語は、（a）ある種を表現する一人ひとりの単数の代表者を指す。これは「個人」の実証的・事実的または**存在論的な**意味である。一人ひとりの人間はそれぞれ固有の身体、外見、個人的特徴などを備えており、それによって他のすべての人間とは明らかに区別されるため、この意味で個人である。しかし、一人ひとりの人間、ひいては一人ひとりの患者が、この一般的な意味での単一の個人であるからといって、その人自身がその人自身において心理学的な意味での個人の人格であることを意味するわけではない。

（b）個人性のもうひとつの形は、人の**自然な心的な**特徴に基づくものである。すなわち、ある特定の人がもっている自然な人格の強さ、すなわち、他の大勢の人とは対照的に、彼らに一種の自然な権威とリーダーとしての資質を与える人格の強固さに基づくものである。それとは対照的に、他の多くの人々は、程度の差こそあれ、弱い人間であり、彼ら自身の内側では、どちらかと言えば空虚な人かもしれない。自分の視点、感情、行動を外側から決めてもらい、仲間集団の圧力、そのときの主流、ソーシャルメディアの「インフルエンサー」に決めてもらい、宗教運動や政治運動の指導者や仲間たちに自らを預けていく。彼らは個人ではなく、群れの人間である。

（c）人はまた、道徳原則のようなある絶対的な原則に**ためらいなく従い執拗に服従し**たり、より崇高な目的に絶対的に身を捧げ、献身的に奉仕したりすることによって、現実の個人になることもできる。このような態度は、性格の堅固さをもたらし、この内面的な堅固さと堅実さは人を簡単には揺るがない個人に変える。――自分を一個の人間にするのと似たような形として、**多くの専門的知識や技術を身につけ**、ある分野の権威になることが挙げられる。専門家になるために必要だった長年の鍛錬は、（たとえその専門知識が適用される生活領域に限定されたものであったとしても）しばしばその人に自尊心、自己確信、内面的な堅固さを与える。

（d）近代西洋的な意味での個人とは、ここまで述べてきた個人の可能性とは異なるものである。それは（a）のような自然な事実でもなければ、（b）のような人の本性に基づくものでもなく、（c）のように自然から与えられたり、自らの業績として獲得されたりしたある人の性質でもない。そうではなく、自分自身を自分自身に基づく人間として確立し、親、家族、社会集団、王、さらには神といった権威から主体的に独立し、そうした現実の〈私〉として（心理学的・）論理的に構成されていることを、それは指している。このような個人は、それ以外のあらゆる人々や社会集団とは対照的に、自分自身のなかにのみ論理的に根拠を置いている。これが「地上的な」、すなわち相互関係的な意味での個人性であり、「**社会的な**」**個人性**である。

（e）より高度な、しかしまだ非常にまれな個人性の形は、（d）の個人性の感覚を前提とするが、社会（あるいは人々）と個人の違いという視点を完全に置き去りにする。ここでは、個人の自分自身に対する関係に内的・心的に関わっている。そのためには、個人が自分自身に対する第一次的な自然に与えられたアイデンティティを解消し、自分自身を自分自身から区別することを学び、自分自身に対して客観的になり、そうやって（科学が世の中の物事を所与の事実として見るのと同じように）自分自身をひとつの事実として見る。これが真の**心理学的個人**である。彼は自分が「ただそれだけの存在」であることを発見し、裸の自分を見るのであり、もはや自分の願望や自己満足、あるいは集団的な価値観や理想の眼鏡を通して自分を見ることはない。

（f）ユングは、さらにもうひとつの個人性の感覚があると信じていた。それは「真の個人」の感覚であり、自然に与えられたものでも、個人的に獲得されたものでもなく、ユングが「個性化（個人化）のプロセス」と呼ぶ、「無意識からの」自発的な、主に「元型的な」（夢やヴィジョンのような）経験のプロセスから生じるものである。その目的地は、「不朽の物質」あるいはラピス *lapis* を得ることにあり、それによって最終的には、この不朽で破壊不可能な物質を通して、自分自身を「真の個人」の硬い核心へと、すなわち（「個人 individual」の文字通りの意味である）真に「分割不可能な in-divisible」あり方へと転化していくことである。必要な変更を考慮に入れれば、古代の民族や他の宗教のイニシエーション儀礼には、このユング的な個性化（個人化）のプロセスに準ずるものがある。これは個人性の「**形而上学的**」**あるいは宗教的な**意味であり、個人性の「垂直的」、ある意味では「超越的な」概念でさえある（もちろん、このような形而上学的で超越的なプログラムが、いまなお真に心理学的なものと言えるかどうかが問題である。もうひとつの、おそらくこれに関連した疑問は、現代世界に関する限り、このような「個性化（個人化）のプロセス」（とその主張される結果）が現実に起こりうると言えるのか、またそのような可能性があるのか、あるいはむしろ、美しい夢やユートピア的な願望にすぎないのか、ということである)。ユングによれば、このような意味での「個人」になること〔個性化〕は、次のようなものに基づいている。

あらゆるものの中でもっとも高尚で決定的な経験は、自分自身の自己と独りきりになることである……。患者がもはや自分で自分を支えることができないときに、自分を支えるものが何であるかを知るためには、孤独でなければならない。この経験だけが、破壊されることのない基盤を患者に与えることができる。(CW12, §32)

(d)では、個人は社会に対して、つまり地上的な意味において、(心理学的に)論理的に孤独に(自分自身という自己)になった。(e)では、この孤独は倍増する。つまり、その人は、自分の内側においてだけでなく、自分自身に対峙しながら、孤独である。(f)では、孤独の度合いはさらに高くなる。個人は「形而上学的に」孤独であり、(垂直的な意味で)超越を前にして、完全に「裸」である。

さて、「二が備えた第三のもの」としてのテクノロジーと経済と金融の発展のなかで働いている客観的な魂というさらなる問題に関して、「私というもの」も「心理学的個人性」も、そのなかでは(あるいは、歴史的なオプス・マグヌム〔大いなる作業〕から切り離された、単に「博物館のような」私生活と主観性の領域や、隠れた隙間のなかでしか)生き残ることはできないだろうと私は推測している。西洋では、「私というもの」は、明白に完全にそうではないにせよ、深層では、すでにかなり時代遅れになっている。いまや、テクノロジー的・経済的・金融的なさらなる発展や、ソーシャルメディア、インスタント・ワールドワイド・コミュニケーション、ウェブ、人工知能などの新たな現実の自律的なプロセスという客観的で名前のない必需品が「真の権威」となり、この先それがさらに進んでいくように思われる。

3.「Erinnerung」について

あなたの論文『抑圧された忘却[3]』のなかに出てきた「内化（思い出化）Erinnerung」という概念が心に残りました。「忘却と記憶、これらを円環的に繰り返すことによって、自らと衝突し向き合うことで、自らの情動を掻き立てる罪や苦悩を浄化し、出来事を概念化して自らのなかへ収めていくこと」と私は理解しました。自分という人間を作り上げていくうえで、この「内化（思い出化）」は重要なことではないかと考えています。もう少しこの内化（思い出化）について教えていただけたら嬉しいです。またあなたがどういうところからこの概念に思い立ったのかなどもう少し教えていただけないでしょうか。ヘーゲルの「Erinnerung」やプラトンの「想起説 anamnêsis」と関係があるのでしょうか。（植田）

『抑圧された忘却 *Das verdrängte Vergessen*』では、この言葉 Erinnerung は「(過去の出来事や行為の)記憶を生かす」という日常的な意味で、ほとんどの場合、使われている。それは忘却の単純な反対語であり、それは、新しい展開に向けて自由で負担のない状態にするために、過ぎ去ったことを過ぎ去るにまかせることの反対語である。この「Erinnerung」という概念を考え出したのは、私ではない。この概念は、ナチスの犯罪に関するドイツの一般的な思想のなかに過剰に存在している。それとは対照的に、私がその論文で「真の想起〔真の Erinnerung〕」と呼んでいるものは、ユングが「元型的経験」と呼んでいるものに近い。この後者の「Erinnerung」は、ギリシャ人が儀礼的あるいは儀式的な文脈で、「レスモジューネ lesmosynê (忘却)」と呼んだものと対照させて「ムネモジューネ mnêmosynê」と呼んだものである。深い「あの世的な」体験を指すこの言葉は、論理的な運動を表すヘーゲルの「Erinnerung」(Er-innerung 内化、内向化)とも、認識論的な概念であるプラトンの「アナムネーシス anamnêsis」とも、何の関係もない。

4. 私の顕現と感情について

私の姿との関係で、感情についてひとつ質問させてください。西洋の精神史における私の顕現の一要因として、原罪の意識が挙げられると思います。良心に問いかけ、自分の罪を数え上げ、原罪を自覚することを通じて、キリスト教的に超越性との関係を生み出し、それとともに、近代的な私を成立させてきた歴史が西洋にはあると思われます。日本に近代自我が成立しない理由として、この原罪の意識が日本にないことを挙げる文化人も数多くいます。そのなかで、河合隼雄は、「原悲」というアイデアを提唱し、原罪に代わる日本的な私の顕現の契機として、提示しています。それは、ユングの「客観的な感情」に通じるアイデアだと思います。河合隼雄の「過透明なかなしみ」というエッセイの内容をまとめてみます[4]。

「人間の心には、知性と感情と意志（知情意）があり、それらの適切なバランスが取れていることが望ましいとされている。しかし、現代ではどうしても感情は無視されがちになり、そうでない場合にも、今度はセンチメンタルなものになったり、激情的なものになったりして、いずれにしても知性や意志との良いバランスは成立しない。しかし、深層意識を描いた宮澤賢治の作品には、天国も地獄も、生も死も、光も闇も同時に存在し、その対立するものが同時に存在するなかに深く沈み込んでいく。そして、そこに現れ表現されている深い「悲しみ」や「さびしさ」は、生半可な「人情」や「感情」ではない。私はそれを表現しようと思い、『非情の悲しみ』という言葉を使ってみたい。それは誰かに対してとか、何かに対してとか、直接に関係する感情ではない。そんな点で、それは非情とさえ言える。しかし、人間が生きていること、それ自体によって生じる感情としての「かなしさ」というものがある。それは、感情として知性や意志と切り離されてあるのではなく、知性とも意志とも深いところでつながっている。言うなれば、その感情は生のみではなく死も知っている知性や、死を知ったうえで生きていこうとする意志とも関わり合っている」。

河合はこのように語り、この「非情のかなしみ」に深く触れあうことが、日本において知性と意志と感情を備えた私が立ち現れる契機になると考えているように見えます。このような深い感情や客観的な感情が味わわれていくことが「私の顕現」に関わると考え、河合はそれを西洋の「原罪」と対比させて「原悲」とも呼んでいました。そして、これはたしかに日本文化の深層から立ち上がってきた思想のように感じられます。あなたは、このような「原悲」を通じた「私の顕現」の可能性について、どのように感じられるでしょうか。感情と私の顕現についてのあなたのアイデアをお聞かせいただけると嬉しいです。（猪股）

「私」と「原罪」を結びつけるアイデアがどこから来ているのか、私にはわからない。それは意味をなしていない。原罪は、教義によれば、まさにすべての人が共通してもっているものである。そのためそれは、共同体的な感覚を強めることになる（私たちは皆、同じ船に乗っている）。それに対して、「私」とは、論理的に個人を集団から孤立させる。また、すでに指摘したように、「私」は無内容であり、ゼロ・ポイントであり、何の質ももたず、単なる論理的な行為であり、論理的な形式であり、それ自体は純粋に統語論的である。それは、自分自身である「勇気」、他のいかなる権威や中心からも（経験的にではなく）心理学的に独立する「勇気」という論理的な（経験的でも行動的でもない）不遜さそのものである。しかし、「原罪」は非常に特殊な意味内容（道徳的あるいは宗教的内容）であり、しかも中心としての神への心理学的依存を暗示している。セルフ・エンパワーメントとしての、また自分自身の独立宣言としての「私」は、自分自身の起源であり、ある種の自作である。もちろん、真に「私」である人は、私であることに加えて、ある種の感情や信念、その他数多くの特徴をもっているかもしれない。しかし、背が高いか低いか、痩せているか太っているか、男性か女性かということが、その人が本当の個人であるかどうかとはまったく関係がないのと同じように、これらはすべて、その人が「私」であることとは何の関係もない。「私」は感情ではない。感情とは常に意味論的なものであり、内容や特定の性質をもっている。そして感情とは、常にすでに経験的な出来事、実際の出来事である。「私」とは論理的なものでしかない。空っぽの形である。

「私」、自我、社会的集団と対照的な個人の概念、個人の解放と自由のための闘い、そして個人の「人権」のための闘い、これらはすべて、西洋の思想、さらには政治運動において顕著なテーマであった（フランス革命や、ほとんどの西洋諸国における民主主義の導入や、そしてウーマンリブ運動を思い浮かべてほしい）。（この意味での）「私」は西洋の専門分野である。では、なぜ、日本で「私の顕現」を探そうとするのだろうか。なぜ、日本の特別な魂の現象や心理学的、文化的成果として明らかに現れてくるもの（あるいはすでに現れているもの）にこだわらないのだろうか？

もうひとつの要点は、そもそも西洋の歴史において「原罪」は感情であったのかどうか疑わしいということである。それは教義的な概念であり、抽象的な神学理論であり、人々の具体的な経験からはあまりにかけ離れすぎていて、個人的に感じることはできなかった。しかしこれは、「自分が罪人である」、「特定の罪を犯した」という話題とは異なる（これについては、誰もが自分の悪い行い、考え、欲望のなかに数多くの具体的な実例をもっていた）。罪人であることは、おそらく多くの人が、しばしば鋭く、強く、深く感じていたことだろう。しかし、たとえ「原罪」がやはり強い感情であったとしても、感情というものは、原則として「私」の基盤ではないことを私たちは理解する必要がある。なぜなら感情は具体的な意味内容であり経験的事象だからである。一方で、「私」は、感情とは相容れないものにもっぱら基づいている。すなわち、セルフ・エンパワーメントという論理的な行為（「心理学的に自分自身の主人であり、自己決定され、自己責任をもつあり方」）である。

しかし、感情は、「私」という感覚、「私という人間としての私」（人々の自己体験、誇り、恥、強さ、疲れなどの形で）の根拠であることは認めることができる。論理的行為／論理構造としての西洋近代的な「私」と、個人的な自己感情としての「私という感覚」は、まったく別のものである。そのため、西洋的な「原罪」に相当するものとして、また日本における「私の顕現」として、日本的な「原感情」を見出そうとすることは、「私」が何であるかを理解しておらず、「私という感覚」を、また「私」という身体的に存在する個人固有の自己体験・自己感情を、「私」という現実と同じ名前（「私」）を使って混同していることを意味するのだと思う。高等動物でさえ、何らかの自己感情（「私」という初期段階の感覚）をもっているかもしれない。しかし、彼らは決して「私」として構成されてはいない。

論理的な根拠から、「原悲」が「私」の日本的な形式であるはずがないことは、すでに明らかである（西洋における「私」が「原罪」でないのと同じように）。そのような悲しみとして、「日本の私」はまったく「私」ではないだろう。つまり、本当は「それ」はこの「原悲」であり、すなわち、

「それ」(特定の感情)であって、「私」でもなければ「私」以外の何かでもない、したがって「私」ではなく「他者」なのである。せいぜい、この悲しみの海に沈んでいる「日本の私」[★3]である可能性があるだけで、それは単なる暗黙の「私」、生まれていない「私」である。しかし、暗黙の「私」とは、それ自身でひとつの矛盾である。探す必要のある「私」は、けっして「私」ではない。そもそも「私」が「私」であるためには、「私」は明示的にならなければならない。隠れ家から、(原悲という感情のような)何かに抱えられている状態から、表に出てこなければならない。〈開かれ〉へと至っていなくてはならない。「私」は、それ自身を直接に、それ自身として、つまり、(述語や属性のない)絶対的な「私」の裸性において、示さなくてはならない。

さらに、外的現実においては、実体はおのずから与えられたそれ自体の権利において実在を備えている。それらは実証的な事実として存在している。しかし、心理学的現象は、人間の文化を通じて、人間の文化において、ただパフォーマンス的に存在に至る。すなわち、儀式や宗教として、あるいはそれらを通じて存在に至り、また、芸術、言語、習慣、思想(哲学)、政治や社会の制度などとして、あるいはそれらを通じて存在に至る。そして、ある文化のなかにすでに定着しているものだけが、個々の人々の心にゆっくりと沈んでいくことができ、それぞれの人々のなかに、それぞれの度合いで、それぞれの形で現れることができるのである。[★4]このような現実認識から、疑問が生じてくることになる。つまり、伝統的な日本の文化生活において、「私」がいままでにそれ自体のあり方において、重大で挑戦的な主題であったことがあるのだろうか? もしそうでないなら、伝統的な日本には、そもそも「私」が存在しなかったことになる。

私の考えでは、「原悲」と名づけられたものの主題は、日本において「私」に相当するものを探求するという文脈では意味をなさない。とはいえ、門外漢であり、日本についての最低限の知識しかない私の判断は、もちろん限定的なものでしかないが、この主題はそれ自体非常に興味深く、日本の魂にとって根源的に重要であるという論説も非常に説得力がある。「深い悲しみ」、「冷酷な（あるいは非情な）悲しみ」、「中途半端な『人間的感情』や『情動』ではなく」、「人間の生そのものから生じる」悲しみと表現されていることから、私はこれを「『コスモス的（宇宙的）（あるいは『形而上学的』でさえある）悲しみの風情」とでも呼ぶべきものだと考えている。ドイツ語で言うなら、ディルタイやハイデガーの言うところの特定のGrundgestimmtheit（背後の基盤にある同調性）、あるいは特定のWeltgefühl（世界感情、カッシーラー）であろう。この「原悲」は、存在に対する伝統的な日本の関係の一般的な美的性質とうまく調和しているように思われる。この深い悲しみには「音楽的」「叙情詩的」なものがある。メランコリーと同様に、それはなだめるような、ほとんど心を静めるような効果があるように思われる。その悲しみが届いてくると、それはやさしく、やわらかく、しみ渡り、その感情で人を包み込み、「自分ひとりである自分」への感情的な気づきへと揺り動かすのだろう。

この悲しみの感情は、明らかに「私」に特徴的なものとは対極的な性質を示している。「私」に特徴的なのは、外に向かって積極的に自己を主張し、内に向かって自己を支配するという性質である。

5．私とリアリティについて

「『個人』と『集合』の対立」の「二〇一一年の追記」として、個人の論理全体が現代の世界では終わっていると理解するためのヒントを挙げてくださっています。ここに挙げられているインターネット、SNS、携帯電話などは、私たちの生活のなかに当然のものとして入り込んでいます。クライエントのなかには、SNSでアカウントを用いて複数のアイデンティティを同時並行で使い分ける者や、スマホで撮った写真にレタッチや修正をかけて、元の像と異なる写真をごく簡単に作り上げてSNSにあげている人もいます。あるクライエントは「グーグル・マップで景色が見られるから、旅行をする必要はない」とも言っていました。

こういったことをクライエントから聞くとき、「それは本物なのか?」という違和感を禁じえません。しかし一方で、私自身はほとんどSNSを使いませんが、それでもなおこういったクライエントの行為は、今日において自然なことなのだと受け入れている自分もいます。多くの人がそれを本物として捉えている、当たり前のことだと。

私の疑問は、今日における「リアリティ」とは何か?ということです。クライエントは、真正ではなかったとしても、それがリアルなものとして体験されることにリアリティを感じています。一方で、それをリアルなものとして認めがたい自分もいて、そのあいだで葛藤が

生じます。セラピーのなかでそのようなクライエントの体験世界を理解しきれていないと感じることがあります。（北山）

あなたは、患者を通して、私たちが将来に向かっている兆候について、少なからぬ経験をもっているように思われる。あなたが、患者から提示されたものを現実のものとして受け入れるのを難しいと感じ、そのような患者の経験を完全には理解できないと感じることがあるのは、十分に理解できる。「今日において、「リアリティ（現実）」とは何か？」というあなたの問いも、たいへん適切なものだろう。しかし、（私は予言者ではないのでこれ以上に答えることはできないのだが）今後の発展に関して私たちが理解しなければならないのは、この（当然の）質問は、それにもかかわらず、的外れであって、そのため間違った質問なのだということである。なぜ的外れなのだろうか？　それは、慣れ親しんだ現実の概念が残り、それが少し変わるだけだという仮定から出発しているからである。しかし、ソーシャル・メディア、人工知能、ディープフェイクの音声や写真の生成装置など、現在の発展のまさに要点は、「現実」と「真実」という概念の完全な破壊であり、同じ事柄について複数の異なるストーリーが並存する遊び心に満ちた生活を支持することである。私が危惧しているのは、こうしたことである。また、真実とフェイクニュース、現実と仮想現実の区別は、まさに消滅することになるだろうと、私は推察している。もちろん、現実には、その区別が完全に消えることはない。現在私たちが目の当たりにしているこの傾向に内在するプロジェクトは、これらの相反するものを可能な限り互いに区別できないようにすることであるように思われる。ゲームに興じること、物語・イメージ・フィクションをそれ自体として十分なものとすること、その多様性、矛盾の可能性さえもすべて横並びにすること、物語やイメージを現実や真実という厳しい基準や尺度としての参照項と比較しないこと、こうしたことを支持するのである。実際、参照というアイデアは（この新しい未来のファンタジーに従えば）時代遅れになるだろう。ゲームプレイそのものとしてのゲームプレイ、フィクションそのものとしてのゲームプレイが、唯一の現実となると思われる。

もちろん、このような現実や真実の理念の消滅が実際の現実の中でどのように機能するのか、それを想像するのは難しい。なぜなら、リアルな現実、物理的・政治的な現実や個人の経験の現実といった厳然たる事実は、消滅しないと思われるからである。そして、この展開から生まれる世界は、もはや私自身が住みたいと思うようなものではないだろう。そうなると、私は一匹の恐竜であり、まだ生きているにもかかわらず、心理学的にはすでに絶滅しているのかもしれない。いずれにせよ、私にとって、真実と現実は、絶対的な価値であることに変わりはない。

しかし、まったく別の可能性もある。もしかしたら、私がここで描いたような現在進行形の発展は、部分的なもの、あるいは一時的なものにすぎず、極限まで進んだ後には、それ自身の反動を生み出すことになるのかもしれない。

6．個人における愛の存在の仕方について

あなたの論文『個人と集合の対立』の「付録」の中でも指摘されているように、「解離」が現代社会的な論理として通底するなかで、個人として、神という自己イメージにも、魂のオプス・マグヌムにも引き込まれることなく、ただ私的な個人としてだけ自分の人生を生きながら、「起きていることから自分を切り離さない」でいることは非常に難しいように思います。それと同時に、個人における愛の存在の仕方について考えていました。個人として存在すること、他者と関係をもち集団のなかで存在していくことは切り離せるものではなく、両者、絡み合って存在を肯定、時に否定し合いその存在を深めていくことが多いように思うからです。

第一次、第二次世界大戦後の資本主義の台頭、投資社会の進展によって、個人間においても世界全体としても、愛（結合 Conunctio）が成立するのが難しくなっているのでしょう。二〇二三年においてはさらにその傾向は強まり、もはや絶望的とも言える状況かもしれません。結合はあなたの別の論文（「Conunctio」）に詳しいと思うのですが、現代における個人の愛の存在の仕方について、あなたのお考えをお聞かせください。

「個人ではなく全体を」見るあなたの論考の後では、小さな一個人の愛を考えるのは愚かな

ことのようにも思えますが、ユング心理学においては補償という考え方もあります。また人間が集団で生きていかねばならない以上、個人における愛の問題は避けて通れないように思います。あなたの思うところを聞かせてもらえたら、今後の生きる助けとなるでしょう。（植田）

あなたが使っている言葉に、「個人として存在することと、集団のなかで存在することと、他者との関係をもって存在すること」というものがある。これらは三つの異なるものである。「個人として存在する」とは、心理学的な意味でとらえれば（人間一人ひとりが区別された存在であるというありきたりな物理的な意味ではなく）、人間の内的な論理的構成を指す。「集団のなかに存在する」とは、やはり心理学的な意味でとらえれば（そして、人は本来、社会的存在であり、心理学的に個人であるかどうかにかかわらず、他者との共同体のなかに生きている［したがって、もっとも基本的な水準では、すでに共通の言語によって結ばれている］という陳腐な自然主義的な意味でとらえなければ）、「集団のなかに存在する」とは、集団精神が第一の現実であり、個々の人間が自分自身で個人としてではなく、集団の不可欠な部分として構成されている状況を指す。最後に、「他者との関係をもって」とは、心理学的に個人として存在するか、集団の一部として存在するかにかかわらず、すべての人に当てはまる。

あなたは、個人における愛のあり方について、問うている。それに単純な答えがあるとは思えない。

（1）愛にはさまざまなタイプやスタイルがある。たとえばギリシャ神話には、愛にまつわるさまざまな神々や神話の人物が数多く登場する：エロス、アフロディーテ、ヘラ、プリアポス、ヒメロス、ポトス、パン、ナルキッソスなどである。

（2）個々の人々は、個人である。個人について一般的なことは何も言えない。愛がその人の中にどのように存在し、それがどのタイプの愛なのかを知るためには、一人ひとりの個人を見るしかない。

個々の人々や社会、そして大きな文化的変化に関する限り、（1）自然現象としての愛は、人々の本性に内在するものであることを理解するのが不可欠だと考えている。そして、自然な存在としての人々は人々であり、人々としての恋愛は、いかなる歴史的な時代でも、どんな場所でも、ほとんど変わらない。しかし、（2）人間の愛としての愛は、部分的には文化的に決定された（魂によって決定された）ものでもあり、文化的な構成要素でもある。だからこそ、歴史的な時代や社会が異なれば、愛の関係や愛のスタイルに一定の制約を加えたり、特定のスタイル（一夫多妻制、一夫一妻制、多夫多妻制、一妻多夫制、乱婚、異性愛、同性愛、見合い結婚とそれに対立するロマンティック・ラブなど）を好んだり、（また新たに発明したり）するのである。（ヨーロッパでは、フロイトの精神分析を生んだ十九世紀末のヴィクトリア朝時代から、二十世紀後半の性の解放へと発展していったことを思い起こしてみてもよいだろう）。文化的な愛の形は（それが好まれるものであれ、嫌われるものであれ）、少なくともある程度は、その社会に暮らす大多数の人々に影響を与えるだろう。だが、人間の本性を完全に、そして永久に抑制することはできないため、密かに、あるいは特定の個人によって、他の愛の形が生きられることを防ぐことは、おそらくできないだろう。「個人ではなく全体」については、すでに直前の段落の（1）で述べているが、〈人々はおそらくいつまでも人々のままであろう〉という私の発言を参照されたい。人々が存在するため、そして、人々が存在する限り、愛の話題は以前と同じように続くだろう。唯一の違いは、おそらく愛もはや魂の関心事ではなくなり、〈人間的あまりに人間的な〉個人の私的な関心事でしかなく、つまり、主観的で個人的な意義しかなくなり、客観的な魂の意義が、それに重ねてもたれることはなくなる、ということであろう（次の返答7も参照のこと）。

個人と恋愛の関係はひとつの主題であり、コニウンクティオ *coniunctio* はまったく別のテーマだと思われる。私たちの議論では、両者を分けて考える必要がある。

7. 私と実存について

あなたの論文『個人と集合の対立』を読んで最も印象に残ったのは、一番最後の部分でした。「私は、私的な個人として私にとって非常に重要であろうものが時代遅れであり、止揚されており、水没してしまっていることを知っている。これは心理学者としての私の仕事であるだけでなく、一人の人間存在としての、動物的な本性以上のひとつの存在としての、私の課題でもある、と感じている。しかしそれでももう一度、私はそこから距離を置き、今日の魂のある場所から、現代生活の新たな論理から、自分自身を区別し、解放し、自分の居場所を確保し、「ただそれだけ！」として地上にとどまり、私的な個人としてだけ自分の人生を生きる。私は、私という人間的あまりに人間的な自分を、人間としての私の個人的なニーズを、意識的に認めたうえで、ここにいる」。

オプス・マグナムに意識を向けながら、同時に、自分自身や、目の前の人に起きていることにも意識を向けながら生きる。それは、現代の魂と個人とのあいだでの解離を引き受けるということでもあり、本論の冒頭に立ち返れば、時として痛みを引き受けながら生きるということになるのでしょう。そのうえで、「私自身にもあるその弱さや、誤りやすさや、困窮さの下にいるそうした個々の人間に対して、まさに誠実であり続けたい」と私も思います。

同時に、これらの言葉は「ならう」ための格言でも聖句でもなく、自分の参照点のひとつであり、自分自身が考え続けることになるのだろうと思います。（北山）

私が提示しようとした、一方ではオプス・マグナム〔大いなる作業〕と、他方では個人の人生における関心事（オプス・パルブム〔小さな作業〕）の共存についての論説は、十分に理解していただけたと思う。あなたが言ったことに付け加える必要はない。

ただひとつ、些細な問題がある。魂と個人が同時に、しかし別々に存在することを「解離」と呼ぶのは、この関連では理解できる。だが、私はむしろこの二つの関係を、ひとつの別のファンタジーの観点から考えたい。元来、人々はテントや小屋、あるいは平屋の家に住んでおり、心理学的には大地と密接に関わる状態に留まっていた。後に平屋に二階部分が建て増しされ、心理学的には魂が大地から少し上に上昇することになった。それと同じように、私は家屋の二階部分としてオプス・マグナムを想像するようにしている。そして、その下の一階部分をオプス・パルブムという止揚された個人の生活の関心事として想像している。イギリスのテレビシリーズに、ある貴族の家の生活を描いた『Upstairs, downstairs〔上階、階下〕』というものがあった。Upstairs〔上階〕、すなわち、支配階級とのつながりがあり、支配階級の訪問者がやってくる主の家族がここに住んでおり、すべての重要な決定はここでなされていた。Downstairs〔階下〕、すなわちここには、使用人たちの宿舎と仕事場があり、もちろん彼ら自身の個人的な関心事（野心、嫉妬、愛の感情、希望と恐れ）もあった。現在使用人である人々の祖先が、かつては自由で独立した農民であったかもしれないことを考慮すれば、「階下」の止揚された性質を理解することができる。

以前の、とりわけ古代的な古典的な時代に関する限り、私のファンタジーによれば、その時代は「平屋で」「大地と途切れることなくつながっている」心理学的な生活であったと想像することができる。つまり、オプス・マグナムとオプス・パルブムが分離されていなかったのである。つまり、人々の個人的な生活は、オプス・マグナムを生きることでもあった。これが神話によって決定されていた儀式的な文化の本質である。つまり、オプス・マグナムは、人々の具体的な神話的な着想と実際の儀式の挙行に内在していたのである。しかし現在では、オプス・マグナムは人々の頭上を通り過ぎている。つまり、人々が考え、行うことは、私的なものに過ぎなくなり、単に主観的なものになり、それ自体がもはや時代の真理の表現ではなくなっている。それは止揚され、心理学的に無効化されている。また、それは民族全体にとってのひとつの神話ではなく、いまでは数多くの理論や信念体系を選ぶことができる。神話とは対照的に、私たちの理論や信念、そして「壮大な物語」はもはやそれ自体に真理をもたないことが示されている。それらは互いに競い合い、その真実の可能性を外的に検証される必要がある。

8. 日本における私について

今回のエッセイで、私は日本人にとって「私が私である」という感覚を維持することの難しさについて考えてみました。そのうえで、片子の物語を取り上げました。

あなたもご存じのように[5]、河合隼雄は片子の物語にかなりコミットしており、個人的にも感情を揺さぶられていたようです。河合が片子の公演中に泣いてしまったというエピソードは有名ですが、彼はあるエッセイで次のようにも書いています。


西洋で心理療法の訓練を受け、思想的には強く西洋の文化の影響を受けつつ、やはり日本人として抜きがたい日本人性をもちつづけている私は、自らを「片子」と同一視して物語を読んでいたので、片子の自殺という結末はきわめてショッキングなことであった。

したがって、私としては「片子」の類話をいろいろと調べ、異なる結末から今後の生き方に対するヒントを得ようとしたりした。さて、このようなことを話しつづけている中で、聴衆からの強い反応を感じとるとともに、はっと気づいたことは、私は私自身の「片子」について語っているつもりだったのに、聴衆の多くの人が、それぞれ自分自身の中の「片子」について考えているということであった。

ふと気がつくと、聴衆の中にはユダヤ人もいたし、日系の二世や三世の人たちもいた。中には涙を流している人たちもあった。聴衆との心の交流を感じ、私はもう少しで声をつまらせそうになった。


（片子の悲劇『対話する人間』）


私は片子というイメージが、少なくとも西洋文化と出会った日本人や、アイデンティティが揺らぐ移民にとって、重要な自己イメージになるのだと思いました。これは「私が私であること」の難しさの一端を表していますし、片子の自殺という悲劇が人々の胸を打つのだと思います。

私はこれが日本人にとって特有の問題で、こんなにも西洋近代的な発展を遂げた後にも、日本人には「個」の確立の意識は西洋人ほど強くなく、集団への調和が強く働いているように思います。時には「個」を確立しようとする人に対して、非難が向けられることさえあるように思います。

伝統的に日本には、個を成立させる際に、集合的なものを内側に取り入れる性質があるのではないかと思いました。それが美的に達成されることもあれば、片子のように「不純なもの」「異質なもの」として排除されることもあるように思います。

一例を挙げると、俳句という文芸が成立する際に、あきらかに集団から個への切断が行われます。もともとは集団で作る文芸であった連句から、そのはじめの一句が取り出され、近代において明確に「個人の」作品として確立されたのです。

しかし俳句には必ず季語が含まれます。これは集合的に日本人に共有されている季節感覚や生活習慣が一定の情緒をともなっており、詩作にその効果を活かすために使われます。

俳句は、集団から切り離されたために、たったの十七音で構成されます（個の成立において、より小さいものへと移行するというありかたは、箱庭や盆栽の文化にも通じる日本的解決であるように思います）。こんなにも短い詩のなかに、さらに季節の言葉が入るわけですから、個人が言葉を盛り込むスペースはかなり少ないのです。共同性を入れ込み、個を極力小さくするというつつましさが、伝統的な日本の「私」の特徴のひとつであったと思います。

しかし西洋の文化と出会い、近代化を遂げ、日本の魂は戦争という大きな出来事を体験しました。そうして、明確に伝統的な「私」の在り方は崩れつつあり、あらゆる問題が湧き出てきました。心理療法という、西洋生まれの治療文化が東洋においてこれだけ根付いているのも、日本人が近代化の困難に直面している証しでもあるように思うのです。

前置きがかなり長くなってしまいましたが、私がお尋ねしたいのは、「個人」と、心のなかに現れる集合性や「他者」との関係です。心理療法では、私が内なる他者に出会うことが重要であるように思います。そうして、内なる他者を抱えた私の自己イメージは、障害をもった私、あるいは不完全な私というイメージで表れるように思います（片子という言葉には、実際、障碍者を暗示する意味も含まれています）。河合は日本人のアイデンティティを考えるうえで「開かれたアイデンティティ」という考えを提案しています。従来のアイデンティティという個として閉じたシステムではなく、まるで穴が開いているかのように、他者性に開かれているアイデンティティです。日本の私とは穴が空いており、個が失われやすいゆらぎを含んでいる。その「私」の在り方が、ひとつの日本的な心理学の基盤を形成しているように思います。

このことについて、西洋と比較した場合、どのように考えられるでしょうか。あなたは、西洋において、あるいは現代世界全体において、「個人自身の資質としてのアイデンティティを排除し、利潤の最大化というひとつの大きな抽象的目標のもとに、あらゆる個人を論理的に従属させる」グローバリゼーションという運動が起きていることを指摘しています。これは日本という文化圏よりも、はるかに広い、地球規模で起きているプロセスですね。私たち日本人から見ると、西洋人はグローバリゼーションに巻き込まれることなく、個の意識を強く維持しているようにも見えますが、ドイツにおいても「個」の意識は弱まってきているのでしょうか？　あなたが『私の歴史的な顕現』のなかで論じた、一神教から遠近法、そして意識の誕生という歴史を追うとき、西洋の意識とは非常に屈強なものに私には思えるのです。（兼城）

「片子というイメージが、少なくとも西洋文化と出会った日本人や、アイデンティティが揺らぐ移民にとって、重要な自己イメージになるのだと思いました。これは「私が私であること」の難しさの一端を表していますし、片子の自殺という悲劇が人々の胸を打つのだと思います」とあなたは記している。私はそれを疑問に思う。いま、日本人が西洋文化に触れたり、西洋文化で暮らしたりしたうえで日本に帰った際、アイデンティティの問題が生じることは否定しない。また、自殺の話は常に悲しく、人の心を揺さぶるものであることも間違いない。それにもかかわらず、「人々の胸を打つ」にはさらなる意味が込められており、すなわち片子との個人的なつながりが暗示されている。この個人的なつながりは、あなたの言葉の前に引用されている河合隼雄の発言から明らかである。「私は、**自らを『片子』と同一視して**物語を読んでいた」「私は**私自身の『片子』**について語っているつもりだったのに、聴衆の多くの人が、**それぞれ自分自身のなかの『片子』**について考えている」。

心理学（ユング心理学）では、このように時代を越えて受け継がれ、神話のような、あるいはおとぎ話のような古い物語を、魂の真理（客観的な魂の真理、全般的な人間的意義のある真理）をイメージで表現したものとしてとらえ、「元型的イメージ」としてとらえる習慣がある。そして私たちは、その他性、異質さ、客観性という点において、また、私たちの個人的な経験や主観的な心理学から根本的な距離が離れている点において、それらを尊重するのが常である。そういった物語は私たちのことを語っているのではない。少なくともこれがユング派の見解である。この観点から見ると、このような物語に登場する人物と同一視すること、つまりこの場合「自分自身のなかの自分の『片子』」として個人主義的に流用することは、心理学的な違反であり、「元型的なもの」から「個人的なもの」への短絡的な飛躍であるように思える。

それとは別に、この同一視と流用を可能にする実質的な［内容的な inhaltliche］根拠とは何だろうか。片子の物語と「西洋文化に出会った日本人」の心理とのあいだに、実際、具体的な対応関係があるのだろうか？ 同一視するには、両者の本質的要素が同じであることが必要であるが、ここに見いだされるものはいったい何だろうか？（1）物語の中で、片子は半分「鬼」であり、半分「人間」である。彼は彼自身のなかで分断されており、生まれながらにして二つの性質をもっている。西洋文化に出会った日本人は、自分のなかでは完全に日本人であるが、外的に西洋文化に曝されただけである。（2）日本人の場合、その違いは水平的な文化の衝突（東洋と西洋）にすぎないが、片子の場合、それは「普通の人間」と「鬼」（「異世界のデーモン」）との垂直的な違いである。（3）鬼の父を捨て（裏切り）、日本への移民を推進していくのは、自分の選択に基づき、自ら進んで行った片子自身である。この選択によって、片子は自らの二つの本性を切断した。（4）しかしこの切断は、一方を選択し他方を拒絶するものであるため、片子の内側から鬼性を真に取り除くことはできず、鬼性を真に取り除く唯一の方法が、自分を殺すことであった。しかし、自分を殺すことによって、片子は人間性も一緒に殺したのである。私が考えるところでは、このことが示しているのは次のことである。つまり、現代日本人の片子との同一視は、この物語の具体的な状況や特徴を全体として抽象化することによってはじめて可能になっており、良くも悪くも二つの異なる世界や二つの個人の可能性に参入し、そして分断するという一般化されたモチーフと、「悲劇的な自殺」にもっぱら還元することによってはじめて可能になるのである。しかしそのとき、この「私自身の『片子』」は、もはやこの物語の片子ではない。この物語の片子は逆に、いまを生きる現実の人間が、自分自身の内面に深く感じられている分裂を投影する人物像となり、この物語における現実の片子と片子自身の意味は塗り替えられる。

この投影の証拠としては、この物語に対する反応の情動性が挙げられる。「声をつまらせそう」になり涙を流すほどの情動に圧倒され、個人的に深く動かされるということは、現代日本人の個人的な深い情動の問題が本当の出発点であり、物語のなかの片子の自殺は、普段は隠されている情動が突然湧き上がってくる引き金として作用しているだけではないのか、と私には考えられる。同時にそれは、内的で個人的な問題を吊るしておくための外的な釘としても機能する。私の考えでは、魂の物語に取り組むことが、個人的な情動の状態につながってそこで終わり、その結果、物語の具体的な意味が濁ったスープのなかで溺死して終わるのであれば、それは助けにはならない。古代の魂の物語は、洞察を得るために読まれるべきである。

ここに片子への投影が働いていることを示すもうひとつの側面は、日本人がアイデンティティを携えて、「私」を確立して、「私は私である」と率直に感じてそれを言葉にできるかどうかという問題は、明らかに現代的なものであり、片子の物語が生まれた時代には間違いなく知られていなかったものである、という事実である。「私」という強い感覚と自己＝同一性の不在は、おそらく当時すでに存在していたのだろうが、要点はそれが当時は喫緊の問題としても、人々が個人的に取り組み悩むべき問題としても、経験され感じられることはなかったということである。なぜなら、自分の同一性が社会的に提供される限り、自己＝同一性は必要がないからである。この問題による苦しみは、あなた自身が言うように、日本が西洋文化と歴史的に出会ってから、そしてそれを通じて、初めて生じたものである。現代において「片子の物語を通じて」、深い情動に圧倒されることは、片子の姿に、いや、片子の姿の内側に、そこにない何かを見ているということであり、つまりそれは自分自身の表現であり、この現代の、今日の問題に苦しんでいる自分自身の表現であり、「私自身の中の私自身の片子」★5と言葉にするときに、意図することなく、現実には明示して認めているものである。現代的で、単に心的な、人々の通常の生活上の問題が、このように神秘化され、「神話的な」深層とオーラによって肥大化され、そうして、心理学的な意味と魂の意味によって肥大化されている。★6

投影はひとつの問題である。もうひとつの問題は、私の見立てによれば、深い情動的な反応が、実際に必要とされるものからの逃避となり、心的で主観的な情動状態としての感情への逃避に至ることとである。実際に必要なのは、自分自身の問題の文化的背景に対する心理学的（あるいは客観的な）反応であり、つまり冷静で醒めた論理的な分析であり、現在の絶望的な問題に対する容赦のない苦しみである。

この逃避もまた、ヒルマンと河合が「葛藤の美的解決」と呼ぶものの一例である。それはもちろん、古い日本文化のパターンに従順に従うことでもある。片子の悲劇的な運命の圧倒的な悲しみという深い主観的感情に浸っていると、その感情自体が目的となり、必然的に行き詰まる。それは心理学的プロセスを停止させ、心理学的にはどこにもつながらず、生産的でもない。その意味で、この情動的な感情は「ブラックホール」や「流砂」のように機能する。

対照的に、心理学的な苦しみとは何だろうか？　それは、葛藤とはいったい何なのかを描写し、何が一方の側にあり、何が他方の側にあるのかを正確に描写しようとする冷徹で鋭い分析的まなざしを携えて、積極的に葛藤に向き合うことである。そしてさらに、勇敢な精神で、現状の葛藤の解決不能性に容赦なく苦しみ抜くことである。心理学的に苦しみ抜くことは、情動的な主観的な（個人的に痛々しい感情に圧倒される）状態とは何の関係もない。そうではなく、自分自身が客体的に戦場となり、そこで相容れない葛藤の両面が容赦なくぶつかり合い、そうやって自らを鍛え上げることで、長い時間をかけてやがてはこの葛藤をおそらく解決していくのである。[★7] 心理学的な苦しみでは、焦点は客観的な葛藤にあり、一方、もう一方のケースでは、焦点は独りよがりに自分自身（自我）にあり、深い「悲劇的な」情動を感じ、味わうことにある。そのために、片子のイメージは、視覚的な補助として利用され、また、自分の主観的な感情が現れて自分を支配することを許す客観的（とされる）裏付け／正当化として利用されているにすぎない。

冷徹なまなざしの「冷たさ」は、感情の不在を意味しているのではない。それは、主観的で感傷的な感情の不在を意味し、自我のために感情を感じて利用し、自我自身の強化のために感情を利用する仲介者になることを自我に許さないことを意味している。したがって、冷たさとは、心理学において客観的な感情が重要であるという徴である。魂の歴史では、魂自身の感情が大きな役割を果たす。生け贄の屠殺やカトリックのミサのような儀式は、情動的に騒ぐことなく極めて醒めて、執り行われ、供されるものである。神話もそうだが、日本の俳句もある程度そうであり、（それら以外のものに加えて）それらは力強い客観的な感情であり、冷たく客体的な具体性を与えられた魂自身の感情である。

情動化はまた、（片子の物語に投影されているにすぎない）実際の問題の現代性や異質さからの逃避でもある。ここで言う「異質さ」とは、西洋文明を輸入し、西洋文明と対峙することによって初めて生じる問題であるという意味である。このような状況でこの昔話に目を向けることで、このまったく現代的な現代の問題が、あたかも日本の魂に「永遠に」存在するテーマであるかのような印象が与えられ、そのようにして日本の伝統にうまく再吸収されたかのような印象が与えられるが、実際にはそれは輸入された問題である。

西洋との出会いに伴う困難について、日本には異質なものや異種のものを排除する傾向があると主張されることがある。これは私には馬鹿げているように思われる。日本は西洋の文化、西洋の音楽、芸術、哲学、科学、技術、さらには政治や法律のアイデアに至るまで、信じられないほどの度合いで自らを開いてきた。現代の問題に対して、片子の物語のような古い神話やおとぎ話に指針を求めようとする試みが示しているのは、むしろこの問題の完全な現代性を、絶対的な新しさや異質さを受け入れることの難しさであり、（すなわち、古いものと新しいもの、集団精神と「私」、伝統的な日本と西洋のあいだにある）その相容れなさを受け入れ、直視し、自分の中に抱え込み、苦しみ抜くことの難しさである。

あなたは、「個」と心のなかに現れる「集合的なもの」あるいは「他なるもの」との関係について尋ねている。私は、心のなかの集合的なものと他者は、個人にとって、二つのまったく異なるものだと思う。前者は相互関係であり、後者は内的関係のように考えられるが、もしかしたら、あなたは心のなかに現れる外的な他者を指しているのかもしれないが、それならば「内的な他者」とは言わないだろう。後者について言えば、それを統合した後に自己イメージが変化することには同意するが、私の経験では、ハンディキャップを負った自己という方向には向かわない。本当に統合されたのであれば、自分のアイデンティティは以前と同じように確固たるものであり、ただ異なるだけであり、つまり豊かになった自己認識によって変容したのであり、付加された何らかの要素により豊かになり、あるいは、以前の幻想を失うことによって豊かになったのである。しかし、あなたは「開かれたアイデンティティ」、アイデンティティの穴、ゆらぎのあるアイデンティティというアイデアを示唆している。もしそれが人のアイデンティティの一般的な構造だとしたら、本当の意味での統合がどのように可能なのか、私にはわからない。他なるものの統合には、ある程度明確に決定されたアイデンティティが前提となる。おそらく、あなたが心に思い浮かべている「個人」とは、物理的な意味での「個人」にすぎず、心理学的な個人として、また集団や集団のメンバーとの対比において自らを決定することによって、まさしく自らを明確に確立してはいないものだろう。

最後に、明確に決定された個人性の時代は、歴史的に言えば、すでに終焉に近づいていると私が考えているのは、過去に西洋世界で達成された「個人性」の明確で確固たる感覚の、そしてその実際的な現実の（終焉の）ことを指している。そのような明確な個人性がなかった世界の一部では、新しい状況、つまり個の終焉は、おそらく、アフリカの一部の地域が、電話回線や道路・鉄道網といった現実のインフラによるコミュニケーション状況によって先導されることのないまま、直接インターネット・コミュニケーションに移行したのと同じような形で訪れることになるのだろう。

9．創作と私について

もうひとつの質問は、創作に関わるものです。あなたは、偉大な芸術家について「心理学的には彼らは、特異な個人として、夢を見て、考えて、創造しているのではなく、部族の魂として「全体」として、「普遍」として、それを行ったのである。これこそが、夢を「大きな」夢とし、オプス〔作業〕をマグヌム・オプス〔大いなる作業〕とし、絵画を芸術作品たらしめている」と述べています。これは非常によく理解できます。多くの芸術家が、「私」が作品を生み出したのではなく、「私」を通って作品が生まれてきたと証言することをよく耳にします。ただ、私は俳句作家として、「私」の問題に直面します。それは先に述べたように俳句という文芸が日本特有の「他者性」「共同性」を含んでおり、ややもすると自然礼賛のノスタルジックな作品に陥りやすく、いま起きている時代の魂の問題を表すことから遠ざかりやすいのではないかという意識です。これは非常に頻繁に議論されることなのですが、「俳句は時代を詠めない」という話です。現代においては、「私」が感情を動かされることが作品を生み出すうえで重要に思います。それはいつの時代もそうかもしれませんが、「私」という個人的な歴史も含めて、生が揺るがされる感覚があって、作品が生み出されるように思うのです。その作品が個人的なコンプレックスと関わっているということではないのですが、それでもなお、私の中核と響きあう何かがあって作品ができ上がるように思います。

自分の句を引き合いに出すのは気が引けますが、次の句は二十代のはじめ、蒸し暑い八月の夜道を歩いていたときに作った句です。

人は灰に人魚は泡に夏の月

この句には、現実もファンタジーも移ろうものであり、「私はそれにすぎない！」という憂鬱感が出ており、青年期を抜けつつある当時の私の気分が現れているように思います。日本にとって、夏という季節は生命のエネルギーにあふれる季節であると同時に、蒸し暑くて生活が大変な季節でもあります。そして、広島、長崎への原爆投下、敗戦の記憶も「夏」という季節は負っています。そういった情趣をすべて引き受けてくれるのが「夏の月」です。美的な効果によって、一句が単なる憂鬱に終わらずに、俳句として成立します。

しかし、私は考え込みます。この句は、蒸し暑い夏の夜という季節と青年期の終わりの気分に心を揺さぶられた「私」の句でありながら、「夏の月」の持つ客観的感情の句でもあります。「私」と「集合的なもの」は、まるで片子のように分裂しながら結合しています。

仮にこの句が作品としてうまくいっているとして、この句はやはり「私」の句ではなく、「夏の月」のものとなるでしょうか。奇妙なことですが、私はこの句が「私のものである」という実感がない自分も発見するのです。

このことは「あいまいな日本の私」の特性なのだろうと私は思っていましたが、あなたの議論を考えると、創作一般の特徴なのでしょうか。後者だとすれば、〈私〉とは魂にとっての空っぽの器でしかなく、魂に利用される形で芸術家は作品を生み出しているともいえるように思うのですが、どう思われますか？（兼城）

「私は俳句作家として、「私」の問題に直面します」と言われるのはなぜだろうか。俳句を作るのに、西洋的な意味での「私」は必要ない。あなたのなかに生まれようとする俳句を表現させればいいのだと思う。引用されたあなたの美しい俳句は、現代的な意味での「私」に関するものではなく、「私」（つまり、あなたという私）という意味での「私」に関するものでさえないと思う。この俳句は、あなたを通してのみ生まれ、世に出た。しかし、この俳句が対象としているのは、一般的な客観的な気分やアイデア、あるいは世界情勢であり、「一般的」な何か（ただし、それは日本的かもしれない何か）である。あなたが正しく感じ取っているように、私のアイデアは、そのような芸術作品は、それが本当に芸術であるならば、「常に」詩人を通して自らを創り出し、詩人はそれが（詩や他の芸術作品という）自らを創り上げる場所や器（先に私が「戦場」と言ったもの）である、ということでもある。

しかし、あなたは「空っぽの器」ではない。（1）俳句作者であるあなたは、あなたの特別な個性、個人的な教育、経験、見解、あなたがもつ世界経験の可能性に対する開放性とその深さの度合いなどを備えており、「魂の語り」が通過しなければならないフィルターのようなものである。このフィルターが、最終的な制作物に個人的な刻印を与える（その程度はより高い場合もあれば、より低い場合もある）。これはすでに最も明白な水準で真実である。つまり、作品は必然的に、あなたの母国語（またはあなたが知っている言語）で表現されなければならず、他の言語で表現されることはない。それはまた、あなたが正確に述べたように、あなたの中核と共鳴するものでもある。（2）芸術的創造に関するもうひとつの側面は、「ひらめき」（「自律的な魂の語り」）と、ある程度の訓練（人間である芸術家自身の、あなた自信の貢献）を必要とする「技術」または「技能」の側面との間の動的緊張である。ある芸術はほとんど「ひらめき」であり、ある芸術はほとんど「職人技」である場合もあるようだが、ほとんどの真の芸術作品は、この両極の中間にある。

「俳句」という詩の形式が現代を表現できないのは事実かもしれない。もしそうだとすれば、俳句はその暗黙の背景として、日本の伝統的な世界観や世界内存在の様式をそのまま前提としており、さらに俳句は単純に短すぎて、現代世界の疎外、バラバラさ、多様性といった巨大な複雑性に表現を与えることができないのかもしれない。そうなのかどうかは、私にはわからない。しかし、もしそうだとしたら、これを俳句作りに対する批判や非難として受け止めるのではなく、単なる説明として受け止めるべきだろう。あなたの創作活動の結果、俳句が生まれるのであれば、それは俳人としてのあなたの義務である。あなたは自分自身に、自分の内なる必然に忠実でなければならない。あなたには選択の余地はない。自分のことをしなければならない。しかし、もし俳句が現代の状況を表現することができないというのが本当だとしたら、そしてその考えがあなたの内面を十分にかき乱し、苛立たせるものだとしたら、もしかしたらある日、別の（もしかしたらまったく新しい）表現形式による現代的なテーマが、それ自身であなたのなかに生まれようとしていることに気づくかもしれない。

「現代世界とアート」に関して言えば、現在、多くのアーティストが自分の作品を「アート」とは呼ばず、「インスタレーション」などと呼んでいることに驚かされる。この事実は、彼らのなかに、従来の意味での「アート」の時代は終わったという感情を、あるいはおぼろげな自覚を表現しているように思われる。

10．私の中核について

最後に、ここまで書いてきて、私は私というものの中核に関心があるのだと気がつきます。現代の私を考えるとき、必ず私は解離を含まざるを得ないように思いますが、それでも何か、不変の、中核のようなもの、これ以上分割できないものとしての「私」を考えたくなるのです。これは、あなたがコニウンクチオで取り上げたエンテレケイアという観念に近いのかもしれません。このような、不変の自己を想定するのは現代人の願望的思考なのでしょうか？　以前、あなたが若い臨床家にクライエントの前では自分自身でありなさいと助言したことも思い出します。ここで言う「自分自身」は心理学的差異の観点から「私というもの」から区別して考えるべきなのでしょうか？（兼城）

あなたが尋ねているのは「私の中核」ではなく、「あなた自身の中核」なのだと理解するのにしばらく時間がかかった。あなたの本当の問いは、〈私のなかに核はあるのか、私は自分の中に永続的な何かをもっているのか〉、あるいは一般化すれば、〈人間には、感情、気分、態度、信念、人生の諸段階の絶え間ない変化という流動性を通してずっと続いていく確固としたアイデンティティがあるのか〉、ということだろう。私は、この質問にはイエスと答えられると思う。しかし、この〈中核〉は空っぽの形式を取っている。つまり、私という感覚である。私は、子どもの頃と若い青年の頃とで異なっていて、老人になったいまの私もまた違うのだが、それぞれの状況でそれが「私」であったことは確かだと知っているし、そう感じている。その時々に抱いた感情や考え方、人生の過程で犯した過ちはすべて、私のものであり、私と不可分に結びつき、あるいは私の一部であると私は知っている。この「私 me」あるいは「私 I」は、いわゆる「私というもの the I」とは区別される。「私 me」とは、私たちが通常「言語的な私 I」で表現するものであり、つまり素朴な「私 I」であり、私という人間であり、経験的にリアルな存在である。「現代的な私」という意味での「私というもの the I」は、もっと別のものであり、経験的な現実とはまったく異なる。「この私 the I」はまさに、私という絶対的特異点における「私 I」や「私 me」（一人称）ではなく、何百万もの個人の中に存在しうる一般的な論理構造として、「それ」（三人称）なのである。〈私 I〉（一人称）とはあれこれである。しかし、「私 the I」（三人称）とは特定の論理構造、すなわち、先に説明したように、（社会集団の中で自分の中心を自分の外側にもつのとは対照的に）すべての経験の中心であり、その権威である自分自身を構成するものである。[6]

心理学にとって不可欠なのは、一方の客観的な論理構造としての「私 the I」について語ろうとしているのか、他方の「私」という特異な人間、ユニークな個性をもつ人間について語ろうとしているのかを知ることである。「私 the I」は何もせず、特徴もない（愚かでも知的でもなく、親切でも悪辣でもなく、大きくも小さくもない等々である）。行動し、感情を動かし、恐れ、考え、想像するのは私であり、何かに対して防御を示したり、解離したり、幻想を抱いたり、洞察を得たり、愚かであったり、知的であったりするのは、常に私 I であり、私 me であり、私という本当に存在する人間全体である。私（言語的な私）は、私の意識構造の中で「私 the I」として構成されるかもしれないし、「私 the I」として構成されるのではなく、（本能や欲望に支配されたり、両親に支配されたり、仲間に支配されたりなどする）何か別のものとして構成されるかもしれない。

リアルな私としての「私 I」は、人が「私 I」という概念を実際に考えることができる場合にのみ、またその限りにおいて、いつでも、いつまでも存在する。小さな子どもは「私 I」という概念を考えることができないし、考えない。小さな子どもは、自分自身を三次元の現実に存在する物体として考え、他のすべての人や物と同じように、精神的には、外側から眺めている。それが、子どもが自分のことを名前で呼ぶ理由であり、たとえば「ピーター、疲れたよ Peter is tired」

などと言う。子どもはひとりの主体になっていないので、「ぼく、疲れたよ I am tired」と言うことができない。「ピーター」は特定の人物を指す固有名詞である。「私 the I」が特別なのは、それが次のようなものだからである。

（a）誰もが（容姿、体格、年齢、肌や髪の色、健康か病気か、知性の程度、性格などにかかわらず）「私」であるため、それはひとつの普遍的な概念（最も広い一般性をもつ概念）である。「私」とは、誰もが区別なく使用できる普遍的な概念である。このようなことができるのは、心《メンタル》の概念としての「私」が名称ではなく、内容ももたず、自己言及の論理的形式的行為であり、すなわち「同一性」の概念にほかならないからである。意味論的には、〈言語的な私〉は絶対的に空（詳細を備えておらず、ゼロ・ポイント）である。それにもかかわらず、〈私〉は（b）特定のものであり、なぜなら、〈私〉は、この普遍的概念として、同時に、私の特殊な特徴と他のすべての主体や事物の特殊な特徴とを具体的に区別するため、そうした主体や事物から、それ自身（あるいは私）を区別するからである。第三に（c）〈私〉は、私の絶対的な単一性と独自性において私だからである。

私が「私」の中核について述べたのは、それが意味論的には空虚な形式であるという点だった。しかし、人間の中核には第二の意味もあり、それは空ではなく具体的であり、実質的な内容で満たされているが、前者の「私」の核とは異なり、常にすでに与えられているものではない。むしろ、それが生まれようとしているならば、作り出されなくてはならないものである。この具体的な中核とは、たとえば、ユングの言うところの個性化のプロセスの目標であり、つまり「自己」であり、「不朽の物質」としての錬金術的なラピス *lapis*（石ではない石）である。しかし、それについて語ることは無意味である。「自己」や「ラピス」などは、実際に個性化のプロセスを経て、石としての自己、自分自身の硬い中核を獲得していない限り、単なる単語であり、理論であり、ひとつの幻想にすぎない（ユングは、彼が個性化のプロセスと呼んだものは、他の文化や宗教でも異なる名前で、もちろん文化的に多少異なる形で存在すると信じていた）。

11．日本における近代的な私の萌芽について

日本には、近代の私のあり方を明示する小説を書いた夏目漱石という作家がいます。彼は、日本で二十世紀初頭に活躍をした作家であり、ロマン主義でも自然主義でもない近代小説を日本においてはじめて確立した作家だと考えられています。東京帝国大学で文学を学び、師範学校で教鞭を執り、イギリスに留学し、帰国後は東京帝国大学で教鞭を執りながら、同時に数々の著名な小説を発表しました。たとえば『行人』という小説のなかで、「宗教に入信するか、自殺するか、気が狂うか」、それ以外に人が行く道があるのかと問いかける様子は、青年期の私の心にとても強く残る問いかけでした。その彼が書いたもので、いままで も読み継がれている作品のひとつに『夢十夜』というものがあります。これは作家自身が見た夢を作品化したもので、彼の四十代初めの作品です。その十個の夢の三番目に、日本にもこんなに明確な私の意識があったのかと思える夢があります。要約すると、それは次のよう

なものになります。

六歳になる子どもを背負って歩いている。その子の目は潰れていて、話し声は子どもの声だが、語り口はまるで大人である。背中の子どもと話をしながら歩いて行くと、田んぼに差し掛かる。背中の子どもが「田んぼに差し掛かったね」という。どうしてわかるのだと問うと、「だって鷺が鳴いているじゃないか」と答え、その瞬間に鷺が鳴く。気味が悪くなり、自分の子ではあるが、こんなものを背負っていてはこの先どうなるかわからない、どこかに捨ててしまおうと思う。すると、前方に暗く大きな森が見えてくる。しばらく進むと道が二手に分かれていて、左に進むと暗い森に続いていくのがわかる。子どもが、左に進むといいよと言う。夢見手は少し躊躇するが、「遠慮しなくてもいい」と言われる。目が見えないのに何もかもわかっているように感じられて、余計に怖くなる。いつの間にか雨が降っている。辺りはだんだん暗くなる。背中の子どもが、自分の過去も現在も未来もすべて知っていて、それを鏡のように映し出しているような気がしてくる。しかもそれが自分の子どもであり、目が見えないのである。もう本当に耐えられないと思う。そのとき、子どもが言う。「ここだ、ここだ。ちょうどその杉の木の根のところだ。お父さん、ちょうどここだったね」。「ああ、そうだ」と思わず答えてしまう。「お前が俺を殺したのはいまからちょうど百年前だね」と言われ、自分は人殺しだったのだと初めて気がついた途端、背中の子どもが急に石地蔵のように重くなる。

最後に出てきた杉の木は、おそらく西洋のモミの木と似た象徴をもつものです。地勢を見ても、ブナの木などの原生林の森が終わり、人間の暮らす地域に入ったときに現れる樹木がこの杉の木です。また、ブナの木が自然に曲がりくねった形をしているのに対して、杉の木には真っ直ぐに天に向かって伸びていくという特徴があります。つまり、杉の木は自然を人間が制御している象徴であるとも言えるのです。この夢は、日本においても、夏目漱石という著名な芸術家の姿を借りて明確な私が立ち現れていることを示すものだと感じられます。しかし、一方で、この夏目漱石の発見が根付いていかなかった結果として現代の日本の病理があるようにも思えます。いずれにしても、本書で日本の私を考えているなかで、あなたがこの夢をどのように理解されるのか、うかがってみたくなったのです。（猪股）

あなたの言う夏目漱石という作家は興味深い作家のように思われる。あなたの言われるテキストを読むと、夏目漱石はたしかに近代的な生の感情 *Lebensgefühl* を表現しており、その作品には近代の論理が存在しているというあなたの印象に同意できる。極端な鋭さを示して、「宗教に入るか、自殺するか、気が狂うか」という選択肢を挙げる彼の問いは、実存主義を思い起こさせるし、あるいはむしろ、ニヒリスティックな風潮を思わせる（最終的なものとして彼が提示した三つの異なる選択肢は、すべて自殺という同じタイプのものの異なるバージョンである）。

しかし、あなたが彼について述べているもののなかに、「近代的な私」という感覚はあるのだろうか？　あなたが再録した夢の最後に出てきた杉の木は、たしかにしっかりと直立しているのが印象的な樹木である。しかし、それは本当に日本に立つ明確な「私」の象徴なのだろうか？私は、この杉の木は、この夢物語のなかでは非常に孤立していて、それ以上の結果をもたらさないだけでなく、それは自然からもたらされた象徴である。自然からもたらされたイメージは、明らかに自然ではなく着想的なものである「私」といったものを適切に表現することはできないと思われる。自らを常に上へと直立させるのがこの樹木の物理的な性質（自然法則、今日で言えば遺伝子）であり、「私」にとって不可欠な、個人の内的な強さとも、自分自身の論理的な勇敢さを振り絞る必要とも、関わりがない。杉の木に見えるのは、「私 me」の自然な象徴であり、（どの私であれ）「私」が偶然に生じるリアルな人間の象徴である。しかし、人間が「私 I」であるためには、身体的な直立性以上のものが必要であり、すなわち、さらに「私」という思想を考える能力が必要であり、あるいは、「私 the I」（心理学的な「私」）にとってはさらに、ほとんど革命的な（行動ではなく論理的な）行為というパフォーマンスが必要であり、すなわち、自分自身を自分自身のための決定的な権威として確立する行為が必要である（この行為が「革命的」であるのは、それが自然に反するもの *contra naturam* であると同時に、「社会的集団の下に包摂される」ことにも反するからである）。

また、夢は全体として、心理学的な「私」の不在を示しているように思える。〈夢のなかの私〉はそのなかで朦朧として動いているかのようである。鋭い意識はなく、受動的な気づきだけがある。背中の子どもは彼の子のようである。しかし、父親である彼は、その子のことを本当に知っているようには見えず、まるでいまはじめて出会った、見ず知らずのよそ者であるかのように、その子を描写する。たとえば、話し声は子どもの声だが、語り口はまるで大人であると描写したりする。彼にとってその子どもは名もなきもので、子どもに対して父親のようには振る舞うことはなく、むしろ、ある種の物語のなかで背後から人を突き動かす悪霊のように、彼の背中に乗るその子どもに操られ（「取り憑かれ」「憑依され」）ている。父親と子どもの役割は逆である。つまり、彼は子どもの魔法に支配されているのであって、その逆ではない。父親が唯一衝動に駆られたとき（なんと、ほっとしたことか！）、その子を放り出そうと「決断」したというのだが、彼はそれを実行しなかった！　彼は決して子どもと顔をつきあわせず、対峙せず、守りに入るわけでもなく、ただ子どもにすべてを決定させている。

こうして、子どもの発言もすべて、彼自身の自由な反応や、彼自身による反論もないまま、『ああ、そうだ』と思わず答えてしまう」ように、ただ受け入れられてしまう。殺人について、その理由や経緯、状況や感情的な背景について、子どもの主張を裏付けるような具体的な記憶が、彼の脳裏にいま蘇ってくることはない。本物の〈私〉であれば、そのような具体的な記憶が必要であり、それがこの殺人を現実に納得のできる出来事として裏付けるからである。それがなければ、この殺人容疑は完全に抽象的で漠然としたもので、子どもの言葉が、その行為を特異なものとして「大地に」意味論的に「根拠づけ」ようとしているにもかかわらず、つまり、杉の木の根元に根拠づけようとしているにもかかわらず、明確な知というよりは宙に浮いた一種の「謎めいた」感情に留まっている。そのためこの殺人は、証明されていない、説明のつかないアイデアにすぎない。

まるで〈夢のなかの私〉は、実際のところそれ自身で人として存在しているのではなく、完全に受動的で、まったく暗示にかかりやすく、神秘的融即のなかに包まれていて、ほとんど子どもの言いなりになっているかのようであり、子どもの言うことは何でも即座に〈夢のなかの私〉の自我に同調し、子どもの主張が不可能なことに言及しているように見えるにもかかわらず、同調しているのである。つまり、殺人は百年前に、言い換えれば、殺人容疑者とされる人物がまだ生まれていなかったときに、行われたことになっている！　また、殺害されたとされる子どもは、現在明らかに生きており、会話もしている。その子どもは目が見えないと言われているが、（「盲目の予知能力者」のモチーフによく似て）すべてを知っている。しかし、本当に盲目なのは〈夢のなかの私〉のように思われる。

空に向かってまっすぐに伸びる杉の木は、人間としての〈夢のなかの私〉がここで示している以上に、自然でさえも直立し、確固たる「性質」をもつことができることを示していると言えるかもしれない。

もうひとつの問題についても述べておこう。つまり、「夏目漱石のこの発見が根付かなかった結果」であれ、「明確に立つ私」が一般に育たなかったためであれ、私は現代日本の病理を非難したいとは思わない。（a）「日本と心理学的な私」の問題は、根本的な問題であるため、その解決には何十年、何百年もの時間がかかるだろう。忍耐が必要である。未解決の問題がもたらす不確実性と混乱のなかで生きなければならない時間は、忍耐をもって耐えられなければならない。忍耐のなかに魂がある *In patientia vestra habetis animas vestras*、と錬金術師たちは言った。（b）何よりも忍耐が必要なのは、この問題が、私たち自身の熱心さ、私たちの行いや努力を必要とせず、それによって助けられることさえない問題だからである。つまり、それは私たち人間の課題ではなく、自我の課題ではない。客観的な魂の課題なのである。私たちではなく、それが、魂が、この問題を、それ自身で解決しなければならない。解決が訪れるとすれば、それは予期せず私たちの上にやってくる。

12. 日本における個人と集団について（1）

そもそも日本と西洋では、「個人」と「集合」との関係性が大きく異なるように感じます。西洋においては、あなたの著作にもあるように「個人」と「集合」は明確に分離していて、時に対立が生じる関係性です。独立して存在する「個人」があり、それが集まって「集合」が生じるという構造が明確であるように思います。しかし日本では、「個人」と「集合」が深い根のところでつながり、影響し合って存在しているように感じることが多々あります。「個人」がアイデンティティを確立し、一人ひとりが個性化を果たすうえで、常に周囲の人や何らかの価値を共有する人々の集団である「集合」の存在が不可欠なのではないかと感じます。極端に言えば、「集合」があって初めて「個人」というものが成り立つ構造ではないかと思うと、結局のところ西洋のような明確な「個人」という感覚をもって過ごしている人は、日本では非常に少ないのではないかと思います。

日本では七世紀に成立した十七条憲法の「和をもって尊しとなす」という言葉が現代に至るまで違和感なく受け入れられ、「空気を読む」という言葉があるように、自分の属している集団が求めているもの、それも明文化されたルールではなく不文律だったり、半ば無意識的に共有されているものに従うことが良しとされています。それは個を犠牲にして集団に従うということでさえなく、そもそも個人が何かを考え行動するということのなかに、意識されないまま集団の論理が紛れ込んでいるような状態なのではないかと思います。

この日本的な「個人」と「集団」の関係性について、どのように捉えておられるのか教えていただけたら幸いです。（平子）

私は集合という言葉を、その語源（ラテン語 col-ligere：集める、集まる、収集する）の特別な意味で使いたい。したがって、たとえば、近代西洋のように、個人が論理的に先に来て、そのうえで、原子状の個々の個人が二次的に集まり全体としての集合を形成する、というような状況に対してこの言葉を使いたい。それに対して、日本に対しては、社会集団やコミュニティという言葉を使おうと思う。なぜなら、伝統的な日本では、集団の一体性（共同性）が論理的に先に来るからであり、個々の人々は定義上、集団の下に包摂され、そのため原子状の個々の個人ではないからである。つまり、この問題における西洋と日本の違いについて、私はあなたに完全に同意している。比喩的な言い方をすれば、欧米では個人が集団とつながる臍の緒を切っているため、論理的に、孤立した原子状の個々の個人が生まれ、この原子状の個々の個人の「結合」は論理的に外的で、ある意味で「人工的」なもので、つまり大衆、群衆、あるいは指摘されていたように、「集合」でなければならない。伝統的な日本人は、いわば断ち切られていない臍の緒が、本当に、そして「自然に」、個々の人々を共同体の中心や心臓部に結びつけているという状況に生きていたのである。だからこそ、「和を以て貴しとなす」のであり、個人の思考や感情のなかに、集団の思考や感情がア・プリオリに混在していたのである。[★8]

13. 日本における個人と集団について（2）

あなたの論文には、個性化ではなくグローバリゼーションが今日の魂のマグヌム・オプスであり、その下では利潤の最大化という目標に、あらゆる個人が論理的に従属させられると書かれています。こうした動向は、日本の戦後の高度経済成長期のサラリーマンのイメージと合致するように思います。当時は企業に勤めるサラリーマンの多くが「企業戦士」と呼ばれ、家族も自身の個人的な生活も顧みず、必死に企業全体の利益のための歯車となり、身を粉にして働くことが理想とされていました。それは集団の利益のために個人を犠牲にしているようでもありますが、しかしそれを達成するなかで、サラリーマンとして働く人たちが、同時に企業という集団を基盤に個人のアイデンティティを見出し、そのなかでそれぞれが個性化を果たし、幸福感や達成感を得ていた面があるように思います。

しかし最近では、そのような一見、個人の生活や家庭を犠牲にしているかのような働き方は批判され、人権意識に基づいた企業主体の取り組みとして「ワーク・ライフ・バランス」が重視され、個人生活の充実を目指す方向へと舵が切り替えられているように思います。実際には、個人のニーズの高まりから発生しているのではなく、西洋風の経営スタイルがトップダウンで導入されているにすぎないのではないかという気がします。こうした変化は、本当に日本人にとっての豊かな充実した生活に結びつくのだろうかと疑問に感じることがあります。

現代において一人ひとりの「個人」が生活のなかで心理学的な豊かさを体験しながら生活するためには、「集団」とのあいだにどのような関係性を結べば良いのかという問いについて、西洋と日本それぞれについての示唆があれば教えていただきたく思います。（平子）

日本における個人と集団の中心とのあいだの断ち切られていない臍の緒、という私のイメージは、産業の世界において、労働者が「企業戦士」として知られ、会社全体の利益のための歯車のひとつとして理解され、自らもそのように感じており、しかしそれにもかかわらず、まさにこのような方法で個人的な（主観的な）満足、充実、そして自らの主観的な誇りを見出すことができていた理由を理解するのに役立つだろう。しかし、彼らの個人的あるいは主観的な満足や、充実や、誇りといった感情は、この場合、彼らが西洋的な意味で心理学的に（そして客観的に）独立した個人であることを意味してはいない。西洋的な意味で個人であることは、まさに顕著な個人性（そしてこれは論理的な孤立を意味する）のために、特に弱い人たちにおいては、満足や充足の欠如、疎外感や空虚感につながることが多い。原子状の個々の個人として構成された瞬間に、あなたは自分の充足感をすべて自分で管理し面倒を見て、その責任を負わなければならず、それは多くの場合、弱い人たちに負担を強いることになるが、彼らだけが負担を強いられているわけではない。

「ワーク・ライフ・バランス」という考え方は、実際のところ、最近の西洋のおかしな考え方である。人々はもっと自分の時間をもちたがり、同じ給料で週四日勤務を要求し、さらに（神経症的に？）まるで仕事が人生の本質的な部分ではないかのように、人生から仕事を切り離す。「義務」という感覚を失い、社会にとって重要な課題を果たすことで必要とされているという感覚を失い、代わりに自分たちの気が向いたときだけ働きたい、つまり、一種の娯楽として働きたい、というのである。心理学的には、これはすべて「自我」である。実生活からも必然性からも切り離されている。彼らは意識的に、自分たちをより孤立させ、空虚にさせるようなものを求めており、人生をよりあいまいで無意味にするようなものを求めている。自分自身に従っていればいるほど、テレビやその他の娯楽で、あるいはドラッグで、より時間をつぶす必要が出てくる。活動して意味のあることを自分自身に与えられるのは、強い人だけであり、彼らは少数派である。たいていの人は、充実を得るために何かを与えられる必要がある。

人が自分の人生で心理学的な豊かさを体験する方法を、あらゆる人に向けて提案することはできない。というのも、それぞれの個人は個人であり、そのため自分自身で見つけなければならないからである。しかし、多くの場合、（1）真剣に打ち込み、信じ、あるいは真に価値あるものと感じ、（2）自分の真のエネルギーの多くを投資するものをもつ、あるいは、見つけることが重要である。言い換えれば、重要なのは、（1）真の目的と（2）厳しい作業である。

14．日本における個人と集団について（3）

少しずれてしまうかもしれないですが、現代の人々は「持続可能な開発目標（SDGs）」の名の下に、多様性を受け入れようとしたり、環境問題に配慮しようとしたり、昔と比べて、表向きにはとても成熟しているように思えます。しかしその一方で、ウクライナ問題などの紛争や民族間の対立などは依然として存在していますし、日本でも、良いか悪いかは別として、平和憲法を見直す動きが生じています。名目上は、あらゆる人々に対して配慮が大切であるとしながら、実態は自分たち自身の幸福や自分の愛する人たちを優先しようとしているように思えます。名目と実態が解離しているこうした状況を嘆くことは心理学の仕事ではないのかもしれませんが、心理学的にこうした状況をどのようにとらえたらよいのでしょうか。心理学的にはすでにグローバルなSDGsなどを優先する、個人の論理が終わった段階にあるのに、自我的に「個人」の幸福を優先しようとしている事態とみなすこともできるので

しょうか。（宮澤）

私は「持続可能な開発目標」が人々の大きな成熟の証だとは思わない。なぜだろうか？　環境問題を考慮することは、おそらく世界情勢の変化による自然な結果にすぎない。テクノロジーによって環境が破壊されることは、数世紀前には予測されていなかった。テクノロジーの進歩によって環境に及ぼされる悪影響が痛切に感じられるようになったいま、人々はそれに注意を払うことを余儀なくされ、自衛のために持続可能性の観点から考え始めたのである。人々は成熟してはいない。この点に関して、現代人が誇れるものは何もない。未熟であろうと成熟していようと、善人であろうと悪人であろうと、愚かであろうと威厳があろうと、相変わらずただの人間なのだ。だからこそ、逆に言えば、今日でも戦争や民族紛争があるという事実にも何の驚きもない。これらの現象が完全になくなったとしたら、それは奇跡だろう。普通の人々は歴史上ほとんどの時代で、平和に暮らしたいと思っていたかもしれないが、支配者は時に戦争を起こし、プロパガンダという技術も加わって、実際には支配者だけが望んでいる戦争を、普通の人々でさえ、しばしば妄信的に支持する。この話題に心理学は必要ないと思う。すべてはこの世の道理にすぎず、〈人間的あまりに人間的なもの〉にすぎない。だからこそ、人は幻想を抱くことなく、自分で警戒を怠らず、そして政治的には、国や州ごとに、軍備を備えなければならないのだろう。永遠の平和は、人類が絶滅したときに、訪れるのだろう。

15. 個人と集団と心理療法について（1）

一般的に日本人は、謙虚で礼儀正しく、自己主張が少なく、他者を尊重する気質があるととらえられていると思います。日本では、村八分（村のおきてを破った村人を他の村人が申し合わせての仲間外れにすることが語源）や滅私奉公（私利私欲を捨てて、主人や公のために忠誠を尽くすことが語源）という言葉があり、自分を押し殺して、集団に合わせることや世のために仕えることが是というような意識が根底に残っており、それは先に挙げた日本人の気質と関連があるように感じます。

その気質が影響しているからなのかはわかりませんが、臨床の場面では、自分を押し殺し続けた結果として、さまざまな症状の出現が認められ、医師からカウンセリングを勧められて来談したものの、自分と向き合う勇気が足らずカウンセリングの開始に至らない人や、自分は誰で何をしたいのかがわからなくなり私を失ってしまったかのような状態となっている方などが見受けられます。私は、このようなクライエントにお会いしたとき、先の状態像の見立てと共に、自分と向き合う準備をするためにクライエントの感情や欲求を探す作業をすることをお伝えしています。

ここで質問ですが、あなたが、このようなクライエントとお会いしたときに、まずどのよ

うな関わりから始められるのでしょうか。（相樂）

「空気を読む」という言い回しは、英語でもドイツ語でも知られていないと思うが、この現象はよく知られている。たとえば、あなたも使ったことがあるだろうが、私たちは「行間を読む」という言い方をする。その能力には人によって差異がある。ある人はそのような暗黙にすぎない空気の機微に非常に鋭敏であり（あるいは直感的であり）、またある人は十分に適度にそれを感じ取り、またある人はそれが苦手であったり、できなかったりする。そのようなことができない理由にはさまざまなことがあるかもしれない。

あなたが言われるようなさまざまなタイプの患者に対する心理療法に関して言えることは、私の態度は常に、それぞれの患者をユニークな個人として見るということであって、厳密に操作的に運用される DSM-5 やそれに類するマニュアルに従ったあれこれの診断事例として見て、「実験人形の精神医学」を提供するような診断事例として見ることはない、ということである。私の第一の関心は、その患者の感覚や感情をゆっくりと把握することであり、つまり、彼が悩んでいる、あるいはとらわれている本当の（しばしば無意識の、あるいは秘密の）葛藤や問題は何なのかを把握することである。「何が彼を動かしているのだろうか？」と問うのである。

そのためには、患者を治そう、救おう、変えよう、助けようという意欲も、あらゆる治療プログラムや特定の理論も、「忘れる」ことが不可欠である。私の心は、あらゆる先入観や自我の願望や努力から離れて、空っぽにならなければならない。患者がありのままであること、つまり、あらゆる症状や悲惨な苦しみを抱え、それで悩むことを患者に許さなければならない。「患者が、つまり患者の心理学的な現実が、本当に私のところにやって来るに任せる」には、新しい小説を読むときのように、完全に開かれた態度が必要である。そのような態度があってはじめて、私は本当に、内面的に、心理学的に、患者の個人的な話と共に患者を受け入れ、また、その顔の印象や身体の姿勢と共に、患者がもたらす目に見えない雰囲気と共に、患者を受け入れることができる。私は彼に耳を傾け、彼の現実を私の心と心臓部に入ってくるままにして、それが私に深く染みいってくるままにする。ちなみに、これには空気を読むことも含まれる！　運がよければ、このようなかでしばらくして、患者というユニークな人間のリアルあり方を理解し、そしてその症状や病いに自ら表れている魂の欲求が何であるかをリアルに理解することができる。

どんなときでも、私は何らかのメソッドやテクニックを適用することはない。むしろ、私が患者の心《サイキ》から受け取ったものに対して、深層で私の心《サイキ》がどのように反応するかを待ち、その反応を見るのであり、そのときこの私の心の内的な反応が患者に対して私に何かを言わせるのであり、何らかの他の方法で反応させるのである。すべて非常に自発的で「本能的」である。それは、私の個人的な人間的反応であり、つまり人から人への反応である。[★9]私の問いはいつも、いま私の向かいに座っているこの人は、その人が今日、そしていま置かれている内的状況において、何を必要としているのだろうか、ということである。全体的な計画はない。時には、とても大きく心理学的な距離を保ち、とても遠慮がちな患者に対して、私が自問することもある。どうしたら私はこの人のところに行けるのだろうか、どうしたらこの人に至り、そのなかに至ることができるのだろうか、と。

セラピストとして、成功しなければならないという内なるプレッシャーから、自らを解放することも非常に重要である。このプレッシャーには自我が多すぎる。（本当の治癒はもちろんのこと）患者の改善は、一般的に言って、それほど可能性が高くないことを理解し、改善や治癒をもたらす必要があるのは患者の魂であって、私たちではないことに気づかなければならない。私たちセラピストができるのは、せいぜい癒しを促進する者であることであって、癒しを作り出す者であることではない。

16. 個人と集団と心理療法について（2）

日本では、人の意向やその場の雰囲気のくみ取りができず、行間が読めない人に対して「空気が読めない」と揶揄されることがあります。一方で、「空気が読める」ことは、社会的なコミュニケーションが円滑となり対人関係が良好になると考えられているなかでも、あえて「読まない」という選択をする人のお話しを聴くことがあります。医療機関に所属している私は、自閉症スペクトラム障害の疑いで来院される成人の患者とお会いすることがしばしばあります。DSM-5の自閉症スペクトラム障害の診断基準のひとつの「複数の状況で社会的コミュニケーションおよび対人的相互反応における持続的欠陥があること」が、「空気が読めない」という概念に該当しているようです。患者として来談される方は、自閉症スペクトラム障害のひとつの状態像としてそれを自覚して来談される方もいれば、周囲にそのことを指摘されたことがきっかけとなり人の目を過剰に気にして傷つきとなっている方など、さまざまな訴えと共に「空気が読めない」ということを話されます。「空気が読めない」ことを自覚して来談されるクライアントは、比較的その人の課題を扱いやすく感じます。しかし、傷つきを抱えて人の目を気にするようになってしまったクライアントの背景には、自信のなさや認知の歪みが内包されていることがあり、課題の直面化に難しさを感じるときがあります。これはセラピストのコミットメントの問題にも関わってくることだと思います。私は、セラピストとして心理療法に責任をもって関わるとするならば、このような難しさを抱えたクライエントに対しても必要に応じて直面化の助力となる関わりを考えたほうがよいと思っています。ギーゲリッヒ先生は、このような状況において心理療法家としてどのように向かっていくとよいとお考えになりますか。また、「空気を読む・読めない」という概念は、日本独特のものであるということを聞きますが、心理療法家としてどのようにとらえていけばよいのでしょうか。（相樂）

患者が自分自身や自分の本当の感情を抑圧し、自分自身と向き合う勇気がないことは、何も珍しいことではない。そしてもちろん、ほとんどの患者は自分が何者であるかをよく知らない。そのような患者と会うとき、私はこれから何をするのか、何に取り組むのかを伝えることはない。なぜなら、それは知的で理論的な水準から始めることを意味し、ごく一般的なものであっても、すでに治療計画があることを意味するからである。また、私はセラピーで何かを「する」こともない。そうしたことはすべてあまりにも医療行為に似ている。そのかわり、（前述の回答で説明したように）私はただ、問題を抱えている患者と会い、個人対個人で直接向き合い、ゆっくりと対話し、（治療的な）関係性を築いていくことを心がけている。それ以外のことは、「楽譜なしで演奏する〔ぶっつけ本番で行う〕」という意味で、自然に進んでいく。即興で（ただし、もちろん魂のこもった理解に基づいて）行われる。大切なのは、患者に対して医師として、つまりペルソナや自我人格として関わり応答するのではなく、本当の人格で、私というリアルな人間として関わり応答することである。患者が向こうにいて、リアルな私がこちらにいる。しかしそれは、社会生活におけるような、友人同士のような個人的な関係であってはならない。誠実で、心理学的に親密な関係でありながら、社会的にはプ、ロ、フ、ェ、ッ、シ、ョ、ナ、ル、な水準でなければならない。一方では心理学的、人間的、共感的な親密さを、そして他方では同時にプロフェッショナルな距離を置くという矛、盾、と緊、張、が、癒しの要因のひとつなのである。

17. 日本人の心性としての葛藤の回避について

日本には「見て見ぬふり」という言葉があります。これは「実際には知っているが、見ていない、そのために知らない、ということにして、咎めずにやり過ごすこと」です。日本人は葛藤を避ける傾向があることはよく指摘されており、ヒルマンも日本の問題解決について美的であると指摘しました。日本人には全体のバランスを考えて表立って対立せずに問題を解決する方略が好まれると考えられます。しかし、こういった態度にはもちろん弊害があり、つい昨今も多くの国民が「見て見ぬふり」をしてきた芸能事務所における長年にわたる少年虐待が社会問題になっています。正直、この問題については私も含めて耳にしたことがあった全員がある意味性加害に部分的に加担してきたと私は感じますが、世論を見る限り個々人には自分が加害者であったという自覚はないようです。この例だけでなく、日本人には社会で起こる問題に対して、そこに個人が関わっていると感じるスタンスが非常に弱いと感じられます。

すでにそこにある問題に直面することを避けるという日本人の心性は、私たち一人ひとりの個人のなかにも広く行き渡っています。そして、このあり方は社会の利潤、つまりマネーの問題に加担するものだと思います。実際に先述した芸能事務所の事案でも、各企業は問題が表面化した途端に利潤が最大化するようにその事務所を批判したり擁護したりしており、それに世論も追従してＳＮＳでさまざまな意見が飛び交っています。結局この問題の本質とは何かという議論にはなっていません。つまり、見て見ぬ振りをしてきたことと向き合うということが行われていないと感じます。こうして、葛藤は回避されているように思われます。こうした傾向が私たち日本人にとっては集団から個を立ち上げることを困難にしている

要因のひとつのように私は考えました。引きこもりや社会恐怖の患者が多いこととも関連している気がします。（長堀）

「見て見ぬふり」は日本語の表現だが、ドイツ語では「wegschauen」、英語では「turning a blind eye to」など、他の言語でも同じような表現がある。これは一般的に広く見られる、〈人間的なあまりに人間的〉な行動である。多くの国で、特に最近では性的な児童虐待に関連して、そのような事例が数多くある。だから私は、「見て見ぬふり」が特別に日本的だとは思わない。一方、「葛藤の美的解決」は確かに典型的な日本的なものだと思う。しかし、後者は前者とはまったく異なる現象である。なぜなら、そこには「見ないふり」があるのではなく、未解決の葛藤を虚無感や喪失感、不在感、消失感へと変換すること、そしてまた、通常であれば解決を迫るはずの未解決の葛藤からくる鋭い痛みという苦しみを、この感情の無限の深みに興じることへと変換することがあるからである。日本人は公然とは衝突せずに問題を解決する戦略を好むようである、というのはおそらく正しい。しかし、これは「見て見ぬふり」のような人間の弱さや欠点ではなく、至極まっとうな文化的スタイルであり、それは文明的ですらある！　正反対の意見や利害を公然と衝突させることなく真の解決を図ることは、相容れない意見や意志を公然と衝突させることと同様に有効であり、これもまたひとつの有効な文化的スタイルである。この二つのスタイルを、異なる文化圏で行われる二つの異なる社会的「ゲーム」と見ることもできるし、柔術とボクシングのように対比させて見ることもできる。どちらのスタイルにも発達した個人性を発見することはできるだろう。もちろんそこで発見されるのは、また異なる意味の個人性である。日本では、日本文化の社会的スタイルのなかで、ひとりの人として強い人だけが強い個人になれる。個人性は、その文化そのものによって生み出されたり、促進されたりするのではなく、その人自身の本質（個人の内なる強さ）によってのみ生み出される。しかし西洋では、個人であることは一般的な論理構造であり、それ自体が欧米の文化スタイルに内在している。そのため、普通の人々はたいてい、たとえ人としての強さがなくても、自分の意見をもち、それを表明する権利を備えた心理学的な個人である。

個人が集団と自分を区別することが難しいのは、日本における現代的な問題である。かつては、それはまったく問題とは感じられず、逆にあるべき姿であった。この問題を生み出しているのは、西洋の影響であり、日本が自らを半西洋化したという事実によるものである。つまり、日本の文化や日常生活のなかに、現代的なテクノロジーや西洋の文化様式があれば、伝統的な日本のスタイルは、もはや現在の日本のこのような側面とは調和しない。あなたが挙げた引きこもりや社会恐怖症のような病理は、このように概略的に述べられる問題を、確かに文化的背景として抱えている。それはかつての日本には存在しなかったのではないだろうか。

18. 日本人の心性としての「自然のまま」について

イグナティウス・ロヨラの霊操に関するユングのＥＴＨ講義を読むと、キリスト教文化では対立物の葛藤を抱えることの重要性が強調されるのに対し、東洋の仏教では葛藤からの解脱に強調点があるとされています。これは一歩間違えると葛藤の回避につながりかねないのではないかと思います。日本人は「自然であること」を重視する民族であると感じており、何か問題が起こってもそれに何かアクションを起こすというよりは、自然の流れのなかでそれがどうなっていくかで、たどり着いたところが正しいところであるという感覚をもって見守ることが多いように思います。あなたは以前「殺害」の論文[7]で日本では第二の殺害が起きていないことを指摘していますが、そのことと葛藤を避けて「自然のまま」を重視する姿勢には関連があるのでしょうか。あるいは何か他の要因によるものでしょうか。(長堀)

私はあなたの書いていることに同意する。もちろん、人間世界のどこでもそうであるように、日本にも(日本人が経験する)葛藤はある。しかし、日本が文化的に必要としてきたのは、こうした葛藤のなかで働く対立項が直接衝突するのをできるだけ避け、その代わりに、集団内の社会的調和と、自然の展開との調和(すなわち、人と文化の調律があっていること)の両方を、ある種の調和の形を維持することであった。私が西洋における「第二の殺害」と呼んだものは、西洋が(たとえば啓蒙主義の歴史的運動やフランス革命という政治的出来事において)、個人を社会集団に、そして人間一般を自然に結びつける論理的な「臍の緒」を切断したことを指している。これは、人間一般と各個人が、社会集団に対しても自然に対しても、論理的に解放され、論理的に自由になったことを意味するものであり、逆に、西洋的な意味での〈近代的な私〉と「個人」の背後には、それがある。西洋のテクノロジー文明全体の発展は、人間の自然からの根本的な解放の上にのみ可能であり、結果として、近代西洋における自然は、論理的には、研究され操作されるべき死した対象となった。いま、気候変動、動植物の種の絶滅、プラスチックや大気中の危険なガスや粒子による環境汚染、海洋の乱獲によって、西洋の意識は突然、自然からの解放とそれに伴う自然操作には代償が伴うことを認識せざるを得なくなっている。

19. 漫画文化と想像力の克服と、私の顕現について

あなたは「イグナティウス・ロヨラの霊操」についての論文で、次のように記しています。「修練のテキストは、それ自体貧弱なものであるが、その指示する内容において、修練者が多くの修練で扱われる状況を、できるだけ具象的に、あらゆる感覚的な細部にわたって思い浮かべることを最も重視しなければならない。想像力の克服は、想像力を完全に避けることによっては実現しない。想像力をそれ自体に委ねるだけで、想像力は、もちろんひそかにではあるが、無意識のうちに、自然な野生の成長力によって、存在し続けるだけだからである。想像力に打ち勝ち、霊的な目的に対応する秩序に従わせることは、同時に「あらゆる無秩序な傾向」を排除することとともに、この規律ある霊的な実践という新しい精神におけ

るファンタジーの系統的な育成を通じて、はじめて成立し得る。キリスト教で問題とされている感覚性と想像力の克服のあり方は、抽象的な完全な排除として理解されてはならない。それは、徹底して存在し続ける想像力の本質を、自然な出来事から、体系的に営まれる想像するというテクノロジーへと内的に変容させることを意味する」[8]。

これを読んでいて、私は日本の漫画文化を思い起こしました。日本で漫画というメディアが一九五〇年代からとても大きな力をもっていることはご存知かと思います。漫画は、言葉で物語を語る小説とは異なり、絵を描き、そこに台詞やト書きを書き込むことによって、物語を成立させるものです。漫画のはじまりが思想的に定義されているわけではありませんが、私には、演劇や映画などを制作していく際の演出家の演出ノートが公開されて、それがリアリティをもって人々に迎え入れられ、舞台や映画やテレビを見ることができなかった当時の貧しい大衆に受け入れられていったのだと思っています。しかし、漫画は豊かになった日本でも継続的に発展していきました。いまでも多くの人々が漫画を読みます。また、漫画の大きな特徴として、どの漫画も週に一回決まった曜日に、一話ずつ公開されていくという制度があります。たとえば、ある冒険漫画は、毎週月曜日に売り出される雑誌に掲載されていますので、それを読む人たちは、二〇ページほどの物語の展開を月曜日に読み、一週間のあいだ、次の物語の展開について想像力を巡らして物語を予測します。そして、どんな新しい展開があるのかと期待をしながら、次の月曜日にその続きを読みます。このような、物語体験と、その続きの想像と、その答え合わせというシステムが漫画の基本構造となっています。漫画のもつイメージと言葉の合成作用と、このような漫画の週間刊行というシステムを考えてみると、これはもしかすると、あなたの言う「想像力の克服」に大きな力を発揮しているのではないかと思えてきます。一見すると、漫画は想像力を育てる物語を含んでいるように見えながらも、実は想像力を展開させておいて、それを、ひとつの型にはめ込んでいく効果をもっているのかもしれません。現代のＳＮＳ文化のなかでは、できあがった物語に対して、読者が二次創作によって別の物語を作ることも多く、一見すると想像力は克服されていないとも言えるのですが、想像力を系統的なファンタジーに従わせるという意味では二次創作もやはり、それに従っているように思えます。しかも、そもそも言葉と絵を組み合わせることによって、言葉と絵画の奥行きとその可能性をそれぞれ狭める作用ももっています。

こうした類似性はあるにせよ、イグナティウスの霊操が近代的な私を生み出す効果をもっていたのに対して、日本の漫画文化は、そのような作用を果たしてはいません。あなたが『私の歴史的な顕現』で挙げられていた超越性を問うことが漫画では難しいでしょうし、漫画には遠近法や消失点も不可欠ではなく、浮世絵のようなフラットな平面も存在します。このような漫画の描き方や刊行システムが、日本において心理学的な水準で、私たちの心のあり方を規定しているのかもしれません。（猪股）

あなたの言うマンガと、イグナティウスの霊操とのあいだには真の類似点は見当たらないことを私は認めざるを得ない。マンガは日本の社会生活に広く浸透している文化現象であり、娯楽産業の一部である。私の誤解でなければ、個人は、自分の願望、ニーズ、習慣に従って、自由にマンガを読みマンガに反応し、マンガを扱うことができる。一方で、マンガに関する限り、個人は完全に自由であるが、他方で、社会におけるマンガの流行やトレンドがあり、それによって多くの個人が直接的・間接的に影響を受けたり、魅惑されたりする。それに対して「霊操 Spiritual Exercises」は、どのような内容であれ、明確に規定された厳格な方法を厳格な規律をもって適用することを個人に要求する。大変な集中力が要求される。「修練 Exercises」という言葉は文字通りにとらえなければならない。イグナティウスは軍人であり、彼の思考はこの軍人としての背景から大いに影響を受けている。修練はスピリチュアルなものではあるが、それにもかかわらず、ある程度は（心の）訓練のような性格をもっている。第二に、修練は、人里離れた場所の孤独と静寂のなかで行われ、厳密には個人の私的な、個人的な訓練である。公共や大衆の影響はすべて排除される。

ここまでは、マンガが社会で果たす役割についてだけ見てきたが、ここでマンガには内容があり、物語を語っているという事実に目を向けたい。そういった意味ではマンガは、やはり想像力を養うものだと私は思いたい。読者を冒険の旅に連れて行き、感動させたり、興奮させたりもする。もちろん、マンガは完成された物語である。しかし、小説もそうだし（ところで、十九世紀のヨーロッパでも、まず雑誌や新聞に連載出版されるものが多かった）、たとえば、聖書やある種の仏教の聖典もそうである。

「類似点か相違点か」という話題はこれくらいにしておこう。最後にあなたが尋ねた質問は、心理学的な観点から見ると少し問題があると思う。あなたの質問は、日本のマンガ文化が現代的な「私」を創造する効果をもつべきであること、マンガのなかで超越性を問うことが可能であるべきこと、そのためには遠近法と消失点が不可欠であるべきこと、そして最後に「日本における〈現代的な私〉の失敗」について述べていて、そこにあなたの期待と要求があるように私には感じられる。そして、この最後の表現には、厳しい批判があるように聞こえる。しかし、そもそもなぜマンガ文化が現代的な「私」を作らなければならないのだろうか。マンガはマンガであり、エンターテインメントであってはならないのだろうか。〈現代的な私〉を作る義務などない。

そもそも、日本は日本である。日本には日本の文化があり、伝統があり、日本自身の客観的な魂がある。そして「現代的な私」はこれらすべてと相容れない。そのため、この点から考えても、日本で〈現代的な私〉が展開することはほとんどない、と言うよりも、あり得ないことだろう。しかし、日本が西洋文化を輸入し、取り入れ、そしてかなりの程度まで自らに統合してきたという事実にも目を向けなければならない。言い換えれば、日本の半分だけが、いまもまだ伝統的な日本なのである。その文化のもう半分は、明らかに近代的で西洋的である。この相容れない二つの文化、相容れない二つの「魂」の日本における共存は、何らかの解決を迫られている。心理学的には、日本の魂は、遅かれ早かれ、その内奥で、その深層で、自らの内にある二つの部分的な魂のあいだのこの葛藤に取り組み、折り合いをつけようとしなければならない。そして、この取り組みの過程で、この二つの魂のあいだの衝突と、日本自身の西洋文化の魂に暗黙のうちに内在する〈現代的な私〉との格闘とに、率直に向き合わなければならない。

しかし、（1）この奮闘がどのような形をとるのか、（2）その結果がどのような時期に顕在化するのか、（3）このようなことが顕在化するのか、そしてまた、その場合どのような形をとるのか、そういったことを、私たちは、特に心理学者である私たちは、予期し期待してはならない。自我の望みも、プレッシャーも、性急さも必要ない。もし日本の魂が〈現代的な私〉を展開したいのであれば、そのときになって、そしてそのときにだけ、自ら進んで魂が、それ自身のやり方で、〈現代的な私〉を展開するだろう。私たちはそれを待ち、見守らなくてはならない。このような変化には何十年も何百年もかかる。心理学は定義上、すでに姿を現したもの（完了形）にしか、すでに顕在化した現象にしか関心がない。（人間の活動としての）心理学は常に、事後的にだけ活動的になる。ミネルバのフクロウは、昼間がすでに終わった夕暮れ時に飛び始める。私たちは「魂」がそのものごとを為すがままに任せなければならない。「魂」自身のやり方で、「魂」自身のタイミングで、為すがままに任せなければならない。そして私たちは、「魂」が考え出したものは何であれ、たとえそれが私たちが望む方法であろうとなかろうと、その結果を受け止めなければならない。私たちは、判断したり承認したりすることを求められてはいない。私たちが何かを積極的にしなければならないとか、何かを推進しなければならないという感覚があってはならない。それは私たちの仕事ではない。

心理学的に新しい何かが、病理的な現象のなかで初めて目に見えるようになることはよくある。この意味で、症状とはしばしば新しいものの最初の直接的な現れである。そのため、日本の客観的な魂によってすでに生み出されている、集団における新しい種類の主要で広範な症状をよく見て、こうした問題の文脈のなかでそれらが何を意味するのかを、しっかりと見つめることには、価値があるだろう。

原註

★1 ユングがカトリックのミサについて語った言葉を参照してほしい。「私はそれが**まさしく**真理であることを知っているが、それは…**私にとっては**真理ではない形の真理であって…。**私の**心理学的状態は何か別のものを求めている。（CW18, §632、引用者による強調）。ここに「私」が働いているのがわかる。もし私（つまり**私の**）心理学的状態が［**私の真理として**］他の何かを必要とするならば、それが真理であるという事実は、私にとっては重要ではない。

★2 超越性との関係は、「私」の顕現に不可欠なものではなく、特別な歴史的状況にすぎなかった。ルターの場合、まさに神による天罰の可能性を受け入れる勇気、罪から自由になろうとすることをあきらめたこと、つまり、人間的あまりに人間的なあり方を厳格に認め、それを貫いたことが、（部分的に）自分自身において人間であることへの突破口をもたらしたのである。

★3 先に指摘したように、「私」には何の性質もなく、絶対的に空であり、それは単なる論理的形式である。「私」に別の種類や別の型は存在しない。このため、西洋の「私」と日本の「私」の区別は、数学でいえば西洋の「ゼロ」と日本の「ゼロ」の区別と同じように、そもそも間違いである。外的な特徴を表す形容詞によって「私」を修飾することは、意識が依然として経験的現実の対象や実体の観点から、（ここでは特に、魂の心理学ではなく「人々の心理学」の観点から）思考していることを示している。

★4 宗教的なアイデアや儀式、そしてあらゆる偉大な文化的創造物の真の起源は、（夢やビジョンなどの形で）「無意識」から現れる個人の内的経験であるというユング派の標準的な考え方に、私が従っていないことがここでわかるだろう。たとえ、ここで「無意識」によって意味されているのが「集合的無意識」だとしても、それは変わらない。

★5 片子に関する講演会の聴衆のユダヤ人や日系三世が涙したのは、神秘的融即 *participation mystique*（のようなもの）のつかの間の産物であって、「彼ら自身の中の彼らの片子」の徴ではない。河合隼雄という高名な教授が、正式な講演の場で突然個人的に、深い情動に強く襲われる姿を見せたとき、その情動は会場に特別な空気を作り出し、その場にいた聴衆の中の感受性の強い個人にも容易に波及する。情動は伝染するのである。

★6 「心的な、通常の生活上の問題」とは、人々が自分自身のなかで、自分自身で解決しなければならない私的な（個人的な）問題を指す。しかしながら、心理学的な問題も存在する。それは日本人の魂の問題であり、文化的な水準、つまり一般性の水準でしか対処・解決できない問題である。それは日本文化全体の論理形態に関わる問題である。この後者の問題は、まだ解決できない長期的な問題である。それには多くの時間が必要である。

★7 前述のように、私たちはここで、魂の水準、すなわち文化的水準（とりわけヘーゲルの言葉を借りれば、「絶対的精神」［芸術、宗教、哲学］の領域）でみずからを表現する「客観的な魂」の水準に位置づけられる問題を扱っている。しかし、魂そのものは、それ自体の存在を持たず、目に見える触知可能な表現を持っていない。（魂は、魂によって生み出される産物である「文化的作品」においてのみ存在する。しかしそれは、それを受け取る人々の心や心情の中で生き返らない限り、そもそもそれ自体が死んだものである）。それゆえ、存在しない魂は、問題や葛藤によって苦しむことのできる主体ではありえない。存在する魂の代用品、つまり人間に依存しているのである。だからこそ、日本の魂に存在する葛藤の解決不可能性を、魂の代わりに苦しみ抜かなければならないのは人間なのである。しかし、彼らが魂の代役になれるのは、その苦しみ抜く作業が自分の感情に格下げされず、それを私的な自分の苦しみに、言い換えれば自我の苦しみ（たとえば「自分の中の自分自身の片子」）にしない場合に限られる。この私的な個人は、自分自身を魂と混同してはならない。自分が代役であることを頭で理解してはならない。それどころか、私的な個人として区別されたままでいることが不可欠であり、自分のなかで起こっている葛藤の苦しみやその作業から決定的な距離を保つ必要がある。彼らは自分を知っていなければならないし、実際には、シャーマンや偉大な詩人や芸術家がそれぞれ、患者の病気や部族の苦境、あるいは時代の精神や葛藤が生き抜かれ、解決される戦場であるのと同じように、このプロセスのための場所や器、より正確には、先ほども言ったように「戦場」でなければならない（彼らはまた、時代や現状の語られざる真実が表現される器でもある）。「戦場としての私」というイメージは、「徹底的に私のもの」でありながら「まったく私のものではない」という弁証法を表現している。（ユングのイメージを参照すると良いだろう。それは、大きな建物の前を通りかかったとき、訪ねてきた友人に「ここが私の銀行です」と説明する銀行員のイメージである）。

★8 これは、現代の個人が外からの影響（主流の世論、ソーシャルメディア、流行やファッション）に身を任せるのとは根本的に異なる。

★9 しかしここで、これは心理学的に形成され、心理学的に経験された心《サイキ》の自発性と本能であり、あるいはそうでなければならないとを付け加えておかなければならない。日常意識や自我人格の自発性や本能ではない。

訳註

［1］エーリッヒ・フロムの概念。邦訳『人間における自由』の英語版原題でもある。

［2］W. Giegerich, *Historical Emergence of the I*, Dusk Owl Books, London, Ontario, 2020.

［3］『ホロコーストから届く声』（左右社、二〇二〇）所収。

［4］参照：河合隼雄『神話と日本人の心』岩波書店、二〇〇三年および、「過透明なかなしみ」（宮沢賢治『銀河鉄道の夜』角川文庫、一九九六年の解説）。

［5］W・ギーゲリッヒ「『片子』と日本の心」（猪股剛訳）「臨床ユング心理学研究」第八巻第一号、一〇九−一二九ページ、二〇二二年。

［6］この段落以前の括弧付きの「私」は、すべてここで言われている「the I」を指している。つまり、現代的な私という概念が検討されてきている。

［7］『私たちのなかの自然』（左右社、二〇二二）所収。

［8］W. Giegerich, "Die Exercitia spiritualia des Ignatius von Loyola und die Unterechiede zuischen einer 'theologischen' und einer 'psychologischen' Einstellung zur religiösen Erfahrungen", in: *Analytische Psychologie* 18(1987), S.105-134.

おわりに

植田あや

本書は、心理臨床家らが日々の臨床やフィールドワークを通し、そのなかで体感したことや思索したことを、「自己」というテーマの元にまとめた論考集である。これまでに左右社から『ホロコーストから届く声　非常事態と人のこころ』『私たちのなかの自然　ユング派心理療法から見た心の人類史』『家族のおわり、心のはじまり　ユング派心理療法の現場から』とあるように、テーマをさまざまにしながら論考を重ねたものが既刊となっている。また、我々はフィールドワークと並行して、ユング派心理療法家のウォルフガング・ギーゲリッヒの夢分析、加えて彼の思索について学びを深めることも続けている。本書のギーゲリッヒの論考「「個人」と「集合」の対立――心理学の基本的欠陥」、それに続く「「日本における私の姿」を巡って　ギーゲリッヒとの対話」を参照いただければその実際に詳しい。本書では、文書でのやりとりであるが、実際にギーゲリッヒのもとを訪ね、夢分析の実際について彼と議論を交わして知見を深めること、彼の思想や著作、日々の臨床のなかで疑問に感じることに対して問いを立て、彼に応じてもらうという形で理解を深めている。しばしばギーゲリッヒの思索は難解であると言われるが、こうやって仲間と彼の著作を読み、共に理解を深め、彼に直接質疑応答の機会があるというのは幸いである。私はこのセミナーに途中から参加させていただいており、貴重な学びの機会を得ているばかりか、このように本書の一端に関われることとなり至極光栄である。

本書を締めくくるにあたり、私なりの「自分というものの成立」を巡る一考についてお話することをお許しいただきたい。

私は市井の心理療法家として、日々、試行錯誤しながら臨床にあたっている。心理療法においては、クライエントの話を聴き、心理療法家自身の話は基本的にしない。違う話を混ぜず、クライエントの話に集中するためである。クライエントの話を聞いていて折に触れて思うことだが、主体性を持って「私は〜」と話をするのはなかなか難しい。エネルギーが必要であり、とても勇気のいる作業だからである。だからこそ、最初は人の話ばかりしていたり、「何を話せばいいんでしょう」と戸惑っていたクライエントが、セッションを重ねるにつれ少しずつ自分の話をしてくださるのを拝見するのは、私が仕事をしている上で嬉しいことの一つである。

しかしここで難しい問題がある。「自分の思うことを話したとしても他者が理解するのは難しいのではないか」「他者が話してくれたことを十分理解するのが難しいことがある」ということである。このことで辛い体験をすると自分のことを話すことが嫌になってしまうし、心理療法家としての私自身もクライエントの話をどう受け止め、どう理解していくかは大きな課題である。

このような心理療法の場において、セラピストとクライエントの二者関係はどのように深まっていくのだろうか。この件に関して考えていると、ギーゲリッヒとの質疑応答での体験を思い出した。

ギーゲリッヒとの対話において、「あなた」と「わたし」という差異、他者性を強く感ずることがある。彼の意見を聞き、私の意見と符号することもあれば、異なることもある。その異同云々はもちろん大事なことではあるが、仮に意見が異なっていようとも「わたしはわたしとして存在する」「あなたはあなたとして存在して良い」と彼の言動や存在が示しているような気がするのだ。彼が他者として感じられるとき、私は「自分」という存在を強く感じる気がする。「お互い違う人間である」という現実に立つことによって、自分という存在の輪郭がより浮かび上がるのだ。それは絶対的な孤独とも言えようが、悲しみというよりはむしろ希望を感じる体験のような気がする。

その一方、彼の論考を読むと、これほどまでに深い思索を、言語によって人に届けられるということに驚嘆するばかりである。彼の言語に対する深い信頼ゆえなのだろうか。実際お出会いしてもそれは変わらず、自らの思索をわかりやすいようにと心を砕いて説明し、出し惜しみすることなく我々に分け与えてくれる。"Denken ist Danken"――「思考は感謝である」はマルティン・ハイデガーの言葉だが、ギーゲリッヒのことを思うとき、私はこの文言が心に浮かぶ。

ギーゲリッヒと私の体験について、二つの事象が交差しているということが重要な点であろう――「わたしとあなたは違う人間であるということ」「言語を信頼しているということ」。この二つは矛盾するようであるが、その両者が共にあることで、より深いコミュニケーションの水準で、「わたし」「あなた」の関係が成り立っていると思う。違う人間同士なので、自分が感じたり思うことをそのまま理解してもらうことは不可能である。しかしその限界を受け止めた上で、誠意と熱意を持って言語で伝えようとすることをあきらめないということであろうか。この二つが共にあるからこそ、人はひとりであるということを受け止めた上で、言語によって他者へ自分の思いを伝えようと願い、どう伝えればより伝わるかと工夫する。そして、その結果自分の思いが他者と共有できたときに喜びがあるのかもしれない。

心理療法においても、クライエントのお話に対し「私も一緒だよ」などとやみくもに同調したり、むやみに心理療法家自身のお話をしては、他者性が際立たず、クライエントの主体性は十全に発揮されないのかもしれない。「1」という数字がそのままでは存在せず、「2」という数字があって初めて「1」が存在するように、主体性を際立たせるためには絶対的な他者が必要なのかもしれない。ギーゲリッヒが絶対的な他者として存在してくださったように、私自身が心理臨床家としてクライエントに対して対立物としての他者として存在するためにも、私自身の有り様をブラッシュアップしていかねばなるまいという思いである。

ここからは、各章について簡潔に紹介をしたい。

第一章、兼城賢志「片子として生きる　アイデンティティと心理療法」では、沖縄県出身の兼城から語られる当地の歴史の話は胸に迫るものがある。その上で「わたし」を持つことが苦しみにすらなるこの現代において、どうアイデンティティを生成するのかという論考は、現代を生きる我々において重要な示唆を投げかけてくれるように思う。

第二章、平子雪乃「身体に根差すアイデンティティ」では、北海道出身の平子が、当地の風土に育まれた自らの身体の記憶を題材に論考を深めていく。今回どの論者も「自分」「アイデンティティ」を思索するにあたって、自分が生まれ育った土地を振り返ることになっているというのはとても興味深い。ウィニコットの「精神が身体に住まうこと indwelling」という概念を軸に、平子が臨床において対象としている心身症のクライエントとの考察は、身体性と心ということを考える上で重要な示唆を与えるものであると思う。

第三章、宮澤淳滋「アイデンティティと世界の再二重化」では、東京都葛飾区出身の宮澤が『男はつらいよ』を題材に、宮澤自らの視覚のずれ、『男はつらいよ』におけるさまざまな二重性、そして統一体としての世界との往還運動を論じ、それによって統一体としてのアイデンティティを打ち破り、世界を再二重化できるのではないかというエキサイティングな論考である。

第四章、長堀加奈子「解体するアイデンティティと生物としての「私」」では、四歳までとある地方都市で過ごしその後東京に暮らす長堀が、沖縄でのフィールドワークを経て「私自身のルーツが曖昧であるがゆえに、ある程度心理療法が進んだクライエントは私が並走できる限界まで達しており、その先に二人で進めないのだとしたらそれは私が私のルーツに深く根ざすことができていないことが理由なのではないか」と、怖い気持ちと戦いながら、自らのルーツを模索する。私も先に述べた通り、心理臨床家もクライエントに対して対立物としての他者となる以上、より自らをブラッシュアップしていかなければと思わせてくれる論考である。

第五章、猪股剛「私というものの姿」では、日本を離れドイツに滞留した猪股が「世界とのずれ」を体験したところから論考は始まり、さまざまな他者や場所についての思い出を想起しながら、自らのアイデンティティ、自分自身がどのように形作られてきたのか円環的に思索する。それらを思い出とし自らの中に収めていく作業は、ギーゲリッヒの言う「内化（思い出化）Erinnerung」へつながりうる作業と言えるのではないだろうか。なお「内化（思い出化）Erinnerung」については、第七章「「日本における私の姿」を巡って　ギーゲリッヒとの対話」においても加えて説明があるので参照していただければと思う。

猪股の「日本に暮らしていながら、我々は日本のことをあまりに知らないのではないか」との言葉のもと、各地に赴きその地で暮らす人々にお話を伺ったり、歴史を知ることを目的としたフィールドワークの様子は各論考の中にもたびたび登場している。その実際は相樂のコラムに詳しいので、ぜひご一読いただきたい。北山純「現代の魂をめぐる相克としての水俣病」は、水俣病が北山自らのルーツに関係していることから始まり、水俣病にみる現代の魂の動きについてのコラムとなっている。本書のギーゲリッヒの論考を照らし合わせ、「個人のみならず企業や国家を超えた圧倒的な魂の動きとして利潤の最大化が目指されていた現象として、水俣病を捉える」

という示唆は、魂の厳しさを改めて痛感させられる。「「異」なるものとの邂逅」は、「遠藤周作はキリスト教が根付かない日本を「沼」だと表現していますが、沼地の中で弁証法は成立するのでしょうか」と日本におけるキリスト教との関係の光と影を丁寧に論じている。本書のテーマである「日本における私」がどう存在するのかということにも繋がり、現代の日本に生きる我々においても重要な示唆といえよう。北山の今後の仕事が待たれるところである。

本書後半の第六章には「「個人」と「集合」の対立　心理学の基本的欠陥」、第七章では、W・ギーゲリッヒと我々の質疑による対話をまとめたものが掲載されている。「苦痛のすべてが真実というわけではない。しかし、真実が苦痛であることはとても多い」に始まるこの論考は、心理療法は自らの真実を見つめてゆく営みであることを丁寧に論じた上で、「魂」とは何なのか、現代においてはどのようにして向かい合うべきなのかを指し示す論考となっている。心理療法がどのような営みなのかを整理する上でも、また現代における「魂」を考える上でも重要な論考といえよう。第七章もぜひ参照の上、お読みいただきたい。ギーゲリッヒが丁寧に答えてくださっているので、彼の応答を読めば理解を深める助けになると思われる。また言葉の端々から彼の思慮深く真摯なお人柄を感じていただけると思う。

こう振り返ると、ボリュームのある一冊となっているが、ぜひご興味のある項から目を通していただければ幸いである。

最後になりましたが、こうして本書が書籍として日の目を見ることができた背景には、多くの方々のご協力やご支援の上に成り立っており、ここに厚く御礼申し上げます。

本文中にお名前が挙がっている方はもちろんのこと、フィールドワークでご協力賜った皆様、臨床現場の中で出会った方々のおかげで本書は成り立っており、この場を借りて深く御礼申し上げると共に、皆様の益々のご活躍とご多幸を心よりお祈り申し上げます。

本書は帝塚山学院大学の出版助成を得て刊行に至っており、専門書の刊行が難しいこの現代において、本書刊行の意義に理解を示してくださりましたこと感謝申し上げます。また帝塚山学院大学審査委員会にもご支援賜りましたこと、感謝申し上げます。

また左右社の東辻浩太郎さんには、心理学という特殊な分野に加え、このような複雑なテーマにもかかわらず、粘り強く本書の内容に向き合いコメント等ご支援いただきました。東辻さんの真摯なお仕事に対して厚く御礼申し上げます。


決して人は自分から逃げることはできない。自分と向き合うプロセスは唯一無二で、誰かと同じということはないわけだが、人が真摯に自分自身と向き合い、それを表現していこうというプロセスを参照するということは、自らが同じプロセスを進もうという際に少しならずとも勇気づけるものになるかもしれない。本書が少しでも皆様のお力になることを願って、おわりの言葉としたい。

猪股　剛（いのまた　つよし）

一九六九年生まれ、ユング派分析家、臨床心理士／公認心理師。帝塚山学院大学准教授。精神科や学校臨床において実践に携わるとともに、アートやパフォーマンスの精神性や、現代の心理の深層を思索することを専門としている。著書に『心理学の時間』（単著、日本評論社）、『遠野物語　遭遇と鎮魂』（共著、岩波書店）、『ホロコーストから届く声　非常事態と人のこころ』『家族のおわり、心のはじまり　ユング派心理療法の現場から』（編著、左右社）、訳書に『近代心理学の歴史』『意識と無意識』（いずれもC・G・ユング著、創元社）、『仏教的心理学と西洋的心理学』（W・ギーゲリッヒ著、創元社）『夢と共に作業する』（W・ギーゲリッヒ著、日本評論社）などがある。

兼城　賢志（かねしろ　けんじ）

一九八六年生まれ。臨床心理士／公認心理師、博士（心理学）。俳誌『鷹』同人、俳人協会会員。精神科や小児科、学校での臨床実践を経て、現在、大正大学臨床心理学部助教。深層心理学の立場で心理療法の実践を行いながら、発達障害、言語、宗教などのテーマを研究している。著書に『新興俳句アンソロジー　何が新しかったのか』（ふらんす堂、分担執筆）、『私たちのなかの自然』『家族のおわり、心のはじまり』（左右社、分担執筆）などがある。

平子　雪乃（たいらこ　ゆきの）

公認心理師、臨床心理士。杏林大学保健学部臨床心理学科講師、東京慈恵会医科大学附属病院麻酔科学講座研究技術員。身体症状と心理的問題との関係に関心を持ち、これまでペインクリニック、頭痛専門クリニック、耳鼻咽喉科専門病院にて身体症状を抱える方への支援に携わってきた。現在は主に慢性疼痛に対する認知行動療法と多職種協働をテーマに臨床実践と研究を行っている。

宮澤　淳滋（みやざわ　じゅんじ）

一九七八年生まれ。臨床心理士／公認心理師。新潟青陵大学准教授。主に精神科領域において夢を主体とした心理療法を実践し、心を通して開けてくる世界を探究している。著書に『ホロコーストから届く声』『私のなかの自然』（いずれも左右社、分担執筆）、訳書にC・G・ユング『パウリの夢』『近代心理学の歴史』『分析心理学セミナー１９２５　ユング心理学のはじまり』（いずれも創元社、共訳）などがある。

長堀　加奈子（ながほりかなこ）

一九八三年生まれ。臨床心理士／公認心理師。博士（心理学）。順天堂大学薬学部講師。主に精神科領域と私設心理相談機関において心理臨床に携わっている。集団や他者のなかで個として生きることに関わる心理療法に関心がある。著書に『復職支援の心理療法　グループにおける異質性との出会い』（創元社）、訳書にC・G・ユング『パウリの夢』（共訳、創元社）などがある。

ヴォルフガング・ギーゲリッヒ（Wolfgang Giegerich）

一九四二年生まれ。ドイツ連邦共和国ベルリン市在住。米国ニュージャージー州立大学ドイツ文学の教授職を辞して心理学へ転じ、一九七六年よりユング派分析家。二十世紀の東西思想の結節点となったエラノス会議にて繰り返し演者を務めるところから始まり、現在までユング思想を牽引し続けている。既刊邦訳に『魂と歴史性』『神話と意識』（いずれも日本評論社）、『魂の論理的生命』『ユングの神経症概念』『仏教的心理学と西洋的心理学』（いずれも創元社）、「抑圧された忘却　アウシュビッツといわゆる〈記憶の文化〉」（『ホロコーストから届く声』所収、左右社）などがある。また夢分析論の決定版とも言える『夢と共に作業する』（日本評論社）が近刊予定。

相樂　加奈（さがら　かな）

一九八六年生まれ。臨床心理士／公認心理師。仁和医院心理室・四谷こころの相談室に在籍。夢や描画、箱庭などのイメージと表現を通して心理臨床の実践をしている。心の奥深さや豊かさに関心があり探索している。著者に猪股剛編著『家族のおわり、心のはじまり』（左右社、分担執筆）がある。

北山　純（きたやまじゅん）

一九七五年生まれ。臨床心理士／公認心理師。博士（心理学）。学習院大学文学部心理学科教授。夢や描画、箱庭といったイメージを用いた心理療法に関心を持ちながら、現在は精神科クリニックで心理臨床に携わっている。著書に『高齢者の心理臨床　老いゆくこころへのコミットメント』（創元社）などがある。

植田　あや（うえだ　あや）

一九八一年生まれ。臨床心理士／公認心理師。児童養護施設・病院・学校での臨床現場を経て、現在くずは心理教育センター、大阪樟蔭女子大学非常勤講師／カウンセリングセンター、福知山淑徳高等学校SCにて勤務。人間の持つ普遍的イメージである元型に関心を寄せ思いを巡らせつつ、日々臨床に取り組んでいる。

帯・扉写真：蓮沼昌宏

日本における「私」の姿

アイデンティティをめぐる心理学

二〇二四年六月三十日　初版

編著者　猪股　剛

著　者　兼城賢志、平子雪乃、宮澤淳滋、長堀加奈子、W・ギーゲリッヒ、相樂加奈、北山純、植田あや

発行者　小柳　学

発行所　株式会社　左右社
〒一五一－〇〇五一
東京都渋谷区千駄ヶ谷三－五五－一二－B1
TEL　〇三－五七八六－六〇三〇
FAX　〇三－五七八六－六〇三二

装　丁　細野綾子

印刷所　創栄図書印刷株式会社

 ISBN 978-4-86528-423-2 Printed in Japan

https://www.sayusha.com

ホロコーストから届く声　非常事態の人のこころ

本体二八〇〇円＋税

猪股　剛　編著

植田　静、鹿野友章、小杉哲平、古川真由美、宮澤淳滋、W・ギーゲリッヒ、西山葉子、清水めぐみ、山本民惠　著

誰にも自分を晒したくない引きこもりの心性と、四六時中つながっていたい気持ち。引き裂かれている私たちの心の病理をコロナ禍はまざまざと示すことになった。そしてその心性は、先の見通せない息苦しさのなかで狂おしく未来を希求した末、強制収容所に行き着いた一九三〇年代と深く通底している——。

ザクセンハウゼン強制収容所を訪問し、記念碑や博物館のあり方に触れ、生還者プリーモ・レーヴィの見続けた夢を分析。スティーブ・ライヒやピナ・バウシュの作品に時代の心性を聴き取る臨床心理学者たちのホロコースト試論。

私たちのなかの自然　ユング派心理療法から見た心の人類史

本体三〇〇〇円＋税

猪股 剛 編著

兼城賢志、宮澤淳滋、成瀬正憲、村田知久、西山葉子、W・ギーゲリッヒ、河西直歩、長堀加奈子、鹿野友章、植田静 著

都市に暮らす私たちの心に、狩猟・採集・農耕の時代から残っているもの。その心性の揺らぎや不安こそが、私たちの「生きづらさ」の底にあるのではないか。自然と向き合い自然のなかで生きてきた人類史的時間に目を向けた臨床心理学者たちによるフィールドワーク。魂において私たちがいかにして〈人間〉となったのかを解き明かす、現代ユング派を代表するW・ギーゲリッヒの重要論文「殺害」収録。

家族のおわり、心のはじまり　ユング派心理療法の現場から

本体三〇〇〇円＋税

猪股 剛 編著

兼城賢志、大録 慈、植田 静、村田知久、W・ギーゲリッヒ、西山葉子、北山 純、相樂加奈、宮澤淳滋 著

そもそもいま、この現代の都市生活のなかで、家族とは何なのだろう。面接室を離れ、故郷や自然、そして自分自身の家族の風景をたずねながら、臨床心理学者たちが現代社会の心性を探る。現代ユング派を代表する碩学W・ギーゲリッヒ氏の心理学の精髄を伝える論文「神を信じない時代における神々へのもてなし　フィレモン・ファウスト・ユング」、ならびに本書オリジナル原稿、執筆者たちとの質疑応答「家族を巡って　W・ギーゲリッヒとの対話」を収録。